FRANCISCO FAUS

AUTODOMÍNIO

Elogio da temperança

3ª edição

Conheça nossos clubes

Conheça nosso site

@editoraquadrante
@editoraquadrante
@quadranteeditora
Quadrante

QUADRANTE

São Paulo

2023

Capa
Provazi Design

Dados Internacionais de Catalogação na Publicação (CIP)

Faus, Francisco
Autodomínio. Elogio da temperança / Francisco Faus — 3ª ed. — São Paulo : Quadrante, 2023.

ISBN (Virtudes): 978-85-7465-802-5
ISBN (Francisco Faus): 978-85-7465-496-6

1. Autodomínio 2. Conduta de vida 3. Temperança 4. Vida cristã 5. Virtudes I. Título

CDD-241.68

Índice para catálogo sistemático:
1. Temperança : Autodomínio : Cristianismo 241.68

QUADRANTE EDITORA
Rua Bernardo da Veiga, 47 - Tel.: 3873-2270
CEP 01252-020 - São Paulo - SP
www.quadrante.com.br / atendimento@quadrante.com.br

SUMÁRIO

PRIMEIRA PARTE

RESTAURANTE VIRTUAL

Vamos começar estas páginas observando a gula ao vivo. Para isso, entraremos juntos — eu e um leitor meu amigo (pode ser você, que agora me lê) — num restaurante imaginário, que vamos chamar de «Restaurante Virtual», e nos aproximaremos de cinco mesas, todas elas ocupadas e com os seus comensais em plena atividade gastronômica.

Primeiro, caminhando nos bicos dos pés e sem atrapalhar, iremos olhá-los de perto, mesa por mesa, simplesmente observando-os. Caso você, leitor, se identifique com alguns deles, não fale ainda, não grite — «olha eu aí!» —, espere. Calma! Porque depois precisaremos fazer uma boa reflexão sobre os ocupantes de cada mesa e, a partir daí, procuraremos esclarecer o que é a gula (o defeito da gula) e veremos em que se distingue do simples prazer de comer e beber; iremos avante, e contemplaremos a beleza e a riqueza da virtude da temperança, que, além de moderar a gula, abrange outros temas importantes, como os relativos à castidade, e ainda questões tão atuais como o problema do consumismo. Secundariamente, também costumam incluir-se dentro da temperança virtudes como a mansidão, a modéstia, a clemência, a humildade, etc., mas desta vez prescindiremos de analisá-las — aviso desde o começo! para não alongar indefinidamente estas páginas.

Partindo da gula, pois, uma reflexão irá levando a outra e, pela escada da lógica e das analogias, iremos avançando, degrau a degrau, pelos campos mais característicos da virtude da temperança, até chegarmos às conclusões do livro.

Desde já, porém, desejo esclarecer que — na parte referente à gula, tema inicial destas páginas — não pretendo falar com nenhuma precisão técnica nem de gastronomia, nem de dietas, nem de regimes de emagrecimento, nem de medicina, nem de psiquiatria — a não ser muito de passagem —, mas dos defeitos e das virtudes que vicejam no terreno da gula e nos campos adjacentes a ela. Dito isto, encerremos os preâmbulos e entremos em matéria, ou melhor, entremos no Restaurante Virtual.

Primeira mesa

Por mais virtual que seja, esse Restaurante serve pratos próprios de gente. Quer dizer que aí não encontraremos os petiscos que saboreiam os pequenos bruxos das histórias de Harry Potter na cidadezinha de Hogs-meade — próxima da escola de Hogwards —, como, por exemplo, lesmas gelatinosas, sapos de creme de menta, bombons explosivos e cerveja amanteigada. Não. Nada disso. Só veremos pratos de pessoas normais (mais ou menos normais), dessas que os pequenos bruxos chamam de *trouxas*..., e que somos nós!

Vamos, pois, à primeira mesa, perto da entrada. À volta dela estão sentados um casal com seus três filhos — um garoto e duas meninas — que parecem, todos eles, saídos de um quadro do colombiano Botero (cito-o para os que gostam de pintura). Quero dizer que é uma família de gordos antológicos, de superobesos. Lá na casa deles, quando alguém desce abaixo dos cem quilos, há uma grande apreensão e lágrimas, porque todos julgam que ficou muito doente: «Está emagrecendo, coitado, está tão pálido!»

Com grande fruição, os cinco vão engolindo quantidades de massas variadas — verdadeiras pirâmides a escorrer manteiga na travessa e nos pratos —, seguidas de costeletas de porco tamanho-família com enormes penduricalhos de gordura, e tudo acompanhado por uma montanha de batatas fritas, por uns quilos de torresminhos para o tira-gosto; e, como sobremesa, quindim individual de oito centímetros de largura por quatro de altura. E tudo isso, naturalmente, regado a refrigerantes sucessivos (não *lights*, porque perdem gosto). Não acredita? Tanto faz. O restaurante é virtual.

Enfim, já os observamos. Não comentemos nada ainda — lembre-se de que combinamos assim —, mas guardemos a cena na memória, e passemos para a segunda mesa.

Segunda mesa

Nesta mesa só há duas pessoas. Um garoto de doze anos, que não para de espernear e de gritar, com a cara congestionada por uma ira feroz: — Não quero! Não quero alface! Não quero verduras! Não quero ovo! Não quero bife! Não quero peixe! Vô, já falei um milhão de vezes!... Não gosto! Não vou comer! Não quero!...

O avô do moleque malcriado é um senhor de ar triste e olhos condescendentes. Como era de esperar, acaba cedendo aos caprichos do tiranete enfezado e pede ao garçom iogurte com frutas cristalizadas, Coca-Cola, sorvete à vontade e um bom pedaço de *floresta negra*... O malcriado atira-se às guloseimas sem olhar para ninguém. O avô contempla-o, fascinado. Depois lambe os beiços. Por fim, pede ao garçom uma boa fatia de *floresta negra,* acrescentando, como quem quer abafar um remorso: — Sou diabético, mas, você sabe, uma exceção de vez em quando não faz mal...

Já sei que você, leitor que me acompanha, está com vontade de dizer umas tantas ao miniditador guloso, mas lembro que, por enquanto, vamos só ver e calar. Portanto, silêncio e passemos para a mesa seguinte.

Terceira mesa

Na terceira mesa há dois casais. Um dos maridos diz à mulher do outro: — Como você está magra!, e ela se estufa e sorri, lisonjeada. A verdade é que nós, os observadores imparciais, não entendemos muito esse elogio à «magreza» (na realidade, ela é rechonchuda), especialmente depois de comprovar que essas quatro pessoas só falam de comida o tempo inteiro. As duas mulheres usam roupas caríssimas, com o ar displicente de quem acaba de sair de casa com os trapos mais simples. Mas o nariz empinado e o tom emproado da voz denunciam vaidades gigantescas.

Você, leitor que me acompanha, entende metade do que eles estão dizendo? Eu não. Só sei que se referem sem parar a iguarias caríssimas, com uma enxurrada de nomes franceses, algum nome italiano e alemão e outros espanhóis. Pareceu-me entender, por exemplo, que falavam de que na ilha de Itaparica, na Bahia, preparavam num certo bistrô uma *paella* incrível, com açafrão *de verdade* (daquele que sai só um grama de cada 200 flores) e com línguas de.... Não entendi. Será que falavam de línguas de rouxinol ou de pintassilgo, como aquelas que comiam os imperadores romanos? Não, não pode ser. Temos o Ibama... Mas que só tagarelavam de pratos e vinhos caríssimos, de centenas de dólares como se fossem centavos, disso sim estou certo; e de que falavam também de planos mirabolantes para ir todos os fins de semana a lugares remotos (só acessíveis de helicóptero ou avião particular) para comer delícias indescritíveis e absolutamente fora do alcance do povo comum, disso também estou certo...

Reprimimos uma expressão de mal-estar e até de nojo, e vamos direto para a quarta mesa.

Quarta mesa

O panorama agora é completamente diferente. Vestido de preto, um homem jovem, magérrimo e soturno, de pele cinzenta e com o ar de ter escapado de um filme da família Adams, coloca garfo e faca cruzados sobre um prato vazio, como uma barreira intransponível contra qualquer tentativa de despejar lá um grama de comida.

Do outro lado da mesa, defronte a ele, há uma moça esquelética e pálida como a cera. Olheiras profundas emolduram os seus olhos afundados e tristes. Estendemos as mãos, com gesto protetor, quando parece que vai desmaiar. Porém, não desmaia, mas, dirigindo-se ao seu namorado frankensteiniano, diz-lhe:

— O meu problema é que já não consigo comer, e eu bem que quereria. Eu não odeio a comida como você. Foi o regime de emagrecimento que me neurotizou. Fiquei com psicose de emagrecimento. Vejo um amendoim (e olha que eu gosto de paçoca e pé de moleque), e já entro em pânico, achando que a gordura vai voltar, que vou ter que alargar calças e saias... O médico diz que tenho uma doença moderna, uma espécie de transtorno obsessivo-compulsivo, a anorexia. Mas, antiga ou moderna, a realidade é que eu só penso em não engordar; não detesto comida, só que não consigo comer, ao passo que você...

— Eu descobri a verdadeira filosofia — declara o fantasma.

— Sei que estou meio maluca, mas você ficou louco total! Puxa! Primeiro veio com a história da macrobiótica, depois virou vegetariano, depois frutariano, e agora, seguindo esse seu guru esquisito, «libertariano» ou como se diga... É demais!

— Esta é a verdadeira filosofia, que tem mais de cinco mil anos, e agora foi restaurada por esse hindu «libertarianista». A matéria só prejudica o espírito, isso já o diziam há milhares de anos muitos filósofos gregos, indianos e persas. A matéria é má, é perversa, esmaga o espírito, já cansei de te falar isso. Só comemos porque somos escravos impuros da matéria impura. Quando nos tivermos libertado da matéria — e é isso que ensina o meu sábio hindu —, não precisaremos mais de comer... Viveremos só do pensamento! Só a filosofia nos sustentará!

— Viu que brilho de doido tem nos olhos? — diz-me o leitor, ao ouvido, enquanto faz girar o dedo sobre a têmpora —. Vamos embora, que estou com medo.

E assim, o mais rápido possível, chegamos à quinta e última mesa. Que alívio, meu Deus! Nela está uma família numerosa e alegre, festejando a entrada do segundo filho na Faculdade Federal de Medicina (boa faculdade, de grande categoria..., e gratuita).

Que estão comendo? Na realidade, mais estão falando, rindo felizes e olhando-se do que comendo. Mas não falta a salada com maionese, a picanha com fritas e o espetinho à escolha, uma boa torta de limão para terminar e, naturalmente, o tempo todo, cerveja e refrigerantes.

Comem todos, mas cada bocado é como uma ação de graças e um sorriso. E cada prato, cada garfo, cada garrafa, parecem trazer escrito em letras de ouro: «Parabéns, futuro doutor!»...

Num dado momento, a mãe pede a uma das filhas que coma um pouquinho mais. «Não, mãe», diz ela, «quero estar leve para aproveitar este fim do domingo estudando, que amanhã tenho prova». E quando o festejado agarra uma garrafa de cerveja e oferece despejá-la no copo do outro irmão, este sorri simpaticamente e diz: «Não, não, obrigado. Já bebi dois copos, assim está bom».

O leitor e eu nos entreolhamos, e percebemos que também estamos a sorrir. Instintivamente quereríamos pegar numa garrafa de cerveja e acompanhá-los, mas o braço se agita no vazio... Tínhamos esquecido que estamos num restaurante virtual.

Muito bem. Acabou-se a turnê. Agora temos que meditar sobre o que vimos. Da observação, passemos à reflexão.

REFLEXÕES SOBRE AS CINCO MESAS

— Você, leitor, que me acompanhou na visita ao restaurante, o que observou?

— Parece-me óbvio que, afora os da quinta mesa — a família do estudante —, todos os outros comensais têm um comportamento absurdo, irracional.

— Concordo. Dá para perceber à primeira vista. Mas mesmo aquelas coisas que parecem mais evidentes, quando refletimos calmamente sobre elas, fornecem-nos luzes novas muito interessantes. Vamos tentar fazer isso. Você falou, muito acertadamente, de comportamento *absurdo* e *irracional*. É um bom começo, pois, sem reparar, usou os mesmos termos que vêm sendo utilizados para falar de defeitos, vícios e pecados desde a época dos filósofos gregos até os nossos dias, passando pelos ensinamentos dos sábios cristãos da Antiguidade e da Idade Média. Todos os bons pensadores concordam em que aquilo que se opõe à *razão,* que contradiz a *reta razão* — como costumam chamá-la —, é errado e por isso prejudica o homem, levando-o por um caminho contrário à verdade e ao bem, e, em consequência, contrário à sua verdadeira felicidade.

Esta ideia é um excelente ponto de partida para focalizar os erros da gula e tomá-los como base para considerações mais amplas sobre a *temperança,* virtude que tem como objeto próprio e principal — como ensina São Tomás de Aquino — orientar pela *reta razão* os prazeres sensíveis (corporais) relativos ao tato, especialmente aqueles que estão diretamente ligados à conservação do indivíduo e da espécie, ou seja, a comida e a bebida, e o sexo. Se você me permite, meu caro leitor, eu gostaria de analisar as atitudes dos comensais das nossas cinco mesas, para ir entrando em cheio nessas outras reflexões. Com a sua licença, pois, começarei comentando a primeira mesa.

A família de superglutões

Não é preciso fundir a cabeça para entender que a atitude desses devoradores insaciáveis de massas, doces e gorduras nada tem de razoável, e muito tem de irracional. Essa família imaginária merece, no mínimo, o seguinte diagnóstico moral:

— Primeiro: Eles não comem para viver, mas vivem para comer, o que inverte a ordem natural das coisas. O alimento é um *meio* para o sustento, a sobrevivência e uma condição saudável de vida. Se o meio se transforma em um *fim,* temos uma *desordem* de comportamento: portanto, uma desordem *moral,* uma inversão de valores. A razão sadia só pode considerar essa atitude como absurda e errada. Esses glutões, em vez de *usar* os alimentos com prazer, mas de forma equilibrada, *abusam deles, exageram,* tirando do eixo algo tão natural como a alimentação e pervertendo com isso o seu *sentido,* ou seja, a sua *verdade.*

— Segundo: A reta razão — evidenciada, no caso, pela ciência médica — afirma que esse abuso de comida e de bebida é irracional também porque faz mal à saúde; é um caminho bastante garantido para o enfarte e outros problemas importantes, que podem desembocar facilmente em morte ou em incapacitação prematura (derrame, etc.). Ora, isso é uma grave *desordem* moral: é colocar o *prazer de comer* acima do *dever* de manter a *saúde* e de conservar a *vida* — dois valores infinitamente superiores ao prazer —, e isso mesmo agravado pelo fato de que, da nossa saúde e da nossa vida, dependem a vida e o bem de outras pessoas.

— Terceiro: Essa procura do prazer acima de tudo abre a nossa reflexão para uma perspectiva mais ampla, que hoje afeta profundamente as pessoas, as famílias e a sociedade. Uma das características da deterioração moral da nossa época é a adoção do *hedonismo* como critério orientador da vida. *Hedonismo* significa a procura prioritária do prazer, a divinização do prazer como se fosse a finalidade mais importante, se não a única, da vida. Essa mentalidade explica a invasão crescente das drogas e do álcool entre a juventude; as perigosas aventuras sexuais sem significado e com imenso risco e, em consequência, a deterioração do ideal do amor esponsal, alicerce da grandeza da família, que fica substituído por efêmeras aventuras egoístas, pela fumaça de «namoros» passageiros.

Como vê, os nossos glutões deram pano para mangas. Pensar na sua atitude levou-nos longe. Vamos ver até onde nos levam as reflexões sobre a segunda mesa.

O menino malcriado e o avô descontrolado

Estas duas figuras são as que encontramos na segunda mesa. Que dizer do menino e do avô?

É evidente que manifestam a mesma *falta de racionalidade* que os superglutões. Nenhum dos dois se guia pela cabeça, nenhum dos dois vive de acordo com a luz da inteligência. Estão dominados por caprichos e hábitos antirracionais.

Comecemos pelo garoto caprichoso.

Fala por si. Mostra, desde que pomos os olhos e os ouvidos nele, que está dominado por um egoísmo descomedido e insano. Só pensa no que ele quer, e só quer aquilo de que gosta; só sabe exigir o que lhe dá no gosto, faça mal ou faça bem. Traz-me à memória outro garoto de que há pouco me falavam. Os pais e avós foram tão tolerantes com os seus caprichos que agora — para angústia da família e preocupação dos médicos — não há meios de fazê-lo comer outra coisa, em todas as refeições e fora delas, senão sorvete e balas (o caso é histórico, sem exagero). É óbvio que, se não muda, vai acabar no hospital e possivelmente na cova. É triste, mas é um exemplo realista de criança mimada, que, por espantosa falta de critério dos familiares e educadores, está afundada no hedonismo e pode despencar na ruína física e moral.

Como contrasta com esse caso a história de um meu colega (também é história real, não de ficção), que me relatava o seguinte: na infância, ele era muito caprichoso e cheio de dengos, igual ao garoto da segunda mesa — «Não gosto, não quero, não vou comer essa porcaria!» O pai tentou cem vezes argumentar com ele para que tomasse o alimento que lhe convinha e deixasse de caprichos absurdos. Como não conseguiu nada falando, optou por um remédio mais radical. A partir de um dado momento, passaram a servir-lhe um prato normal ao almoço, digamos arroz com feijão e bife. Não queria? Não faz mal. Retiravam o prato, guardavam-no na geladeira e não lhe davam mais nada. Ao jantar, o mesmo prato surgia na mesa à frente do garoto. Reclamava, gritava, não queria? Não faz mal. O mesmo arroz, feijão e bife voltavam para a geladeira e o garoto era enviado em jejum para a cama. Na manhã seguinte, o café da manhã consistia naquele mesmo prato, recém-extraído da geladeira. O garoto acabava atirando-se a ele com fome de lobo (a fome, que é «o melhor condimento»), e foi assim, perseverando nesse «sistema», que acabaram com as manias e os dengos. Muitos anos depois, o meu bom amigo — que hoje, por sinal, é bispo — dizia-me, divertido e feliz, que conservava um agradecimento eterno a seu pai por não ter permitido que se tornasse um «babaca».

Esse pai fez muito bem em não respeitar a falsa liberdade da criança, que na realidade era uma escravidão. Como pai sensato, sabia que não há educação sem disciplina, e que uma boa disciplina jamais traumatiza, se vai acompanhada pelo carinho (que, no caso, não faltava).

Acho interessante o que diz a este respeito o pensador francês Gustave Thibon: «As crianças mimadas — aquelas cujos movimentos "espontâneos" foram respeitados e afagados — são as que mais tarde se convertem, por falta de consistência e de orientação interiores, nas vítimas mais passivas da opinião e da moda. Na mesma medida em que lhes foram poupadas todas as restrições, sucumbem a todas as seduções». E acrescenta: «Outrora, exigiam-lhes demais; hoje, não se lhes pede o suficiente». Consideração parecida é a do Cardeal Ratzinger, numa entrevista de 1997: «Atualmente, é frequente observar que a gente jovem cada vez se sente menos exigida... Quando não se tem a coragem de podar, só crescem folhas».

É muito perigoso deixar-se dominar pela «lei do gosto» (como a chamava São Josemaria Escrivá). Pode levar crianças e adolescentes a um futuro de consequências desastrosas. A desordem da gula pode parecer inocente e até engraçada, mas revela uma *atitude*, que facilmente se estende a todos os setores da vida. Caprichoso na comida é quase sempre caprichoso na TV, caprichoso no horário de levantar e de dormir, no uso do computador, no estudo, no relacionamento com parentes... e será caprichoso, egoísta e superficial no amor.

Como será possível que uma pessoa «formada» assim não aplique ao amor — algo tão extraordinariamente sério — os mesmos critérios hedonistas? Não será de estranhar que se acostume a encarar a mulher — ou o homem, no caso das meninas —, como um mero objeto de diversão, prazer e entretenimento, que se «consome» e se descarta — depois de ter *ficado* — conforme o capricho do momento. Quantos e quantas não largam a namorada, o namorado, a esposa ou o marido (e tantas vezes os filhos!), como se atira ao lixo a lata de cerveja vazia, o embrulho de chocolate e o copo de sorvete, porque já foram usados e agora só atrapalham... Não é assim?

— É, sim, é um retrato da vida de muita gente... Mas, escute — diz o leitor amigo —, e o avô? Vai dizer alguma coisa do avô?

— Pouca coisa. Para falar cruamente, diria que é um «falso bom», porque é um «fraco». A verdadeira bondade quer o bem dos outros. Quem pretende agradar e ficar bem com todos só procura a si mesmo, só quer ganhar simpatia ou evitar aborrecimentos, não sabe amar. Os avós condescendentes com os caprichos dos netos só lhes fazem mal. Este nosso avô trabalha para a ruína do neto. Talvez ceda assim precisamente porque ele próprio é fraco de caráter, como se observa pelo disparate que comete. Sabe que padece de diabetes grave e não consegue conter-se quando lhe põem na frente um bolo de chocolate, que, para ele, é uma bomba com o estopim aceso. Onde está aí a «reta razão»?

Bem, já refletimos um pouco. Passemos para a terceira mesa, onde empinam o nariz e a taça de champanhe os casais requintados.

Os dois casais requintados

— Confesso — interrompe-me de novo o leitor acompanhante — que esses dois casais me provocam uma antipatia enorme...

— Não se esqueça de que são «virtuais», ou seja, inventados. Mas compreendo o seu sentimento. Contudo, gostaria de lembrar-lhe que, se fossem reais, tanto você como eu deveríamos julgá-los com o máximo de compreensão e de misericórdia cristã — mesmo que tivéssemos certeza dos seus erros, certamente condenáveis. Uma coisa é condenar o erro e outra, a pessoa que erra. A pessoa sempre deve ser compreendida e amada.

— Em todo o caso, como são virtuais, isso nos permite julgá-los com um pouco mais de rigor, não é verdade?

— Está certo. E até será bom, pois esses dois casais imaginários encarnam alguns dos piores tipos de gula de que já falavam os antigos sábios. Nunca ouviu falar de que os velhos filósofos classificavam a gula em cinco tipos?

— Não. Nem imagino o que isso seja.

— Então, só por curiosidade, vou-lhe dizer como é que eles chamavam esses tipos de gula em latim, traduzindo-os logo a seguir. Eles falavam do vício de comer (ou de beber) *praepropere* — antes da hora; *laute* — procurando o requinte; *nimis* — ou seja, em excesso; *ardenter,* atirando-se à comida com grande voracidade —; e *studiose* — dedicando à preparação da comida um tempo e uma despesa desproporcionados. Que achou?

— Interessante. Tomarei nota desses nomes divertidos e acho que todos esses tipos de gula, ou quase todos, estão no nosso Restaurante Virtual. Por exemplo, os gordões são da classe *nimis* e *ardenter*...

— E os dois casais que agora nos ocupam?

— Ah! Esses são do tipo *laute* e *studiose*..., não é assim?

— Na mosca! Mas, diga, por que motivo é um vício, uma *desordem,* essa dedicação obsessiva a degustar as iguarias mais requintadas e raras e a beber os vinhos mais caros, mesmo que para isso se devam gastar fortunas e fazer viagens exorbitadas? Por que isso vai contra a *reta razão?*

— Desculpe, mas a doutrina é com o senhor. Estou escutando.

— A doutrina está ao alcance de todos. Mas, enfim, repare que essa gente também parece «viver só para comer»; neste caso, não por voracidade — como os da primeira mesa —, mas por sofreguidão de chegar ao máximo do «prazer», como se isso fosse o ponto supremo da vida. Em suma, são uns rematados *hedonistas.* Ora, viver *para* o prazer é uma total subversão de valores. Uma coisa é gostar de comida boa — às vezes até requintada — e bem preparada. Outra coisa é fazer do prazer de comer e beber uma meta, uma finalidade tão prioritária, que passa por cima de outras finalidades da vida mil vezes mais importantes, como são as relações filiais com Deus, a missão de edificar primorosamente a família, o empenho prioritário na educação dos filhos, a preocupação por colaborar com atividades que remedeiam ou aliviam os males sociais, e tantas coisas mais... Pode ter certeza de que essas quatro pessoas, se são católicas, deixarão, sem um pingo de remorso, a Missa dominical em troca de uma refeição «muito especial». A eles se pode aplicar literalmente o que escrevia São Paulo: *Seu deus é o ventre.*

Já os ouvimos antes, ao entrar no restaurante. Só falavam de comer, de pratos e bebidas! Vêm ao pensamento umas palavras de Cristo: *A boca fala do que há no coração*; e estas outras, que as complementam: *Onde estiver o teu tesouro, ali estará o teu coração.* Para esses dois casais, o maior «tesouro» com que sonham, em que pensam, de que falam, é o prazer de comer... Penoso!

— Se de vez em quando, mesmo que só por gosto, fizessem um «extra» mais caro, acho que ainda daria para aceitar. Mas fazer isso sempre, com ânsia, obsessivamente, é um desvario. Para esses, a gula já se tornou uma religião.

— Exato. É muito triste que não coloquem as suas energias mentais e espirituais, a capacidade de pensar, de amar e de agir, em ideais nobres e elevados, que lhes dariam sentido à vida, e fariam bem à família, aos amigos, à sociedade, a tantos e tantos que sofrem, que padecem fome e sede, doenças e solidão, sem que ninguém cuide deles...

E, além disso, você não acha que, quando se vive num mundo em que há tanta pobreza, tanta miséria, tanto doente sem recursos, tanta criança abandonada, tanta solidão sem consolo, é uma afronta gastar quantias fabulosas em prazeres absolutamente dispensáveis, em vez de orientar esse dinheiro em favor do próximo carente?

— Acho, sem dúvida!

— Você sabe que a doutrina cristã é muito exigente neste aspecto. Tão exigente como Cristo o foi, quando dizia: *Retirai-vos de mim, malditos. Ide para o fogo eterno* [...]. *Porque tive fome e não me destes de comer; tive sede e não me destes de beber* [...]. *Estes lhe perguntarão: Senhor, quando foi que te vimos com fome, com sede* [...]? *E ele responderá: todas as vezes que deixastes de fazer isso a um destes pequeninos, foi a mim que o deixastes de fazer. E esses irão para o castigo eterno* (cf. Mt 25, 31-46).

E, ainda, você não se lembra da parábola do rico comilão e do pobre Lázaro (Lc 16, 19-31)? O rico *todos os dias se banqueteava e se regalava.* O pobre Lázaro, faminto, deitava-se à porta dele, desejando matar a fome *com as migalhas que caíam da mesa do rico,* mas nem isso lhe davam. Morreram ambos, o rico guloso foi precipitado no inferno e Lázaro foi salvo. O rico avarento, você acha que foi condenado só pela gula? Não. Além da gula, e acima de tudo, foi condenado porque usava dos seus bens exclusivamente para prazer pessoal e não queria saber das necessidades dos outros.

Desde o início do cristianismo, como um eco dos ensinamentos de Jesus, os grandes santos pregavam a doutrina que São João Crisóstomo expressava com estas palavras vigorosas: «Se possuis grande fortuna, não é para usufruíres dela só em proveito próprio, mas para seres administrador fiel da mesma em proveito do próximo. É um roubo não dar esmola do que se possui. O rico deve considerar-se um agente de Deus na distribuição de bens entre os pobres».

E também, falando especificamente dos gulosos avarentos, São Gregório Nazianzeno assim os invectivava: «Queremos a nossa mesa opulenta de iguarias, provenientes em abundância de todos os elementos: do ar, da terra e da água. E queremos apurar as artes dos cozinheiros para afagar sempre mais este ventre globoso e ingrato, esta carga pesada e fonte de males, fera insaciável e infidelíssima, destinada a ser destruída junto com os alimentos destruídos... E os pobres, que se fartem de água!»

— Se repete muito isto, vão dizer que é comunista...

— Pois então que digam que é comunista João Paulo II, de quem são as palavras que vou citar a seguir, proferidas em 1979 no *Yankee Stadium*:

> Cristo pronuncia palavras muito duras contra os que utilizam os bens egoisticamente, sem repararem nas necessidades dos outros. A parábola do rico avarento e do pobre Lázaro deve estar sempre presente na nossa memória; deve formar-nos a consciência. Cristo pede abertura para os irmãos e irmãs necessitados; abertura da parte do rico, do opulento, do abastado; abertura

para o pobre, o subdesenvolvido, o desprotegido. Cristo pede uma abertura que é mais do que atenção benigna, ou manifestações esporádicas de atenção, ou meios esforços, que deixam o pobre tão desprotegido como antes ou inclusivamente mais. Não podemos permanecer ociosos desfrutando das nossas riquezas e liberdade se em algum lugar o Lázaro do século vinte está à nossa porta...

Como vê, a gula é, muitas vezes, um espelho da vida toda; você puxa pelo fio da gula e aparecem outras mazelas da alma. Mas vamos agora abeirar-nos da mesa dos dois supermagros. Não parecem a antítese da gula? No entanto...

Os namorados esqueléticos

Já os vimos e os ouvimos dialogar. Ela tem anorexia. Ele tem filosofia. Comecemos pela magricela. Como é que chegou a essa extrema e perigosa magreza?

Provavelmente como muitas outras. Pela vaidade. Hoje em dia, há um verdadeiro bombardeamento de propaganda, aterrorizando as mulheres sobre o perigo de engordar. Não se trata tanto do perigo das gorduras para a saúde, mas do risco de perder a figura, a elegância, a beleza.

Com incentivos de estética feminina, o *marketing* atira-se a promover mil produtos *light* «que ajudam a não engordar», a aconselhar métodos esquisitos (e perigosos) para «perder sete quilos em quinze dias e ganhar energia e beleza», a fazer a propaganda de confecções em que não cabe a cintura de uma vespa, e a propor como modelo, nas revistas femininas, na TV, no cinema, mulheres tão magras, que parecem um fio de cabelo posto em pé. Verificou-se recentemente que, de quatro anúncios dirigidos a mulheres, um deles convida direta ou indiretamente a perder peso.

Resultado disso: já está constatada uma ampla e crescente epidemia de anorexia nervosa e de bulimia, que provoca transtornos na conduta alimentar, porque a mania de não engordar passa a ser a obsessão permanente da vida. A epidemia avança, e cada vez mais provoca doenças e mortes.

E na raiz de tudo isso o que é que está? Duas coisas: primeiro, o materialismo que, esquecendo a alma, faz voltar todas as atenções para o culto do corpo; e, depois, a vaidade exacerbada, que faz de inúmeras mulheres — e homens — uns escravos da *moda*. Pela moda perde-se a saúde. Pela moda perde-se o decoro. Pela moda perde-se o senso do ridículo. Pela moda perde-se a alma. Muito bem dizia Gustave Thibon que «a moda é a ditadura do efêmero que se exerce sobre os desertores da eternidade».

E o mais triste é que, antes de perder-se a grandeza espiritual, perde-se a sensatez, a *reta razão*. É em vão que a medicina alerta sobre os perigos da anorexia e da bulimia, e que a ciência e a experiência demonstram os efeitos nefastos dessa mania de emagrecer; a vaidade é mais forte, e faz com que prevaleça a influência do ambiente, da propaganda, do que vão dizer as amigas... Se essas mulheres vivessem no século XVII ou XVIII, conforme se vê pelos quadros de Rubens, lutariam como doidas para ser gorduchinhas, infladas e volumosas, pois essa era a moda na época, o padrão de beleza...

Bem. Passemos agora para o namorado fantasmagórico. Já vimos que tem teorias «profundas», um guru particular e uma salada de «filosofias», o que também é um perigo espantoso. Foi por gurus e «filosofias» picaretas que muitos jovens, em ambientes de *rock* desvairado, despencaram pelo precipício sem regresso das drogas.

Mas a «filosofia libertarianista» do nosso esquelético é outra. Você se lembra do que ele falava à coitada da namorada: «A matéria só prejudica o espírito [...], a matéria é má, é perversa, esmaga o espírito; [...] só comemos porque somos escravos impuros da matéria impura; [...] quando nos tivermos libertado da matéria não precisaremos mais de comer, viveremos só do pensamento, só a filosofia nos sustentará!» Não lhe diz nada essa teoria?

— Não sou filósofo, mas isso me soa a maniqueísmo.

— Exatamente. No século III depois de Cristo, Manes, inspirando-se em parte no mazdeísmo persa, no neoplatonismo e em várias filosofias orientais, propugnava um *dualismo* radical: por um lado, haveria um Deus bom, princípio de Luz, que foi quem criou os espíritos; por outro, um deus mau e inimigo, princípio de Trevas, que teria criado a matéria. Por isso, a matéria seria essencialmente má, e ela — concretamente o corpo — é que nos faria mal e tornaria imperfeitos e maus os homens. A doutrina completa do maniqueísmo é complicadíssima e contraditória, mas o que nos interessa saber é que defende, como caminho de perfeição e de salvação, a necessidade de que as almas se libertem dos laços da matéria. Por isso, entre outras coisas, os maniqueus condenavam o matrimônio, ainda que depois se dedicassem às piores bandalheiras.

Santo Agostinho esteve envolvido com essa seita durante muitos anos. Mas, quando foi atingido pela graça de Deus e se converteu ao cristianismo, combateu energicamente os erros maniqueus, partindo de uns princípios claríssimos. A matéria — o universo — foi criada por Deus. Deus é bom, não pode criar nada de mau. Portanto, a matéria, o corpo, etc, necessariamente são bons, como se lê, em frase expressiva, no início do livro do Gênesis, após Deus ter completado a sua obra com a criação do homem e a mulher: *Deus contemplou toda a sua obra e viu que tudo era muito bom.*

Pois bem, essa perspectiva bíblica, que é a certa, tem consequências que — embora não pareça — iluminam a reflexão cristã sobre a gula. Veja. Ao observar as três primeiras mesas, percebemos que faz parte do vício da gula comer descontroladamente, deixar-se dominar por caprichos irracionais e perigosos, divinizar o prazer requintado de comer e viver só para ele... Ora, todas essas atitudes estão ligadas ao hedonismo, ao culto do prazer como bem supremo. No entanto, na quarta mesa vemos o contrário. O filósofo esquelético *condena o prazer físico* como um mal. Combatendo o prazer material, à procura de uma espiritualização absoluta, esse indivíduo não peca certamente por gula, pois não come nem bebe nada, mas então peca por quê...?

— Já falei antes que o considero um maluco.

— Isso é certo. Mas não nos interessa agora um diagnóstico psiquiátrico, e sim um diagnóstico moral. Suponhamos que esse sujeito não é um doido varrido, destituído de responsabilidade pelos seus atos (podemos supô-lo à vontade, porque fomos nós que o inventamos). Pois bem, uma pessoa moralmente responsável, que desprezasse a matéria e todo o prazer material, considerando-os um mal, diz São Tomás de Aquino que *pecaria,* e até dá o nome a esse pecado: o pecado da *insensibilidade.* É interessante, não? O melhor é ler textualmente São Tomás:

> É vicioso — escreve na *Suma Teológica* — tudo aquilo que se opõe à ordem natural. Mas foi a própria natureza que pôs o prazer nas operações necessárias à vida humana. Por isso, a ordem natural exige que o homem desfrute desses prazeres, *na medida em que são necessários para a saúde humana, quer seja em ordem à conservação do indivíduo, quer da espécie.* Por isso, se alguém rejeitasse o prazer até ao ponto de rejeitar o que é *necessário para a conservação da natureza,* pecaria, pois se oporia de algum modo à ordem natural. E nisso consiste o pecado da insensibilidade.

O que Tomás de Aquino condena é exatamente o que o namorado esquelético defende. Estão em posições opostas. E posso acrescentar, falando em baixa gramática..., e tem mais!

— O quê?

— Você já deve ter ouvido dizer a algum desses «intelectuais» ignorantes que se fazem passar por sábios que a doutrina católica é inimiga do prazer, que ensina que o sexo é uma espécie de mal «tolerado», que em si seria coisa baixa e suja.

— Já ouvi dizer isso a um professor de cursinho, que não parava de «malhar» a Igreja...

— Pois bem, veja de novo o que ensina São Tomás de Aquino, esse homem do século XIII (da pretensa Idade Média «obscurantista»...) que a Igreja Católica recomenda como guia seguro para a reflexão teológica. Fala sobre o sexo, também na *Suma Teológica*, e diz que, tal como o comer e o beber, a satisfação do instinto sexual natural e o prazer que a acompanha são bons e sem sombra de pecado («livres de todo o pecado»), *desde que se guarde a «ordem devida»*, ou seja, desde que *o sexo seja usado dentro do matrimônio* (pois este é o plano que Deus estabeleceu para o verdadeiro bem do homem), e desde que se mantenha a *medida conveniente*.

Sobre essa «medida», sobre a moderação virtuosa do prazer, é também interessantíssimo saber que ele escreveu: «A abundância do prazer que se sente no ato sexual, ordenado pela reta razão — portanto, dentro dos fins e dos bens do *matrimônio* —, não se opõe à justa medida da virtude».

Como vê, nós os católicos não somos maniqueus. Não condenamos a matéria nem o corpo. Sabemos que o mal não está na matéria nem no prazer corporal, mas no coração do homem, como Cristo nos ensina: *É do interior do coração dos homens que procedem os maus pensamentos: devassidões, roubos, assassinatos, adultérios, cobiças, perversidades, fraudes, desonestidade, inveja, difamação, orgulho e insensatez. Todos esses vícios procedem de dentro e tornam impuro o homem* (Mc 7, 21-22).

Só o coração do homem, envenenado pelo egoísmo, pela sensualidade eletrizada, é que pode tirar do trilho o prazer que Deus colocou na natureza como algo bom em si. Lembremos de novo que o pecado é sempre uma «desordem»: é usar para o mal o que Deus nos deu para o bem (como usar o sexo, que é santo entre os esposos, para divertir-se frivolamente, ou para trair e cometer adultério); é fazer daquilo que existe para servir a vida (como é o caso do alimento e da bebida) um ídolo que escraviza e faz perder o autodomínio e a saúde; e é transformar os simples meios em fins (como aqueles que vivem para comer, em vez de comer para viver).

Mas chega de esqueléticos e passemos para a quinta e última mesa.

A comemoração do vestibular

— Confesso — diz o leitor que me acompanha — que nessa quinta mesa eu gostaria de ficar, de me sentar e comer junto dessa família. O ambiente é tão agradável!...

— Eu sinto a mesma coisa. Lembra-se de que, quando os observamos pela primeira vez, no final você e eu nos entreolhamos e percebemos que ambos estávamos a sorrir? É natural. Nessa família que festeja o final feliz do exame vestibular do filho, tudo é alegria limpa, afeto e espírito de gratidão. Eu até diria que, quando brindam com cerveja (não pediram champanhe), o tilintar dos copos está dando quatro notas musicais: a do amor, a da alegria, a da gratidão... e a do prazer; sim, a do prazer de comer e de beber, daquele sadio comer e beber que não é fuga nem estímulo artificial (como o é o de muitos que bebem demais), nem embotamento de comilão empanturrado, que vai da mesa à cama, para dormir uma sesta de jiboia que acaba de engolir uma paca (e é outro modo de fuga, afinal), nem o frenesi etílico da danceteria esquizofrênica ou da «balada» orgiástica.

Não. A comida e a cerveja estão tão perfeitamente integradas na felicidade da comemoração, que passam a fazer parte do carinho e da alegria de pais, filhos, irmãos. Isto me traz à memória uma luz clara do Evangelho. Cristo, com frequência, utiliza a imagem do banquete, do convite para as bodas, da ceia, como símbolo do amor, do amor de Deus para com os homens e dos homens, unidos a Deus, entre si. Por isso o banquete é uma das imagens típicas do Reino dos Céus e da união amorosa com Deus na eternidade.

Essa bela família nos ensina que, para sermos felizes, não é preciso exceder-nos, nem abusar, nem perder o controle, nem tampouco desprezar os prazeres sadios da vida. Basta usufruir com moderação e agradecimento os bens que Deus nos concede e envolver tudo no amor, que dá a verdadeira vida às coisas.

Por outras palavras, essa família nos ensina o valor da virtude da *temperança,* pois esta é a virtude que nós contemplamos na última mesa.

Com isto, estamos prontos para fechar a porta às reflexões sobre o Restaurante Virtual e abrir o portão da segunda parte deste livrinho, que vai tratar exatamente da virtude da temperança. Como anunciávamos no começo, do rés do chão da gula subiremos ao patamar da temperança.

Segunda parte

REFLEXÃO SOBRE A TEMPERANÇA

As cinco mesas do Restaurante Virtual despertaram em nós uma porção de pensamentos. A partir de agora, a nossa reflexão procurará dar um passo à frente, com um duplo objetivo: ordenar racionalmente ideias que já foram surgindo, e tratar de completá-las e de aprofundar nelas, com o fim de atingirmos uma perspectiva mais ampla da virtude da temperança, que é o contraponto positivo da gula (e da luxúria).

— Mas ficar só refletindo e aprofundando, sem contemplar figuras vivas (ainda que virtuais) como até agora, não vai ficar um pouco árido? — queixa-se o leitor.

— Paciência. Para viver bem é necessário pensar! De qualquer forma, tentaremos evitar a aridez tanto quanto pudermos...

E, para começarmos esta etapa de reflexão, muito nos pode ajudar o texto, rico e denso, que o *Catecismo da Igreja Católica*, no n. 1809, dedica a essa virtude. Diz assim:

> A *temperança* é a virtude moral que modera a atração pelos prazeres e procura o equilíbrio no uso dos bens criados. Assegura o domínio da vontade sobre os instintos e mantém os desejos dentro dos limites da honestidade. A pessoa temperante orienta para o bem os seus apetites corporais...

Duas coisas ficam muito claras nessa definição.

A primeira, que a temperança procura a atitude equilibrada, certa, em relação *aos prazeres corporais*, ao uso dos *bens deste mundo*, aos *instintos*, aos *desejos*, aos *apetites sensíveis*. Todos entendemos o que isto quer dizer. Fala-se, nesse texto, da nossa inclinação para o prazer sensível no comer, no beber, no sexo, no descanso, no bem-estar corporal e nos outros bens desfrutáveis pelos sentidos (desde perfumes até emoções radicais). Com isso, dá-se a entender que também entram no campo da temperança, embora de modo secundário, os cuidados que dedicamos à boa forma do corpo e à saúde, ao descanso, ao lazer e ao tempo destinado ao sono, ao exercício físico..., coisas todas que podemos pautar por critérios de equilíbrio, moderação e sensatez, ou então desordenar pelo abuso, pelo exagero, pelo vício, pela dependência, a obsessão, o risco irracional, a avidez, a preguiça... Pense devagar em cada uma das expressões desta longa lista de desordens e diga-me se não poderia aplicar cada uma delas a diversas pessoas que você conhece, talvez até algumas — desculpe! — a você mesmo.

— Admito «humildemente» a minha preguiça por ficar tempo demais na cama, reconheço que abuso do café, arrepio-me de ter praticado *rappel* de viaduto sem o mínimo treinamento, e prefiro não falar das horas inutilmente perdidas na Internet..., nem sempre com assuntos culturais ou científicos...

Pare, pare! Não se trata de fazer uma confissão pública... Voltemos ao nosso tema, sem personalizar.

A segunda coisa que percebemos na definição do *Catecismo* é que a temperança não tem a função negativa e odiosa de *eliminar* os prazeres, *abafar* os instintos, *extirpar* os desejos, os apetites e as paixões sensíveis, mas algo de muito mais elevado e puro, que o próprio *Catecismo* expressa por meio das palavras *moderar,* procurar o *equilíbrio* — ou seja, a medida certa —, o *autodomínio* e, enfim, a *orientação* de todo o universo dos desejos e das inclinações corporais ou sensíveis (vista, gosto, tato, etc., e os prazeres que proporcionam) *para o nosso bem e o do próximo,* evitando que ocasionem um *dano físico, espiritual ou moral* a nós mesmos ou aos outros.

Talvez o leitor ache interessante um detalhe erudito a este respeito.

— Desde que não nos metamos em filosofias que ninguém entende..., pois, como já falei, as divagações intelectuais são perigosas e facilmente ficam enfadonhas...

— Não, não. Ao contrário. O detalhe erudito é esclarecedor. Na Bíblia, no Novo Testamento, que, como sabe, foi todo ele escrito em grego, usam-se duas palavras para designar a temperança: *sofrosyne,* que costuma traduzir-se por «sobriedade», e *enkráteia,* que significa normalmente temperança no seu sentido mais amplo, ou seja, de moderação dos diversos prazeres corporais (veja, por exemplo, Carta aos Gálatas, 5, 23). Pois bem, esta última expressão deveria traduzir-se, segundo os melhores conhecedores do grego bíblico, por «autodomínio» ou «domínio próprio» — ainda que também possa ser traduzida, sem deturpar-lhe o sentido, por temperança, moderação ou continência.

Isto quer dizer que, mesmo que os desejos, os instintos e as ânsias de prazer — sobretudo quando atiçados por fortes incentivos — nos puxem para comportamentos irracionais, desregrados ou excessivos, a virtude da temperança fará com que a força da *vontade* os «domine» («autodomínio»), os «modere», ou seja, tome as rédeas e os conduza sabiamente para aquilo que a *inteligência* mostra como certo e *razoável,* que é sempre o *nosso bem* como seres humanos. A razão dirá: «Não beba uísque até cair no chão», «Não coma o que lhe faz mal, ainda que seja gostoso», «Não durma por pura preguiça na hora de preparar uma prova ou um concurso», «Só porque hoje sente mais o puxão do sexo, não caia no conto do namorico mais falso que Judas, que só lhe vai deixar remorsos»...

Em resumo — e desculpe-me se faço questão de repisar bem estas ideias-base —, não pode haver temperança se não houver um *raciocínio* sensato e lúcido sobre o que é equilibrado e bom; e, igualmente, se não houver uma *vontade* com força de domínio suficiente para manter os desejos e impulsos no *ponto certo* que a razão indica. Por outras palavras, que sem a *luz da razão* e sem a *força da vontade* é impossível viver a virtude da temperança. É isto o que vamos ponderar nas páginas a seguir.

A RAZÃO E AS SUAS TRÊS FACES

Acabamos de dizer que o primeiro passo para praticar a temperança consiste em usar corretamente da luz da razão. Mas alguém poderia perguntar: — De que razão estamos falando?

— Essa é boa — torna a intervir o leitor amigo, que anda um pouco loquaz —, que eu saiba só temos uma razão, não é?

— Depende do que você queira dizer. Se fala da razão como potência espiritual (memória, razão ou inteligência, e vontade), estou de acordo. Mas, na prática comezinha da vida — que não anda com muitas considerações filosóficas —, todos nós costumamos empregar três tipos de «razão» — duas boas e outra má — que vamos chamar aqui *razão lúcida, razão sequestrada* e *razão iluminada*.

— Francamente, gostaria que me explicasse isso...

— Com muito prazer.

A razão lúcida

Na Encíclica *Fides et ratio* («A fé e a razão»), João Paulo II começa dizendo: «A fé e a razão constituem como que as duas asas pelas quais o espírito humano se eleva para a contemplação da verdade». Embora fale da fé em primeiro lugar, o Papa dedica esse documento principalmente a defender a capacidade da nossa razão para atingir verdades fundamentais. A razão humana — você sabe — é como que uma faísca do entendimento divino, que nos foi dada com a alma espiritual; é uma luz, é uma janela da alma — criada à imagem e semelhança de Deus — que está aberta à verdade sobre nós mesmos, sobre a vida, sobre o mundo e sobre Deus. Ou seja, que tem a *potência* de captar a *verdade*.

Esta «asa da razão» já fez voar muito alto, séculos antes de Cristo, homens sábios que não possuíam ainda a verdade cristã. Há um grande patrimônio de *verdades objetivas* que foram captadas, ao longo dos milênios, pelos grandes filósofos, pensadores e mestres espirituais do Ocidente e do Oriente, verdadeiros gigantes da inteligência e do espírito. Quero cingir-me agora — para não sairmos do tema deste livro — às verdades sobre as virtudes que fazem com que o homem e a mulher sejam «bons» (e, por isso mesmo, felizes), tendo em vista principalmente a virtude da temperança.

Não é preciso ser filósofo, basta ser uma pessoa mentalmente sadia e de boa-fé, para entender, *com a razão* que Deus nos deu, os temas que anteriormente tocávamos e outros análogos: que fumar *crack* é suicida; que descambar para o consumo abusivo de álcool é perigoso; que encher-se de gorduras sendo cardíaco é uma enorme tolice; que expor, sem proteção, em pleno meio-dia, uma pele muito branca ao sol da praia é candidatar-se ao câncer; que exagerar no emagrecimento pode ser fatal; que varar noites a fio, preso a um jogo eletrônico ou a um desafio da Internet, acaba criando distúrbios de saúde, e até pode levar (como já aconteceu) à morte ou à perturbação mental; que «cair» no conto do namoro com pessoa desconhecida, pelos *chats* da Internet, é uma insensatez, pois pode trazer lágrimas aos olhos e fortes danos ao bolso; que deixar-se arrastar como um bicho descontrolado pelo apelo imediato do sexo, além de desumanizar e aviltar o amor, pode levar ao contágio de doenças fatais ou a armadilhas muito bem armadas por pessoas inescrupulosas, etc. Da mesma maneira, os bons filósofos pagãos sabiam avaliar — como o fazem os bons cristãos — a superioridade do matrimônio fiel em relação a família unida sobre o egoísmo volátil do «amor livre».

Esta é a *razão lúcida* ou *reta razão* em funcionamento.

— Alguns dizem que isso é utopia — volta a intervir o leitor —, que não existe, que só há opiniões e pontos de vista, que podem ser contrários uns aos outros; que tudo é relativo e «depende» de cada pessoa, e que, afinal, cada um é livre de escolher a sua moral e os seus princípios, e que... tudo bem.

— Sinto muito, mas tudo mal. A *verdade* e o *bem* não são trezentas coisas que se contradizem umas às outras, que se eliminam mutuamente, que se anulam. Matar um inocente será sempre um ato radicalmente contrário à reta razão, mesmo que muitas pessoas o aprovem ou se torne permitido pelas leis de muitos países, como no caso do aborto e da eutanásia. O vício das drogas será sempre um mal, algo anormal, mesmo que, pela força dos costumes, acabe tornando-se «comum» em quase todas as festas e comemorações, como já está acontecendo em certos países. Ser infiel à mulher ou ao marido será sempre uma traição.

Por sinal, acho que você, caro leitor, já aprendeu a distinguir — pois não lhe falta inteligência — entre o «normal» e o «comum». Muitas pessoas (vamos suspender o juízo sobre a sua inteligência) chamam normal ao que socialmente se tornou comum, o que é uma falta de racionalidade notável. Com este critério estatístico que declara «normal» o que a maioria das pessoas acaba fazendo, teríamos que admitir que, na Alemanha nazista, na longa época em que, por enfeitiçamento coletivo, a maioria do povo apoiava Hitler, dado que se tinha tornado «comum» perseguir os judeus, isso seria «normal». No entanto, sob qualquer ponto de vista que se adote, esse crime nefando foi e será sempre aberrante, tudo menos «normal». Digo isto para que você fique precavido em face dos critérios de «moral estatística» que muitos jornais, revistas, programas de TV, conferencistas e professores de todos os níveis costumam usar como argumento. Com isso criam um «monstro» voraz, que suga o raciocínio e bestifica o ser humano, tornando-o massa manipulada: o monstro cego do «hoje em dia todos pensam assim» ou do «todo o mundo faz».

Está claro, portanto, que temos muita necessidade de possuir uma *razão lúcida,* aberta com transparência à verdade objetiva e ao bem. Pois, como víamos há pouco, há um bem que, ao longo dos milênios, todos os que não estavam contaminados por distorções morais e ideológicas souberam descobrir, usando a *reta razão* e contando, mesmo que não o soubessem, com a ajuda que Deus dá sempre aos corações sinceros. Neste sentido, acho significativas, por exemplo, as palavras que, no *Senhor dos Anéis,* Aragorn dirige a Éomer de Rohan: «O bem e o mal não mudaram desde o ano passado; nem são uma coisa para os elfos e os anões e outra coisa para os homens. É papel do homem discerni-los, tanto na Floresta Dourada como em sua própria casa».

É justamente nesta linha da razão lúcida que o *Catecismo da Igreja Católica* afirma que os Dez Mandamentos constituem o resumo da «lei natural», ou seja, das normas morais que correspondem à natureza humana, e que a reta razão manifesta à consciência de todos os homens de boa vontade, em todos os tempos e em todos os lugares. «A lei natural — diz o *Catecismo* — é *imutável* e permanente através das variações da *história;* subsiste sob o fluxo das ideias e dos costumes e constitui a base para o seu progresso». E isso porque os Dez Mandamentos «proíbem o que é contrário ao amor de Deus e do próximo e prescrevem o que lhe é essencial. O Decálogo é uma luz oferecida à consciência de todo o homem, para lhe manifestar o chamamento e os caminhos de Deus e protegê-lo do mal».

Não sei se você viu um filme antigo, da época da «guerra fria». Por um erro fatal, desencadeou-se um processo que levaria inevitavelmente à guerra atômica entre os Estados Unidos e a União Soviética, com o risco provável de acabar com a humanidade. As maiores inteligências do mundo, unidas num esforço gigantesco de urgência, trabalharam noite e dia na programação de um grande computador que pudesse processar uma solução de emergência, capaz de deter a hecatombe. Quando o aparelho, o mais sofisticado do mundo, ficou com o programa pronto, fez-se a consulta, e o computador respondeu apenas: «O Senhor teu Deus é o único Senhor... Não tomarás o nome de Deus em vão... Honrarás pai e mãe... Não matarás... Não cometerás adultério... Não furtarás... Não mentirás... Não desejarás a mulher do próximo... Não cobiçarás os bens alheios». Os Dez Mandamentos...

A razão sequestrada

Mas ter uma *razão lúcida* não é coisa fácil. Muito mais fácil, infelizmente, é ter a *razão sequestrada.*

— Sequestrada por quem?

— Por muitos sequestradores! Vamos começar com um exemplo. Lembra-se do avô da segunda mesa? O que disse ao garçom?: «Sou diabético, mas uma exceção não faz mal». Só que a exceção foi desmedida. Ele, racionalmente — isto é, com a razão lúcida —, sabia que aquilo lhe fazia mal, era perigoso, mas o «desejo» de saborear um enorme pedaço de *floresta negra* tornou-o irracional. A gulodice (ânsia de prazer) sequestrou-lhe a *reta razão* e a apagou. Depois de outra como essa, se o velho for parar num pronto-socorro com crise diabética grave, será lógico que o médico plantonista lhe diga, usando da razão lúcida: «Meu amigo, com o grau de diabetes que o senhor tem, da próxima vez — se repetir esta imprudência — não irá para o pronto-socorro, irá direto para o necrotério».

O *desejo de prazer,* irrefletido, é um conhecido sequestrador do raciocínio correto. E é poderoso, como o prova o fato de que tem milhões de pessoas trancadas no seu cativeiro. Sim, são muitos os que já se enfiaram no beco sem saída do vício e estão com a vida em frangalhos. A maioria deles começou só querendo experimentar uma sensação nova, um prazer inédito, iludindo-se a si mesmos com o falso raciocínio de que: «Não acontece nada, é só para saber que sensação produz, eu sei controlar-me».

Primeiro foi o álcool; depois, a maconha; depois, veio a cocaína — só uma vez, para ver como é que é..., e a seguir o hábito de aspirá-la em quase todas as festas... —; até que um dia apareceu a heroína ou o *crack;* e, desse modo, o *rebelde* independente, que «sabia o que fazia», que se julgava racional e *que amava a liberdade sem restrições,* terminou acorrentado pelas algemas do vício. Com a razão abafada, a sua liberdade morreu assassinada, «suicidada». Agora já não «pode» mais livrar-se do hábito, a não ser a muitíssimo custo e quase que por milagre. Talvez, quando o pai, a mãe, um bom amigo, um mestre sensato, usando os argumentos racionalmente corretos o alertavam contra o perigo dessas experiências, ele (ou ela) se sentia incompreendido e se revoltava — tantos colegas seus as faziam — e não admitia que ninguém interferisse no *seu* modo de pensar e nas *suas* decisões. Mas essa liberdade de pensar por conta própria, defendida com tanto ardor, acabou sendo aquela que Santo Agostinho chamava «a minha liberdade de escravo».

Mencionava os colegas. Eis aqui outro sequestrador: o medo de ser diferente dos outros, de ser escarnecido pela «turma»; a vergonha de parecer ridículo, antiquado, moralista, criançola dominada por papai e mamãe. Por outras palavras, um sequestrador temível é esse tipo de vergonha que se chama *respeitos humanos,* e que põe uma venda preta nos olhos da razão. E eis aí como uma menina decente começa a mergulhar no brejo da liberdade sexual, que outra coisa não faz senão roubar-lhe a dignidade, prostituir-lhe a alma e torná-la cada vez mais incapaz de um verdadeiro amor. E a única razão para agir assim é que ela — tão «livre»! — está totalmente «presa» ao que muitas coleguinhas — pobres pedacinhos de carne em exibição e oferta — iriam pensar e dizer se não o fizesse. Só de imaginar as gozações que sofreria se soubessem que «ainda é virgem», fica tão aflita que não hesita em vender a alma, na base de aviltar o corpo: acorrentada pelas risadinhas das «amigas», acaba juntando-se a elas na mesma prateleira moral de carnes consumíveis. E diz que acha isso natural e *lógico.*

Em suma, *sequestradores* que nos roubam o raciocínio lúcido são as nossas fraquezas e misérias; as nossas covardias perante a moda e o ambiente predominante; a nossa idolatria do prazer a qualquer custo; os nossos medos (por exemplo, o medo da menina que cede a tudo pelo pavor de perder o namorado); os nossos egoísmos mesquinhos..., inimigos todos que abafam a razão. Há quem beba por vaidade (para não ser menos que os outros ou as outras); há quem se inicie em aberrações sexuais, contrárias à natureza (e que, racionalmente, lhe repugnam), porque lhe falta caráter para dizer *não* aos amigos que o convidam para ir a uma boate «muito especial»; há quem se deixe amordaçar pela curiosidade mórbida e a sexualidade solitária, porque se tornou cativo dos *sites* indecentes da Internet ou dos programas pornográficos noturnos da TV, e assim vira um autêntico «anormal», incapaz de raciocinar e de agir com domínio e liberdade.

Santo Agostinho, que esteve tão enredado no abuso dos prazeres corporais, dirigia-se assim a Deus, às vésperas da sua conversão: «Eu estava como que acorrentado, não por ferros alheios a mim, mas pelos do meu próprio amor agrilhoado. O demônio era dono da minha vontade, e dela fizera uma cadeia em que me mantinha prisioneiro. Pois a vontade má nasce da concupiscência (isto é, dos desejos desregrados) e quando se obedece aos desejos da carne, estes tornam-se costume; quando não se quebra esse costume, torna-se necessidade. Com tais elos, entrelaçados uns nos outros, fizera eu a cadeia com que o demônio me mantinha acorrentado à mais dura escravidão».

Quando o desejo de prazer espana, sempre se encontram mil «razões sem razão», mil explicações, até «científicas», para justificar o injustificável, e a lucidez da razão se apaga juntamente com a luz da consciência, como duas velas de cera que esgotam o pavio e se consomem. Então a razão lúcida é vista como engano e falsidade, e chega a ser temida e até odiada, como o pior inimigo: — «Não quero que me digam que estou errado!» — Se Deus não tem misericórdia dessa criatura, tudo está perdido.

A razão iluminada

A asa da razão lúcida, sem desprezar nenhuma das verdades que conquistou, quando voa em conjunto com a asa da fé, adquire uma altura e uma luminosidade superior, que lhe permite ver as verdades com uma clareza e profundidade antes insuspeitadas.

Já fizemos anteriormente uma menção à Encíclica de João Paulo II sobre «A fé e a razão». O Papa, nesse escrito filosófico, além de defender o valor da razão, propõe-se rebater o engano dos que julgam que existe antagonismo entre razão e fé, de modo que seria preciso deixar de lado a razão para poder aceitar plenamente as verdades da fé. Não, não é assim. Razão e fé vêm ambas de Deus, ambas são capacidades dadas à alma humana pelo mesmo Criador, para que possa conhecer e abraçar a verdade e o bem, que também procedem do mesmo Criador. A fé faz com que o olhar da inteligência humana se eleve, ganhe uma perspectiva mais completa e mais alta, e participe da clareza da própria visão de Deus. Como dizia um teólogo, ter fé não é fechar os olhos, mas *abri-los* mais, tomando emprestada a Deus a sua «capacidade visual».

Sempre me impressionou a oração de Santo Agostinho no livro dos *Solilóquios*, quando começava a ser atingido pelos primeiros raios da fé: «Eterna verdade, verdadeiro amor, amada eternidade! Ela é o meu Deus; por ela suspiro dia e noite, e, quando a conheci, levou-me consigo para que eu visse que existia aquilo que eu deveria ver e ainda não estava preparado para ver. Fez com que a debilidade dos meus olhos refletisse a sua luz, dirigiu com força os seus raios sobre mim, e estremeci de amor, e ao mesmo tempo de temor, pois percebi que me encontrava longe dela, numa região estranha».

A fé é a *máxima* luz. E é importante projetar esse clarão — sobretudo o dos ensinamentos de Jesus Cristo — sobre a virtude da temperança.

Pensemos, por exemplo, no primeiro milagre que Cristo realizou nas bodas de Caná. Faltava vinho nessa festa de casamento. A pedido de Maria, sua mãe, o Senhor transformou a água em vinho, e a alegria da celebração — que estava periclitando pela imprevidência das famílias — não ficou nublada. Não se pode negar que foi um milagre simpático, carinhoso, profundamente «humano», pois a sua finalidade primeira foi a de manter a alegria festiva de uns convidados às bodas e evitar que os noivos sofressem vexame.

Esse milagre tão amável, porém, fala — a quem souber ouvir — de várias outras coisas muito interessantes. Primeiro, ao participar de uma festa de casamento e colaborar diretamente na sua alegria, Jesus deixa claro que abençoa o amor dos esposos e santifica o casamento com a sua presença. Segundo, vê-se claro também que Jesus gosta das alegrias sadias da gente honesta e simples e as favorece. Sim, em Caná, não nos custa nada imaginar Jesus sorrindo, ao lado de sua Mãe santíssima, perante a alegria das canções e danças populares que nunca faltavam numas bodas judaicas. Em resumo, a fé nos mostra que Jesus ama e abençoa os *prazeres simples* e *puros* do mundo, deste mundo que *foi feito por Ele,* como lembra São João no prólogo do seu Evangelho, deste mundo que *era bom,* como recordávamos, citando o Gênesis, e que só foi manchado pelo pecado do homem.

Somente quem percebe estas verdades é que pode entender por que Jesus, a alguns que quer ter mais perto do seu Coração e transformar em íntimos colaboradores da obra da Redenção da humanidade, lhes pede, sem que isso contradiga o anterior, a renúncia *voluntária* — alegre! — aos bens materiais do mundo e seus prazeres (*Vai, vende tudo o que tens e dá-o aos pobres* — como diz ao jovem rico; cf. Mt 19, 16-22), aos amores humanos limpos (*Aquele que, por minha causa, renunciar à mulher, aos filhos...* — diz a Pedro e aos outros onze Apóstolos; cf. Mt 19, 29) e à legítima liberdade de viver para planos pessoais *(Vinde após mim, e eu farei de vós pescadores de homens* — diz a Pedro, André, Tiago e João —, e eles, *deixando tudo, o seguiram*; cf. Mt 4, 18-22).

Nenhuma dessas renúncias é uma condenação de coisa alguma. Jesus não diz que casar-se seja mau (Ele que elevou o casamento à dignidade divina de Sacramento); nem que possuir e desfrutar honestamente dos bens da terra seja errado, desde que os compartilhemos com os outros; nem que sonhar com projetos pessoais seja condenável, quando na realidade é um dever sermos idealistas e lutadores. Ele diz, sim, que vale a pena renunciar com alegria a qualquer desses *bens* (que são bens mesmo) em troca de um *bem maior,* do grande ideal de seguir a Cristo pelo caminho do *Amor total* — com maiúscula e de dar a vida pelos nossos irmãos: *O Filho do homem não veio para ser servido, mas para servir e dar a vida para redenção de muitos* — dirá aos Doze (Mt 20, 28); e, na Última Ceia, sublinhará com força o motivo dessa renúncia, o amor: *Que vos ameis uns aos outros, como eu* vos *amei. Ninguém tem maior amor do que aquele que dá a vida pelos seus amigos* (Jo 15, 12-13). Este é o resumo da história de muitas vidas de doação generosa, que encheram de alegria a quem soube livremente esquecer-se de si mesmo e dar-se aos demais, e que iluminaram os caminhos da terra — como dizia São Josemaria Escrivá — «com o resplendor da fé e do amor». A lista radiante, sorridente e feliz de santas e santos que encarnaram essa bela doação de amor é interminável.

É assim que a razão plenamente *iluminada pela fé* adquire a capacidade de ver com os olhos de Deus, que é *Amor.* Com efeito, pela escada da fé que a eleva até Deus, a razão iluminada consegue atingir o seu cume, aquele cimo onde a verdade e o bem se fundem e identificam plenamente com o Amor. É a isso que a Sagrada Escritura dá o nome de Sabedoria. E esta Sabedoria é a grande luz divina que ilumina, aquece e fortalece a vontade, para que alcance a virtude do autodomínio.

A VONTADE E AS SUAS TRIBULAÇÕES

— Bem, amigo leitor que me acompanha, agora em silêncio, acho que a nossa incursão pelos três campos — as três faces — da razão estava ficando um pouco longa. Você teria toda a «razão» em ficar impaciente e perguntar: — E a vontade? Quando vamos meditar sobre a vontade?

— Na verdade, eu não ia perguntar isso, mas, uma vez que toca no assunto, acho ótimo entrar nele. Lembro que o senhor disse (e até repetiu mais de uma vez, porque já entendi que está utilizando a «psicologia reiterativa do anúncio») que não pode haver temperança se não houver um *raciocínio* lúcido sobre aquilo que é bom e equilibrado; e se, ao mesmo tempo, não houver uma *vontade* com domínio suficiente para seguir os ditames da razão. Sem raciocínio sereno, nada feito; mas sem a força da vontade, também nada, não é isso?

— Isso mesmo. Aliás, aquela definição do *Catecismo da Igreja,* que viemos comentando, fala sobretudo da vontade ao dizer que «a temperança assegura o domínio da vontade sobre os instintos e mantém os desejos dentro dos limites da honestidade». E conclui, citando a Bíblia, no livro do Eclesiástico: *a pessoa temperante não se deixa arrastar pelas paixões do coração.*

A vontade! Quantos já ouvi queixarem-se de que têm «uma vontade fraca»! Que acha você que querem dizer com isso?

— Que gostariam de fazer coisas boas, mas não conseguem, porque a vontade falha; são fracos e sentem-se frustrados.

— Certo. Dessa frustração falava São Paulo, assumindo na primeira pessoa a voz geral da humanidade decaída, no capítulo sétimo da Carta aos Romanos: *Não entendo, absolutamente, o que faço, pois não faço o que quero; faço o que detesto* [...]. *Não faço o bem que quereria, mas o mal que não quero* [...]. *Homem infeliz que sou! Quem me livrará deste corpo que me acarreta a morte?* Com essas palavras, mais do que uma confissão pessoal, fazia um diagnóstico do que acontece a muitos, e concluía agradecendo a Deus, que nos redimiu e nos deu a graça salvadora de Cristo, a força do Espírito Santo, com a qual nos tornamos capazes de vencer todas as tentações e de nos livrarmos do mal: *Graças sejam dadas a Deus, por Jesus Cristo, nosso Senhor!*

Não faço o bem que quero

Tendo em mente essas palavras de São Paulo, vamos imaginar uma pessoa boa que — depois de uma sincera conversão — se dispõe a orientar-se pela razão iluminada pela fé. Pense, por exemplo, em alguém que já acredita em Deus. É sincero e honesto e gostaria de ser um bom cristão; por isso, vai aprofundando cada vez mais na doutrina de Cristo e tenta levá-la à prática. Passado, porém, um certo tempo, a experiência prova-lhe que a certeza da razão e a luz da fé não lhe bastam, se a sua vontade estiver fraca. Enquanto não a fortificar, com a graça de Deus e o esforço pessoal, terá que gemer com São Paulo: *Não faço o bem que quero, mas o mal que não quero!*

Passe em revista, para ilustrar melhor esta verdade, alguns dos seus conhecidos. Por exemplo, aquele velho amigo de quarenta e cinco anos, que percebeu que devia terminar o «caso» com a colega de escritório, porque ama a esposa e os filhos e entende o valor da fidelidade; mas reincide na queda, e cada vez que escorrega se sente mal e se recrimina. Ou então aquela prima que resolveu parar de engolir chocolate a cada quinze ou vinte minutos e que afirma — lucidamente — que já viu a irracionalidade disso, que é uma estupidez, que é infantil, que só lhe faz mal...; mas, na hora «H», capitula vergonhosamente diante de um «sonho de valsa» — «meu Deus, não consigo!» — e depois se deprime com mais esse fracasso. Ou, ainda, lembre-se do estudante que é incapaz de se levantar da cama na hora certa, por mais que se tenha proposto isso mil vezes: perde aulas, perde notas e perde o ano; já foi ao médico, não tem doença nenhuma, mas não há meio de que cumpra o propósito que ele mesmo formulou.

Eu compararia essas pessoas a alguém que sobe no carro, tem claro o destino e conhece perfeitamente a estrada, mas, depois de ligar a ignição, percebe que o volante e o acelerador não lhe obedecem, faltam potência e controle.

Você não vê que esta situação se dá num número cada vez maior de pessoas?

— Vejo, se vejo! E acho que a causa está no descaso quase total com que se encara a formação da vontade na educação da juventude. Onde está a preocupação de formar homens e mulheres de caráter e de critério, capazes de autodomínio e perseverança?

— Deus lhe conserve a razão lúcida! Em duas pinceladas, você retratou o desfibramento da vontade que hoje se observa em muitas pessoas, adolescentes, jovens e velhos. Não têm capacidade, não têm forças para se *dominar* (para serem donos de si mesmos), e parecem incapazes de *perseverar:* dois sinais inequívocos — *autodomínio* e *perseverança* — da vontade forte e, portanto, do caráter bem formado.

— O senhor fala de caráter e eu penso que, em muitos ambientes atuais — dos quais acho que são padrão as nossas famigeradas telenovelas —, julga-se que ter caráter é ser «independente» de todos e de tudo, também de qualquer norma moral. Quer-se uma absoluta liberdade para que cada qual crie, estabeleça e defenda os «seus valores» (não «os valores», porque não se acredita em valores absolutos e universais; tudo é relativo). Todos percebemos qual é o resultado disso.

— Um resultado desastroso. Substitui-se a vontade pelos sentimentos e pelos gostos. Faz-se só o que se sente e o que se gosta, não o que é *bom*, porque, para essas multidões sem ideal nem vontade, só é bom o que «me dá prazer», o que eu «gosto de fazer»; só isso é «autêntico». Ora, sentimentos, gostos e prazer: nenhuma dessas três coisas é mão para o volante da vida. Deixe-se guiar por elas (desprezando a razão e a vontade que a secunda) e contribuirá para fazer da sociedade atual um imenso redemoinho de egoísmo, que devora as pessoas, as afunda no seu funil mortífero e as cospe depois, deprimidas e inúteis, para longe. Sem a razão e a fé, não pode haver ideal — porque só existem «apetites» e «ambições» e, sem ideal, nenhuma vontade pode tornar-se forte.

Estamos cansados de saber uma verdade que muitos nunca escutaram ou faz muito tempo que não escutam: a de que as pessoas menos livres do mundo são aquelas que julgam ser mais livres. Só fizeram na vida o que queriam e gostavam, até que se habituaram de tal modo aos seus caprichos que agora «só podem» fazer isso mesmo, estão com uma miastenia grave da alma, que lhes impede o menor movimento dos enfraquecidos músculos espirituais, incapacitados para se libertarem dos condicionalismos que eles mesmos criaram. Já falamos disto amplamente antes.

Tendo em vista esses equívocos, São Josemaria Escrivá pregava: «Temperança é espírito senhoril. Nem tudo o que experimentamos no corpo e na alma deve ser deixado à rédea solta. Nem tudo o que se pode fazer se deve fazer. É mais cômodo deixar-se arrastar pelos impulsos que chamam de naturais; mas no fim deste caminho encontra-se a tristeza, o isolamento na miséria própria. Há pessoas que não querem negar nada ao estômago, aos olhos, às mãos. Recusam-se a escutar quem as aconselha a viver uma vida limpa». Pelo contrário, «o homem verdadeiramente homem» está «livre das coisas que brilham, mas não têm valor [...]. Esse homem sabe prescindir do que faz mal à sua alma e apercebe-se de que o sacrifício é apenas aparente, porque, ao viver assim — com sacrifício —, livra-se de muitas escravidões e no íntimo do seu coração consegue saborear todo o amor de Deus».

A vontade é uma potência, uma energia da alma, que pode estar abafada ou liberada. Na situação concreta das nossas vidas, ninguém tem a vontade suficientemente «livre». É preciso que se trave em cada um de nós uma batalha para conseguir desatrelar a vontade das fraquezas, egoísmos, miragens, paixões e enganos, e torná-la no que deve ser: a grande força serena, a «executiva» racional da conduta humana. Vamos tratar justamente disto, do fortalecimento da vontade, e veremos que se opera por um duplo caminho: primeiro, forjando-a, como uma espada, na fornalha da *graça de Deus*. Depois, lutando por adquirir, com garra e mortificação, o *autodomínio,* que deixa a vontade expedita, em condições de agir conforme a razão, ou seja, de ser verdadeiramente livre.

E o coração?

Mas, antes de entrar nessas duas questões, gostaria de abrir um parêntese e fazer-lhe uma pergunta. Que acha?

— Por mim, acho ótimo; não sei se os seus leitores não vão reclamar de que está dando rodeios demais...

— Veja, o parêntese é para evitar impasses que se poderiam criar, mais adiante, por dúvidas que ficaram para trás. Concretamente, queria perguntar-lhe isto: — Como vê, estamos insistindo, martelando, na necessidade da *razão* e da *vontade,* como forças espirituais necessárias para praticar a temperança e, em geral, as virtudes. Você não nota que está faltando alguma coisa?

— Francamente, não atino com o que possa ser...

— E o coração? Onde deixamos o coração? Qual é o papel do coração? Será que não tem nenhum, e que temos de jogá-lo fora, de cambulhada com o sentimentalismo oco?

— É verdade. Viver só com a razão e a vontade seria um gelo...

— Então! Aí é que está o ponto. O coração faz parte da nossa personalidade — Cristo tinha um coração transbordante de amor e de vibração, que a Igreja venera com carinho e, portanto, num caráter bem formado, deve-se harmonizar o coração com a razão, com a fé e com a vontade. Senão, o ser humano ficaria mutilado, frio, e deixaria de seguir o exemplo de Cristo. Sem um coração grande e ardente — como o de Jesus —, não pode haver nem homem completo nem cristão.

— Quer dizer que, sem que o coração intervenha, a razão e a vontade não funcionam?

— Eu não o diria tão radicalmente; mas, de qualquer forma, não podemos esquecer que o papel do coração é importante tanto para ter uma *boa* razão, como para ter uma *boa* vontade.

— Como assim?

— Espere. Trataremos logo disso. Mas, primeiro, vejamos se estamos a falar da mesma coisa. Por coração, eu estou entendendo aqui o que a maioria das pessoas entende: a dimensão emocional e afetiva da nossa alma. Há em todos nós uma capacidade de emoções, de afetos, de sensibilidade, de entusiasmo, de paixão..., que é uma fantástica fonte de energia. Essa energia emocional é identificada pela filosofia clássica com o que os gregos e latinos chamavam de *paixões*. Alguns deles, como os estoicos, afirmavam que a perfeição consistia em submeter e abafar totalmente as paixões, de modo que só a razão guiasse e influenciasse a conduta humana. A «apatia», a impassibilidade (não paixão) era um ideal estoico: estar por cima da dor, da tristeza, da alegria, etc., não ligar para as paixões, desprezar a parte emocional.

Graças a Deus, não somos estoicos, mas cristãos. Nós valorizamos a emotividade, que faz parte das riquezas interiores do homem. Veja o que ensina a Igreja no seu *Catecismo*: «A perfeição moral consiste em que o homem não seja movido ao bem exclusivamente pela sua vontade, mas também pelo seu apetite sensível [pelas forças afetivas e emotivas]». É o contrário do que ensinavam os estoicos. Sem o coração, a vontade fica viúva, e as ações, imperfeitas. Sem as paixões (que se resumem em sete: amor, ódio, desejo, medo, alegria, tristeza, ira), a nossa vida moral murcha.

Tudo isso é completado por mais esta doutrina, límpida e bela: «As paixões — diz o *Catecismo* — são componentes naturais do psiquismo humano... Nosso Senhor indica o coração do homem como a fonte de onde brota o movimento das paixões». Ora bem, «em si mesmas, as paixões não são boas nem más... As paixões são moralmente boas quando contribuem para uma ação boa, e más quando se dá o contrário. A vontade reta ordena para o bem e para a bem-aventurança os movimentos sensíveis [as paixões] que ela assume; a vontade má sucumbe às paixões desordenadas e as exacerba». Santo Agostinho resume toda esta doutrina numa só frase: «As paixões são más se o amor é mau, boas se o amor é bom».

Ora, como garantir que as paixões sejam boas, de modo que contribuam para uma ação boa? Aqui é o momento de tocar alto um clarim, e voltar a proclamar — hoje faz tanta falta! — a primazia (não a exclusividade) da razão como motor da conduta reta. Deixemos falar de novo o *Catecismo*: «Faz parte da perfeição do bem moral ou humano que as paixões sejam reguladas pela razão». Ponto!

Quer dizer que as paixões não podem ser deixadas como forças cegas, que ofuscam a inteligência e arrastam a vontade como um tufão. Certas pessoas parecem ter deixado o coração subir-lhes à cabeça. Eu as imagino, plasticamente, como um coração enorme dando pulos em cima do cérebro até esmagá-lo. Pela paixão irracional, essas pessoas vão ao vício, pela paixão vão ao ódio mau e à ira má (que não são o ódio bom contra o pecado nem a ira boa contra a injustiça), pela paixão muitos vão a um casamento insensato, pois recusaram-se a pensar e a escutar pessoas equilibradas e experientes que lhes auguravam, com razões sólidas: «Isso não pode dar certo». Quer dizer, em suma, que estamos onde estávamos: razão e vontade, de braço dado e nunca separadas, é que levam à perfeição moral, com a contribuição do calor e do acabamento que lhes dão as boas paixões.

— Ótimo! Mas não sei se reparou que prometeu uma coisa que ainda não cumpriu...

— Eu?

— Não vai dizer que esqueceu. Uns parágrafos acima, o senhor prometeu que explicaria por que o coração é importantíssimo tanto *para a razão* como *para a vontade*. E, até agora, nada, ou quase nada...

— É verdade. Veja. Comecemos pela razão. Você não observou como o amor de uma mãe a torna capaz de perceber, no filho, coisas que ninguém mais percebe? Da mesma forma, o amor a Deus abre a inteligência para entender mais as coisas de Deus; e, quanto maior for a paixão e o entusiasmo com que as *desejarmos* e *meditarmos*, maior será a nossa profundidade racional de compreensão. Os grandes místicos, os grandes apaixonados por Deus, eram os que tinham mais condições — evidentemente potenciados pela luz que o Espírito Santo concede aos que amam — para «captar Deus», para «ver», com uma pura intuição intelectual, as maravilhas de Deus. É a paixão boa — juntamente com a graça — que torna a razão mais fina, penetrante, transparente.

E a vontade? Disso já fala o *Catecismo* que citávamos. Mas, para frisá-lo mais ainda, baste dizer que a experiência nos ensina que, quando há afeto, quando há entusiasmo, quando há paixão por uma coisa boa e bem pensada, parece que a vontade multiplica as suas forças, adquire uma potência inédita e faz ações estonteantes, que uma vontade sem coração jamais conseguiria realizar. A história está cheia de exemplos maravilhosos disto, desde a epopeia dos navegantes portugueses até a incrível aventura missionária de São Francisco Xavier na Índia e no Japão. Viu? Está satisfeito?

— Plenamente. Já vejo que daria para falar horas sobre estas coisas, que confesso, para mim, são temas empolgantes, mas creio que nos desviaríamos demais do assunto destas páginas. Por isso, sugeriria que voltássemos a falar dos meios de fortalecer a vontade, que já foram apontados anteriormente.

AS FORÇAS DA VONTADE

— Voltemos, sim. Como dizíamos? Lembra-se? Dizíamos que o fortalecimento da vontade se opera por um *duplo caminho*: primeiro, forjando-a, como uma espada, na fornalha da graça de Deus; depois, lutando por adquirir, com garra e mortificação, o autodomínio.

Estes dois pontos vão ocupar praticamente todas as páginas que nos restam até o final destas considerações. Mas, antes de abordar o primeiro, vou-lhe pedir, com certo constrangimento, que me permita abrir um novo parêntese.

— Mais um? Desculpe-me, mas não acha que está abusando? Olhe que, de parêntese em parêntese, acabamos por perder o fio da meada, justamente o que eu tentava evitar há um instante...

— Tem razão. Mas, mesmo assim — deixe que me justifique —, acho que você e os outros leitores vão desculpar-me se digo em meu favor que esta segunda digressão, só a faço para resumir de modo claro uns ensinamentos de São Tomás de Aquino — já mencionados no início desta obra —, que vão ser a pauta, o roteiro das próximas páginas. Senão, temo que algum outro leitor se desnorteie e aí, sim, me critique, dizendo, por exemplo: «Por que o senhor agora, ao falar da temperança, se concentra — tanto na exposição como nos exemplos —, quase que exclusivamente na *gula* e na *castidade*?... Não afirmou antes que várias outras coisas muito interessantes (como a mansidão, a modéstia, o descanso, o cuidado da forma física do corpo, etc.) entram dentro do campo dessa virtude?»

E, então, eu responderia: «Sim, é verdade, eu disse isso, mas também já disse que seria materialmente impossível tocar todas essas teclas no breve espaço deste caderno». Além disso, deixe-me recordar-lhe de novo que São Tomás de Aquino ensina que a temperança governa com as luzes da razão e da fé os desejos relacionados com a conservação do indivíduo e a conservação da espécie, ou seja, os referentes à comida e à bebida, e os referentes ao sexo; desejos, por certo, fortemente arraigados na natureza que, por proporcionarem um prazer intenso, atraem o homem com grande força e podem arrastá-lo facilmente para fora dos trilhos da razão e do bem.

Uma vez esclarecido isto, chega de rodeios e entremos em matéria.

A fornalha de Deus

O fortalecimento da vontade — dizíamos — consegue-se, antes de mais nada, forjando-a, como uma espada, na fornalha da graça de Deus.

Você já viu uma forja? Eu vi uma porção delas; inclusive, faz um ano, vi num sítio em Ibiúna uma dessas que são como braseiras portáteis e que se utilizam, carregadas numa *pick-up,* para preparar ferraduras novas para os cavalos em qualquer lugar, como quem troca o pneu de um carro no meio da rua...

Mas, seja como for, forja portátil ou enorme crisol da Cosipa, sempre é preciso aquecer o metal e deixá-lo em brasa para poder dobrá-lo, moldá-lo, «dominá-lo» à vontade e com facilidade. Tente dobrar ferro frio, e verá que não só é inútil como perigoso: o ferro vai quebrar.

Assim acontece com a alma. A frio, sem metê-la na fornalha da graça de Deus, pouco ou nada se consegue. A alma esforça-se..., mas quebra. Daí a necessidade absoluta que tem de alimentar-se constantemente das fontes da graça, que são os Sacramentos (sobretudo a Confissão e a Comunhão), de fortificar-se com a oração humilde, implorando a graça do Espírito Santo, e de merecê-la mediante o amor de Deus com que cumprimos os deveres diários.

Tudo isso — Sacramentos, oração, mérito das boas obras — nos obtém graça, traz-nos o «fogo» do Espírito Santo.

São Paulo via esta realidade cristã com uma clareza solar. Provavelmente, lembrava-se das palavras de Jesus — *sem mim, nada podeis fazer* (Jo 15, 5) — quando escrevia aos Coríntios: *Toda a nossa capacidade vem de Deus* (2 Cor 3, 5), e lhes expunha com confiança a sua experiência pessoal. Atormentado por um *aguilhão da carne* (talvez uma doença), que o perturbava muito, três vezes suplicou ao Senhor Jesus que o livrasse. *Mas ele me disse: Basta-te a minha graça, porque é na fraqueza que se revela totalmente a minha força* (cf. 2 Cor 12, 7-9). Por isso, com grande confiança, podia exclamar: *Posso tudo naquele que me dá forças!* (Fil 4, 13).

São Paulo entendeu perfeitamente que a santidade não é uma questão de musculação espiritual, como se tudo se resolvesse só na base de fazer força. Muitos dos que desanimam de chegar a vencer a gula ou a impureza, abatidos por frequentes reincidências, caem nesse pessimismo porque confiaram demais nas suas forças, e não se apoiaram em Deus, como deveriam ter feito desde o princípio. Esqueceram-se de que — como diz São Josemaria Escrivá — «toda a nossa fortaleza é emprestada».

É interessantíssimo acompanhar, nas *Confissões* de Santo Agostinho, as lutas e angústias que este santo tão humano experimentou, até conseguir controlar as paixões desregradas da gula e do sexo, paixões em que andara envolvido como em uma teia de aranha durante tantos e tantos anos. Cheio de humildade, reconhece nas suas *Confissões* que nunca chegou a controlar inteiramente a gula.

— Que consolo!

— Em termos. Lembre-se de que ele era muito humilde e exigente consigo mesmo... Por isso, uma pequena falha parecia-lhe enorme. Seja como for, vamos escutá-lo, encadeando citações da sua autobiografia espiritual: «Deus concede-nos muitas graças quando rezamos — escreve — e tudo que de bom recebemos, recebemo-lo das suas mãos [...]. Nunca fui beberrão, mas conheci muitos beberrões que se tornaram sóbrios graças a Deus: portanto, é obra de Deus que não se tornem bêbados os que nunca o foram; é obra de Deus que continuem a não sê-lo os que antes já foram; e é obra de Deus, finalmente, que uns e outros saibam a quem devem agradecê-lo».

Referindo-se ainda à gula, acrescenta um pouco mais adiante: «Vejo-me continuamente em tentações, e luto todos os dias contra a concupiscência do comer e do beber; não é coisa que se possa cortar de uma vez, mediante a firme decisão de não recair [...]. Quem é que não se deixa levar às vezes um pouco além do estritamente necessário? Quem nunca se deixa levar é um homem grande; que dê graças a Deus. Eu certamente não o sou, porque sou pecador; mas também dou graças a Deus porque pelos meus pecados intercede diante de Deus Aquele que venceu o mundo, Jesus [...]. A minha única esperança, a minha confiança é a misericórdia de Deus». — Bonito, não é?

— Tudo de Santo Agostinho mexe com o coração — suspira o leitor — porque ele era um coração enorme, um homem de um amor e uma sinceridade tocantes...

— Quanto às suas lutas para vencer o vício da sexualidade desordenada, o que conta também nos comove profundamente. É uma experiência que hoje poderia iluminar, modificar e encher de alegria os caminhos de muitos e de muitas.

As palavras decisivas de Santo Agostinho sobre a sua luta por ser casto e a experiência que daí tirou são as seguintes: «*Ninguém pode ser casto se Deus não lho concede*».

Mas Deus lho concedeu, porque o pediu com muita humildade e insistência, e se esforçou ao máximo para arrancar esses vícios, que tinham penetrado como raízes agressivas — por serem hábitos fortes — na sua carne, na sua sensibilidade e na sua alma.

Transcrevo agora mais alguns trechos das *Confissões*, que nos fazem assistir às emoções desse grande combate. Quando Agostinho já estava decidido a fazer-se cristão e a mudar de vida, sentia que as velhas paixões, «minhas antigas amigas, puxavam-me pela minha roupa de carne e me diziam em voz baixa: "Queres deixar-nos? Já não estaremos mais contigo, nunca, nunca? A partir de agora, nunca mais poderás fazer isto..., nem aquilo?"» E Agostinho estremecia, mas reagia, pensando no exemplo de muitos cristãos de todas as idades que viviam bem a castidade, e dizendo-se a si mesmo: «Por que não hás de poder tu o que estes e estas puderam? Achas que eles e elas o podem com as suas próprias forças? Não é antes com a força do Senhor que podem? [...] Por que procuras apoiar-te em ti mesmo, se não consegues sequer permanecer em pé? Joga-te nos braços de Deus, não tenhas medo; Ele não se retirará para que caias; joga-te, na certeza de que Ele te receberá e te curará».

E assim foi. Deus curou-o e ele tornou-se exemplarmente casto, a ponto de poder afirmar, muitos anos depois, com a maior simplicidade, que não se lembrava de ter cedido a mais nenhuma tentação carnal. Por isso exclamava, agradecido e confiante: «Amor, que sempre ardes e nunca te apagas! Amor, meu Deus, acende-me! Mandas-me viver a continência? Dá-me o que me mandas e manda-me o que quiseres».

Quinze séculos depois, a experiência cristã continua a ser a mesma, de maneira que os santos não mudaram de parecer e ensinam exatamente o que Agostinho ensinava: «Não se pode ter uma vida limpa sem a assistência divina — dizia São Josemaria Escrivá —. Deus quer que sejamos humildes e peçamos o seu socorro [...]. Não é possível separar a pureza, que é amor, da essência da nossa fé, que é caridade, o renovado enamorar-se de Deus que nos criou, que nos redimiu e que nos toma continuamente pela mão». Em consequência, aconselhava, como meios principais para viver a castidade, «a frequência dos Sacramentos, de modo particular a Confissão sacramental, o trato assíduo com o Senhor através da Eucaristia, uma terna devoção a Nossa Senhora, para que Ela nos obtenha de Deus uma vida santa e limpa».

Ao mesmo tempo, indicava como meios para vencer as tentações e firmar a castidade, entre outros, «a *temperança*, a *mortificação* dos sentidos e a *penitência*». Estes conselhos pertencem já à segunda vertente da luta por conseguir uma vontade forte: a *mortificação* que leva ao *autodomínio.*

— Confesso que estava impaciente por ouvi-lo frisar que, por mais que rezar seja imprescindível, insubstituível, prioritário, a oração não dispensa o esforço pessoal... Acho que não dá só rezar e, depois, ficar na rede...

— Evidente! Precisa-se de um esforço, de uma luta constante por alcançar o domínio de si mesmo, uma luta praticada sobretudo por meio da mortificação... Assim correspondemos à graça, à assistência que Deus nos dá. Mas, amigo leitor, veja o índice desta obra, pois é disso mesmo que vamos tratar no próximo capítulo.

— Como me diz que veja o índice, se ainda «estamos» escrevendo esta obra...?

— Deixe de brincadeira! Você e eu já estamos com o livrinho impresso nas mãos...!

Autodomínio e mortificação da gula

Quando São Paulo escreve ao seu colaborador Tito, colocado por ele à frente das comunidades cristãs da ilha de Creta, fala-lhe das maravilhas da graça do Espírito Santo, que nos foi dada como fruto do Sacrifício redentor de Jesus Cristo na Cruz, e diz: *Com efeito, a graça de Deus manifestou-se para a salvação de todos os homens. Ela nos ensina a abandonar a impiedade e as paixões mundanas, e a viver neste mundo com autodomínio, justiça e piedade, aguardando a nossa bendita esperança, a manifestação da glória do nosso grande Deus e Salvador, Cristo Jesus* (Tit 2, 11-13).

Nós, cristãos, já no Batismo recebemos a graça como um puro dom divino. Com ela, o Espírito Santo nos ajuda, nos guia e nos ensina o caminho do amor. É muito interessante que São Paulo coloque como uma das primeiras lições práticas desse caminho *abandonar as paixões mundanas, e viver neste mundo com autodomínio.*

Bastaria isso para nos darmos conta da importância que Deus concede ao autodomínio (à temperança, à sobriedade), não porque seja a virtude principal, pois a primeira de todas, sem dúvida alguma, é a caridade, ou seja, o amor — *se não tiver amor,* diz o próprio São Paulo, *nada me aproveita* (1 Cor 13, 3) —; mas porque o autodomínio é uma «condição» prévia para tudo, da mesma forma que o é a humildade. Sem autodomínio, a vontade fica inconsistente e, em cima dessa base quebradiça, qualquer outra virtude que se queira edificar afunda-se. Por isso mesmo, desde o começo do cristianismo deu-se um valor inestimável ao domínio próprio — sempre com o auxílio da graça divina —, à temperança, à sobriedade. Jesus começou dando-nos exemplo com os seus quarenta dias de jejum no deserto, antes de iniciar a vida pública.

É interessante, neste sentido, verificar que, na mesma carta a Tito, a primeira coisa prática que São Paulo pede aos anciãos, responsáveis por comunidades cristãs, é que sejam *sóbrios*; e, aos jovens, que sejam *morigerados,* moderados (Tit 2, 2.6). Como diriam os antigos, é coisa digna de se notar.

E, falando dos antigos, você sabe quem é João Cassiano?

— Nunca ouvi falar.

— É pena. Foi um monge cultíssimo, do século V, em parte contemporâneo de Santo Agostinho, abade de um mosteiro fundado por ele mesmo em Marselha e o primeiro autor sistemático de livros de espiritualidade cristã em latim, a língua falada na época no Ocidente. São famosas, e frequentemente reeditadas, as suas obras *Instituições monásticas* e *Conferências* («*Collationes*»). Pois bem, no livro quinto das *Instituições,* falando da santidade, diz o seguinte: «O primeiro combate que devemos empreender é contra o espírito de gula, contra a concupiscência da excessiva comida e bebida». Muito insiste em ambos os livros na importância da moderação, da abstinência e da prática cristã do jejum, mas tem uma mente suficientemente esclarecida para perceber que esses atos de autodomínio em matéria de comida e bebida não são um fim em si mesmos, são apenas meios; imprescindíveis, mas meios. Para quê? Veja a explicação: «É preciso frisar que a abstinência corporal não tem outra razão de ser senão conduzir-nos à pureza do coração». Aqui Cassiano fala do coração em sentido bíblico — o que é o mais comum entre os autores espirituais —, isto é, como sinônimo da alma, da mais profunda interioridade espiritual do ser humano.

Avançando alguns séculos, cheguemos até um dos principais escritores de espiritualidade em língua portuguesa, o pe. Manuel

Bernardes. Quem não ouviu falar desse autor clássico dos séculos XVII-XVIII, que muitos colocam no nível do pe. Antônio Vieira? Também o pe. Bernardes, na sua famosa obra *Nova Floresta,* pergunta: «Sendo certo que o primeiro passo da vida espiritual é sair-se da cozinha e despensa, que progressos na vida espiritual suporemos tem feito quem tiver o coração na cozinha e despensa?»

— Essa é boa! Apanhou-me. Eu me pego pensando na comida e bebida — o que vou comer hoje em casa ou na lanchonete; que «porcaria» vou comprar no shopping; que cerveja vamos tomar na *happy hour* —, e pensando na despensa (estou certo de que atualmente o pe. Bernardes falaria da geladeira); todas as noites, antes de ir para a cama, dou uma passadinha pela geladeira e, às vezes, se custa dormir, levanto-me no meio da noite e lá vou de novo me lamber, como um gato após um bom repasto. E sabe que todas as manhãs, logo ao levantar, tomo sem falta o meu suco de laranja, cenoura, beterraba e mel? Será que tenho o coração na cozinha e na despensa?

— Bem... Não creio que muito, não, só um pouquinho. Mas é provável que, se você e eu parássemos um pouco para refletir, nos assustasse verificar que o nosso coração está, muitas vezes, mais apegado aos prazeres da comida e da bebida do que, por exemplo, à dedicação carinhosa e cheia de iniciativas à nossa família, às boas amizades e, o que é mais sério, a Deus. Eu também, às vezes, me pego sonhando na sobremesa de um dia de celebração especial... Que vergonha!

Mas prossigamos. Lembra-se com certeza de que começamos estas páginas analisando quatro tipos de gulosos, maníacos por comida e bebida, e de vários deles ponderamos, com tristeza, que «viviam para comer, e não comiam para viver». Não vamos agora insistir nas considerações já feitas. Vamos limitar-nos a formular uma pergunta: — «Que posso fazer para não ser escravo da gula?»

Toda a vida da alma fica prejudicada se a gula nos domina. Lembro-me de que, quando era criança, no colégio nos incutiam esta verdade por meio dos versos ingênuos de uma fábula, cujo autor já não saberia recordar: «A um favo de doce mel/ dez mil moscas acorreram,/ que, por gulosas, morreram,/ presas as patas no mel.// Outra, em gostoso pastel/ enterrou-se, e lá se fina./ Assim, se bem se examina,/ os humanos corações/ vão morrendo nas prisões/ do vício que as domina».

— Para ser franco, não é «aquela grande poesia»..., mas faz pensar.

— Sim. Faz pensar que é preciso «desgrudar as patas do mel». E isso, só se consegue com a mortificação, sabendo dizer *não* e renunciando com alegria — ainda que custe — a uma série de prazeres, porque vale a pena como meio para alcançar um bem maior, que é o autodomínio. Com isto entramos em cheio na pergunta que formulávamos: — «Que posso fazer para não estar dominado pela gula?»

Uma boa resposta está nestas palavras do livro *Caminho,* de São Josemaria Escrivá: «Vontade. É uma característica muito importante. Não desprezes as pequenas coisas, porque, através do contínuo exercício de negar e te negares a ti próprio nessas coisas — que nunca são futilidades nem ninharias —, fortalecerás, virilizarás, com a graça de Deus, a tua vontade, para seres, em primeiro lugar, inteiro senhor de ti mesmo...» É por aí que se vai vencendo a tirania da gula... e de tantas outras coisas.

Olhe. Achei muita graça num «teste de sobriedade» que os monitores de um clube para garotos de 10 a 12 anos aplicavam aos meninos. Queriam ajudá-los a ter uma formação integral, e sabiam que não a poderiam dar se descurassem a autodisciplina dos rapazinhos, se não os fossem limpando de caprichos e «vontades», ensinando-lhes a praticar o domínio próprio, na base da mortificação. O teste fazia, entre outras, as seguintes perguntas:

— Assalto a geladeira logo que chego a casa, à tarde ou à noite?

— Faço as refeições com um refrigerante bem gelado e, evidentemente, nunca com água natural potável?

— Estabeleci uma lista de comidas *tabus* que não como nunca?

— Se a minha mãe serve uma dessas comidas, reclamo na hora?

— Digo mais de sete vezes ao dia «não gosto», «não estou com vontade»?

— Compro no mínimo um chiclete por dia?

— Reclamo energicamente se a sopa está muito fria ou muito quente?

O teste dos adolescentes serve também, em boa parte, para adultos. Com certeza, porém, servem «totalmente» para os adultos diversos conselhos que dava São Josemaria Escrivá. Selecionados de várias das suas obras, sem ordem especial, eu vou classificá-los para melhor nos entendermos:

Primeiro: «Habitualmente, comes mais do que precisas. — E essa fartura, que muitas vezes te produz lassidão e mal-estar físico, torna-te incapaz de saborear os bens sobrenaturais e entorpece o teu entendimento. — Que boa virtude, mesmo para a terra, é a temperança».

É verdade que habitualmente muitos comem bem mais do que precisam, e a digestão pesada não é, decerto, a melhor ajuda para permanecer acordado, de bom humor, e para trabalhar. Mas a coisa vai mais longe, e eu vou pedir licença para inserir aqui uns comentários um pouco extensos, mas muito finos, de Gustave Thibon. Este filósofo francês, pai de família e agricultor, faz um diagnóstico arguto da nossa sociedade de consumo:

«A civilização moderna — escreve — cultiva todos os nossos desejos, mas não cuida de ensinar-nos o bom uso dos bens que desejamos». Passa a falar da gula, e diz: «Toda a boa digestão exige duas condições: primeiro, o discernimento, que consiste em não comer qualquer coisa, e segundo, a moderação, que consiste em não comer demais. A glutonaria cega produz a inapetência, após o que a doença e o médico não demoram em impor-nos um regime incomparavelmente mais severo. Se não soubermos unir a abundância exterior com a disciplina interior, a própria abundância nos será arrebatada».

Focaliza também este autor a situação de tédio que o consumismo provoca:

> «Não é a falta de alimento a causa do tédio, mas a inapetência. E o que cria a inapetência é a saciedade. O tédio é como uma toxina segregada pela abundância mal assimilada».
>
> «A pior miséria do homem não é a de não ter nada, mas a de não querer nada. Então, procura um remédio para a inapetência, não no jejum, que lhe devolveria o gosto pelos verdadeiros alimentos, mas em excitações artificiais, cujo efeito se apaga rapidamente, pois, ao não corresponderem a nenhuma necessidade material, agravam

em profundidade o mal que parecem aliviar superficialmente, o que acaba exigindo meios ainda mais adulterados e mais nocivos. É assim que se opera a "escalada" da falsa evasão, até se chegar ao recurso da droga, desfecho normal dessa fuga para o irreal, em que o homem encontra um último refúgio contra o tédio na dissolução da sua personalidade. Se, conforme a expressão forte do catecismo, a condenação eterna consiste em *perder a alma*, os paraísos artificiais são já aqui uma prefiguração do inferno».

É uma pena que tantos tenham esquecido que a moderação — a temperança —, além de trazer bem-estar físico e saúde, tem outra consequência extremamente agradável, que São Josemaria resume assim: «Não reparaste que as almas mortificadas, pela sua simplicidade, até neste mundo desfrutam mais das coisas boas?» Para quem não se abandona à gula no comer e no beber, para quem não abusa, as pequeninas «novidades» à mesa, os pequenos «extras» num aperitivo, num restaurante, numa festa ou numa viagem, trazem uma bela alegria, um sabor singelo de surpresa; mas esses mesmos alimentos e bebidas só causam nojo ou passam despercebidos a quem deles já está saciado.

Segundo: «Ao corpo — diz também São Josemaria —, é preciso dar-lhe um pouco menos do que o necessário. Senão atraiçoa».

Outro bom conselho. Esse «menos do que o necessário» nada tem a ver com greve de fome nem com atentado contra a saúde. Fala de algo que os médicos e os nutricionistas estão cansados de saber: quem se levanta da mesa sentindo-se totalmente satisfeito, com certeza comeu demais; quem se levanta com um pouco de fome — porque evitou carregar a mão, porque não repetiu sem necessidade — está no ponto certo. Essa moderação lhe fará bem à saúde e à alma.

Muitos médicos e nutricionistas vão além e, por caminhos puramente técnicos, reencontram a antiquíssima prática espiritual do *jejum,* que, por sinal, ajudou inúmeros monges a alcançar idades muito avançadas. «Pratique o jejum — aconselham —, experimente um dia por semana, ou um dia por mês, no mínimo, ficar só tomando líquidos e uns poucos gramas de alimento sólido; não tema, não vai morrer; pelo contrário, esse jejum vai purificar o seu organismo, e você se sentirá muito melhor».

Os cristãos, desde a época dos Apóstolos, tinham a experiência de que o jejum, praticado com sensatez, purifica a alma. Por isso, atos ou decisões importantes eram muitas vezes preparados com um jejum. Os Atos dos Apóstolos contam, por exemplo, que, na igreja de Antioquia, *celebravam o culto do Senhor depois de terem jejuado* (At 13, 1), e que quando o Espírito Santo envia Barnabé e Paulo para missões na Ásia Menor, *jejuando e orando, impuseram-lhes as mãos e se despediram deles* (At 13, 3). Acabada essa primeira missão, *em cada igreja instituíram anciãos e, após orações com jejuns, encomendaram-nos ao Senhor, em quem tinham confiado* (At 14, 23). Como se vê, o jejum era habitual.

Hoje, a lei eclesiástica do jejum ficou reduzida à mínima expressão. No Brasil, por exemplo, só são dias obrigatórios de jejum e abstinência a Quarta-feira de Cinzas e a Sexta-feira da Paixão e Morte de Cristo. Nestes dois dias, além da abstenção de carne e derivados de carne, os fiéis limitam-se a fazer uma única refeição normal ao dia, e mais dois pequenos lanches ou *colações*. Não é para ninguém ficar doente. Ao contrário, essa benignidade da lei da Igreja (que prescreve, contudo, outras formas de penitência de livre escolha para todas as sextas-feiras do ano) deveria ser um incentivo para aderir voluntariamente ao jejum com mais frequência. Oferecido a Deus, esse sacrifício nos ajudaria a purificar os pecados e, especialmente na Quaresma, a unir-nos com mais amor aos padecimentos de Cristo na Paixão.

Terceiro: «No dia em que te levantares da mesa sem teres feito uma pequena mortificação, comeste como um pagão».

Este é um conselho que faz meditar. Refere-se a coisas pequenas — «uma pequena mortificação» — que são o teste das grandes. Como diz o mesmo autor: «"Não pudeste" vencer nas coisas grandes, porque "não quiseste" vencer nas coisas pequenas».

O autodomínio consegue-se vencendo-se nessas aparentes insignificâncias, «que nunca são futilidades nem ninharias»: comer um pouco mais do que menos gostamos; comer um pouco menos do que mais nos agrada;

deixar vez ou outra a sobremesa; lutar para não «beliscar» aqui e além, por mera gula, fora dos horários das refeições e — sobretudo no caso de estudantes — não cair na fraqueza de comprar e comer «porcariazinhas» em todos os intervalos (há meninas que seguem o lema: «Nenhum intervalo sem chocolate»); prescindir um dia ou outro do açúcar no café ou no café com leite; vencer a vontade de repetir café, bolo ou sorvete; diminuir o uso de refrigerantes (você sabia que os jovens brasileiros bebem quatro bilhões de litros de refrigerante por ano?). Como seria bom dizer: «Não vou beber refrigerante em toda a Quaresma»! Também evitar queixas sobre a comida, a não ser que sejam precisas para corrigir defeitos notáveis; atrasar um pouco a bebida, quando estivermos com sede; deixar de ter comidas «banidas» por puro capricho ou mania e animar-nos a tomar pelo menos um pouco delas...

E não digo nada das bebidas...

— Refere-se às alcoólicas?

— Sem dúvida. Você bem sabe que onde mais se nota a deficiência na formação do autodomínio da gente jovem é no álcool e nas drogas. Desde a primeira adolescência, são muitas as meninas e meninos que têm que ser carregados, embriagados, depois de uma festinha, de uma «balada»: emborcaram litros de cerveja, misturados com vodca, tequila e outros quejandos, com os aditivos — não é novidade para você — de cigarros de maconha e pó de cocaína. Há pais ingênuos que levam pela mão os filhos adolescentes a esses lugares (não querem que se revoltem e os chamem de antiquados!), sem suspeitar que os estão atirando no atoleiro do etilismo e da toxicomania.

O que é preciso? Valorizar o autodomínio muitíssimo mais — muitíssimo mesmo! — do que hoje em dia se faz. Aprender o valor da mortificação. Exercitar-se diariamente, desde a infância e a adolescência, em pequenas mortificações (também as relativas à ordem nas roupas e gavetas; à pontualidade nos horários, especialmente à hora de levantar e de dormir; aos tempos razoáveis e autodefinidos — com limites bem claros — de assistência à TV, de navegação na Internet, de entreter-se com videogames, etc.). Sem isso, sem essa disciplina, não há formação, não pode haver caráter nem se pode forjar uma personalidade verdadeira; sem isso, nunca se conseguirá que os jovens — que logo se tornarão adultos — sejam donos de si mesmos.

Ao que acabamos de considerar, um cristão acrescenta mais um motivo. A mortificação é a «oração dos sentidos». Com ela, lutamos por agradar mais a Deus, evitando o que lhe desagrada (por exemplo, a mortificação da curiosidade mórbida, sensual); esforçamo-nos por praticar as virtudes (como, por exemplo, a constância ou o domínio da língua), e queremos associar-nos, ainda que muito de longe, à Paixão de Jesus, oferecendo os nossos pequenos sacrifícios em reparação dos nossos muitos pecados e — com amor delicado a Cristo — em petição e desagravo por tantas almas desorientadas que ofendem gravemente Nosso Senhor todos os dias.

Autodomínio e castidade

— Você vê, leitor meio cansado, que estamos chegando ao final destas nossas reflexões.

— Não vejo, mas se o senhor diz...

— Não vê, mas podia prever. Antes dizíamos que só nos deteríamos nas partes principais da temperança — como diz São Tomás de Aquino —, ou seja, nas duas espécies de temperança propriamente dita: a moderação dos desejos da gula; e a moderação dos desejos sexuais. Sobre comer e beber, falamos amplamente. Temos ainda de falar do sexo.

— É interessante, e acho que hoje faz uma falta enorme dar esclarecimentos sobre este assunto.

— Estou plenamente de acordo e, ao mesmo tempo, sentindo um mal-estar inevitável.

— Por quê?

— Pelo seguinte. Falar do controle da gula é mais fácil que falar do controle do sexo. Todos «podem» entender que comer e beber demais faz mal, mas nem todos entendem que «moderar» o sexo e orientá-lo por ideais elevados seja um grande bem. Para ajudá-los a compreender, seria preciso expor bastante extensamente as noções antropológicas e teológicas que centram o tema do sexo na sua verdadeira perspectiva. Infelizmente, isso não é mais possível nestas páginas, que devem ser breves. Precisaríamos, no mínimo, de um livrinho igual a este. Por isso, peço ao leitor que me perdoe se começo estes parágrafos convidando-o a ler alguns livros, excelentes todos, sobre estas matérias, que cito em nota de pé de página*.

Em todo o caso, o que me parece possível e conveniente é esboçar as linhas mestras do *ideal humano e cristão do sexo.*

Alguns acham — como já mencionávamos — que a Igreja vê o sexo com desconfiança, e pensam que se arrepia toda ao pensar no sexo, achando que tudo é pecado. A verdade é outra. A Igreja treme de respeito e de veneração diante da grandeza do sexo, dom de Deus ao homem, um bem concedido para ser expressão de um amor grande, eterno e verdadeiro — reflexo do Amor divino — e uma participação consciente no poder criador de Deus. A fé cristã, por assim dizer, não sofre por medo do sexo, sofre, sim, por medo de que o sexo, uma realidade tão boa e bela, tão divina, possa ser profanado. Bem sabe a Igreja que, nos dias atuais, o sexo é cada vez mais aviltado.

(*) Ver André Léonard, *Cristo e o nosso corpo*, 2ª ed., Quadrante, São Paulo, 2017; Cormac Burke, *Amor e casamento*, 2ª ed., Quadrante, 2017; Rafael Llano Cifuentes, *270 perguntas e respostas sobre sexo e amor*, 2ª ed., Quadrante, 2017; *idem*, *As crises conjugais*, Quadrante, 2001.

Nelson Rodrigues, que não foi exatamente um pregador puritano, reconhecia essa degradação do sexo com a sua expressividade característica: «No dia em que o sujeito perder a infinita complexidade do amor, cairá automaticamente de quatro, para sempre. Sexo como tal, e estritamente sexo, vale para os gatos do telhado e os vira-latas de portão. Ao passo que no homem o sexo é amor. Envergonha-me estar repetindo o óbvio. O homem começou a própria desumanização quando separou o sexo do amor».

Perdido o sentido da vida, perdido o norte do Amor de Deus e esquecida a grandeza da nossa condição de filhos de Deus chamados à santidade e à vida eterna, o sexo torna-se uma «coisa», objeto de consumo e desfrute; rebaixa-se ao nível da cerveja, do vinho, do cigarro, dos *waffles*. Reduz-se a objeto para desfrutar e jogar fora, quando foi usado. Por mais que se cerque da retórica romântica do amor e da paixão, o sexo de telenovela — que é o sexo de boa parte da sociedade — é puro egoísmo, triste consumismo trivial e efêmero. O surpreendente é que pessoas que praticaram o sexo com essa mentalidade, quando um dia amam — ou acham que amam — de verdade, se espantem da sua incapacidade de «manter» esse amor. O casamento não faz milagres. O egoísta continua a ser egoísta; o intratável, intratável; o trapaceiro, mentiroso como sempre foi.

Há todo um rebaixamento da grandeza e da dignidade divina do ser humano, que certas psicologias de moda (muitas delas já emboloradas de velhas), certas sociologias massificantes, certas pedagogias aleijadas e, ainda, um tipo cada vez mais comum de religiosidade — feita de agnosticismo, esoterismo, sentimentalismo barato, coquetel *new age* e ignorância —, se encarregam de apequenar cada vez mais.

Neste mar da ignorância e critérios deformados, o mais fácil é seguir a correnteza. «Hoje todos pensam assim, outra coisa é atraso, é não perceber a evolução dos tempos, dos costumes e da moral» — cacarejam os ignorantes enfatuados. Bem lhes poderia responder um filósofo pagão dos tempos do imperador Nero, o famoso Sêneca, que dizia há quase dois mil anos, escrevendo a Lucílio: «Uma das causas dos nossos males é que vivemos por imitação dos outros, e em vez de nos governarmos pela razão, deixamo-nos levar por aquilo que é costume. As coisas que não quereríamos imitar, se as fizessem poucos, mal começam a fazê-las muitos, nós as seguimos, como se o fato de serem mais frequentes as tornasse mais honoráveis; até o erro temos na conta de retidão quando se tornou generalizado».

A doutrina católica tem tido a virtude de manter acesa a tocha da verdade e da pureza, resistindo contra ventos e furacões em defesa da grandeza do homem, do valor da vida e da dignidade do sexo. É difícil resumir em poucas palavras o riquíssimo ensinamento da Igreja. Vou tentar fazê-lo, com a menor extensão possível, citando trechos do substancioso documento do Conselho Pontifício para a Família, intitulado *Sexualidade humana: verdade e significado* (1995). É uma excelente orientação para pais e educadores, que pode ser encontrada em qualquer livraria decente, e que recolhe muitos ensinamentos de João Paulo II:

> O ser humano, enquanto imagem de Deus, é criado para amar. Criando-o à sua imagem, Deus inscreve na humanidade

do homem e da mulher a vocação e, assim, a capacidade e a responsabilidade do amor e da comunhão. A pessoa é, portanto, capaz de um tipo de amor superior: não o amor de concupiscência, que vê só objetos com que satisfazer os próprios apetites, mas o amor de amizade e oblatividade, capaz de reconhecer e amar as pessoas por si mesmas. É um amor capaz de generosidade, à semelhança do amor de Deus; quer-se bem ao outro porque se reconhece que é digno de ser amado. É um amor que gera a comunhão entre as pessoas [...].

Quando tal amor se realiza no matrimônio, o dom de si exprime, por intermédio do corpo, a complementaridade e a totalidade do dom; o amor conjugal torna-se, então, força que enriquece e faz crescer as pessoas e, ao mesmo tempo, contribui para alimentar a civilização do amor; quando, pelo contrário, falta o sentido e o significado do dom na sexualidade, acontece uma civilização das «coisas» e não das «pessoas»; uma civilização em que as pessoas se usam como se usam as coisas. No contexto da civilização do desfrute, a mulher pode tornar-se para o homem um objeto, os filhos um obstáculo para os pais.

É, sem dúvida, um amor exigente. Mas nisto mesmo está a sua beleza: no fato de ser exigente, porque deste modo constrói o verdadeiro bem do homem e irradia-o também sobre os outros.

Tudo isto exige o *autodomínio,* condição necessária para ser capaz do dom de si. As crianças e os jovens devem ser encorajados a estimar e praticar o autocontrole e a renúncia, a viver de modo ordenado, a fazer sacrifícios pessoais, em espírito de amor de Deus, de autorrespeito e de generosidade para com os outros, sem sufocar os sentimentos e as tendências, mas canalizando-os numa vida virtuosa.

Que achou destes trechos?

— Que dão matéria de reflexão para muitas horas, para muitos dias... Ouvir essa doutrina é como entrar num maravilhoso mundo, hoje praticamente desconhecido.

— Não é desconhecido. Já os primeiros cristãos praticavam a castidade de um modo que os pagãos admiravam, eles que viviam entregues a toda a sorte de devassidões. Alguns cristãos foram denunciados e levados aos tribunais romanos precisamente porque eram castos: só isso já constituía um cartão de identidade.

Não se esqueça nunca, ao pensar nestes ideais cristãos, de que a castidade é uma virtude. Não nasce sozinha. Como todas as virtudes, deve forjar-se — no cadinho onde se fundem a graça de Deus e o esforço pessoal — mediante a nossa luta por ordenar as paixões e por guiar-nos pela razão e pela fé, coisa que, como no caso da gula, é impossível sem a mortificação.

No mundo atual, fortemente erotizado, é evidente que a mortificação se torna ainda mais necessária. Por toda a parte — gente na rua, *outdoors,* espetáculos, jornais, revistas, livros, moda feminina, Internet — há uma agressão contínua à castidade, uma estimulação artificial e massiva da fisiologia, da simples genitalidade animal, sem o menor contexto de grandeza e amor. Sexo pelo sexo. Sexo como consumo e prazer. Faz pouco, um grande jornal de São Paulo publicou a resenha do penoso livro de uma jovem autora francesa, Lolita Pille, de 21 anos. Nessa obra, intitulada *Hell Paris 75016*, a autora conta que, desde a primeira adolescência, mergulhou no mundo do consumismo materialista (compras, compras, compras...), da droga e do sexo, deixando-se arrastar pela «correnteza social» sem a menor resistência. Um comentarista, também francês, sintetizava o vácuo total dessa vida, com estas palavras: «Ela cheira, ela bebe, ela queima. Mas, sobretudo, ela se atormenta». E essa quase adolescente, que só vive (que tenta, em vão, viver) para o prazer, «vomita», com uma franqueza arrepiante, a seguinte confissão: «O mundo real é pequeno, e o meu também». Que pena! Na idade dos grandes ideais, do coração magnânimo, dos sonhos de bondade e das ânsias de generosidade, essa menina-padrão do aniquilamento consumista reduziu o mundo ao círculo minúsculo, mesquinho e enfastiado do seu prazer exausto e já esgarçado.

Quem é que alimenta esse ambiente animalizado e estéril? É coisa sabida que a indústria da pornografia fatura mais do que a das drogas; e que «mata» corpos e, sobretudo, almas, mais do que a droga. Perante esse panorama, é preciso reagir, se queremos resgatar a nossa condição de seres humanos. «É necessária —

dizia há anos São Josemaria Escrivá — uma cruzada de virilidade e de pureza que enfrente e anule o trabalho selvagem daqueles que pensam que o homem é uma besta. — E essa cruzada é obra vossa».

O papel da mortificação, nesta batalha, é mais do que nunca o «não» sereno e corajoso, absolutamente necessário para poder dizer «sim» à beleza, à grandeza e à dignidade do amor; à grandeza, em suma, da alma e do corpo dos filhos de Deus. Por isso, da mesma forma que devo dizer um «não» rotundo à droga, para dizer «sim» à vida, tenho que saber dizer o mesmo «não» a esses estímulos degradantes, para dizer «sim» ao amor, à beleza da sexualidade integralmente humana, própria de um filho de Deus.

Daí a necessidade do autocontrole, que a Igreja nos aconselha como meio necessário — contando sempre com a força dos Sacramentos e da oração — para manter, como diria o mesmo santo, «a juventude do amor em qualquer estado de vida». E é maravilhoso constatar que não há amor mais jovem, mais feliz e mais bonito que o dos homens e mulheres que entregaram, por amor, a sua vida inteira a Cristo e ao serviço dos outros, oferecendo a

Deus com alegria a renúncia ao sexo, mediante o celibato voluntário.

Lutar pela castidade

Mas falávamos de autocontrole. Em primeiro lugar, é importante a própria mortificação da gula, de que viemos tratando tanto nestas páginas. A mortificação no comer e no beber ajuda-nos, mais do que imaginamos, a manter o equilíbrio da castidade. «Tenho para mim — afirmava Cassiano — que não poderemos jamais reprimir o aguilhão da carne, se antes não conseguirmos refrear os desejos da gula».

Ao mesmo tempo, faz-nos falta cuidar delicadamente da mortificação dos olhos, janelas abertas ao mundo e receptores principais da chuva constante de incentivos eróticos que, infelizmente, há por toda a parte. Quem se estima a si mesmo, diz «não» (não estou disposto a olhar tudo pela rua, nem a comprar revistas pornográficas, nem a fuçar em programas noturnos na TV, nem a alugar fitas eróticas, nem a pesquisar no lixo sexual da Internet); e diz «não» — insisto, repito —

porque está decidido a dizer «sim» a um ideal de amor muito maior do que o mero prazer carnal que faz o homem descer abaixo do nível do cão, do rato, da girafa e do morcego, bichos muito estimáveis, mas que não têm a nossa vocação de eternidade (e que, diga-se de passagem, são infinitamente mais «castos» do que os homens, pois ordinariamente só se acasalam em certas épocas do ano, e exclusivamente para procriar).

Queremos outras armas para alcançar o autodomínio? Vou enumerá-las glosando brevemente outras palavras de São Josemaria. «A "valentia" de ser *covarde,* para fugir das ocasiões». Na maior parte dos casos, este é o grande segredo, para não ter que repetir, de modo enfadonho, aquela cantiga de que «a carne é fraca, não consigo me segurar». Fugir das «ocasiões» é evitar os lugares (um apartamento vazio, certas boates e danceterias), as situações (um carro estacionado em lugar escuro) e as pessoas que facilmente nos podem arrastar para a simples explosão genital (pense também em certos *reveillons* e carnavais comemorados em hotéis ou clubes, em que a promiscuidade de rapazes e moças — envolta num festival de álcool, drogas e dança quase orgiástica — é convite quase inevitável para cair nos maiores abusos sexuais).

Depois, «a guarda atenta dos sentidos». Já falamos da vista; poderíamos recordar a importância de guardar também o ouvido, pequeno bueiro onde são despejadas diariamente mil gracinhas sujas; e o tato, para não cair em familiaridades e manifestações de afeto pegajosas, bastante «suspeitas», especialmente com pessoas do outro sexo, que muita vez equivalem (desculpe-me a crueza) a catar sorrateiramente miseráveis migalhas de sexo, enquanto se finge ser amável e cordial; e ainda o controle, importantíssimo, dos chamados «sentidos internos», a imaginação e a memória.

Reconheçamos que noventa por cento dos desvarios sexuais procedem do descontrole destes dois sentidos internos. Deixar a imaginação à solta — alimentada muitas vezes pelas recordações de pecados cometidos, de conversas, de filmes, de leituras, de imagens visuais procuradas — é a mesma coisa que escancarar as janelas da alma a uma série de tentações, constantes e progressivas, que entram como uma revoada de cupins; é a mesma coisa que acender um caldeirão de aprendiz de bruxo, de onde podem sair todas as torpezas, abusos e anomalias; é alimentar uma veia psicótica, que pode vir a tornar-se doença mental (transtorno obsessivo-compulsivo, por exemplo). Quem é dono da imaginação, tem noventa por cento ganho para ser dono e senhor dos seus impulsos sexuais e dos seus sentimentos. Este autodomínio do pensamento é a chamada «mortificação interior», tão — ou mais — importante para o senhorio da vontade como a «mortificação dos sentidos».

E, finalmente, temos de mencionar de novo a importância primordial dos meios espirituais, que exigem concretização de propósitos e esforço perseverante: «A frequência dos Sacramentos — aconselha ainda São Josemaria Escrivá — de modo particular a Confissão sacramental; a sinceridade plena na direção espiritual pessoal; a dor, a contrição, a reparação depois das faltas, e tudo ungido com uma terna devoção a Nossa Senhora, para que Ela nos obtenha de Deus o dom de uma vida santa e limpa».

Este último pensamento — devoção a Nossa Senhora — não é uma simples pincelada piedosa. É sabedoria e experiência milenar dos bons cristãos. Todo aquele que deseja adquirir ou melhorar a virtude da castidade, além de tudo o que anteriormente lembramos, nada melhor pode fazer do que colocar-se, com inteira confiança, nas mãos puríssimas da Virgem Santíssima. Posso dar aqui, com absoluta veracidade, o testemunho de experiências conhecidas através de longos anos de trabalho sacerdotal. Muitas vezes (não só algumas, mas muitas e muitas vezes) tenho visto a alegria com que jovens e menos jovens, que se consideravam incapazes de vencer a batalha da castidade, me diziam: «É impressionante! Segui o conselho que me deu, de invocar Nossa Senhora na hora da tentação — "Mãe puríssima, rogai por mim!", "Mãe castíssima, rogai por mim!" — e consegui vencer facilmente e ficar com uma paz que antes não conhecia».

— Boa ideia! Vou procurar fazer assim! — exclama o leitor, que, embora mudo nestes últimos parágrafos, não deixa de me acompanhar.

Só me ocorre dizer-lhe: — Agradeçamos, você, e eu e todos, o amor maternal que Maria nos dedica. «Aproveitemo-nos» dele, não nos esqueçamos de que Maria sempre nos acompanha com «esses seus olhos misericordiosos», e enchamos o coração de segurança. Com ela, por intercessão dela, obteremos de Jesus que a água suja do nosso pobre coração sensual se converta no vinho casto e limpo das bodas de Caná. Não perca de vista que «nunca se ouviu dizer» — como reza a oração do «Lembrai-vos» — que Maria desamparasse os que a ela recorrem. A propósito disto, talvez você já tenha lido o belo comentário sobre a confiança em Nossa Senhora, que Guimarães Rosa põe na boca de Riobaldo, o protagonista de *Grande sertão: veredas*. Vale a pena transcrevê-lo:

> O perfume do nome da Virgem — diz — perdura muito: às vezes, dá saldos para uma vida inteira.

— Que bonito!

— Eu também acho! E confesso que essas coisas «tocam» fundo o coração... Mas não é hora de alongar-se com impressões e sentimentos pessoais...

— Quer dizer que é hora de terminar...

— Exatamente, amigo leitor, que teve a paciência de me acompanhar até aqui. Agora que chegamos ao termo da nossa reflexão e precisamos pôr-lhe o ponto final, confidencio-lhe que gostaria mesmo de encerrar este livrinho (em que tivemos de comentar tantos desvios, tantos abusos e tantas sujeiras), pedindo a Deus que «o perfume do nome da Virgem» envolva e fortaleça o coração e a conduta de todos os que, por terem lido estas páginas, sentiram nascer na alma desejos de comportar-se tal como São Paulo pedia a Tito: *renunciando às paixões mundanas, e vivendo neste mundo com toda a temperança, autodomínio, justiça e piedade* (Tit 2, 12).

Direção geral
Renata Ferlin Sugai

Direção editorial
Hugo Langone

Produção editorial
Juliana Amato
Gabriela Haeitmann
Ronaldo Vasconcelos
Roberto Martins

Capa
Provazi Design

Diagramação
Sérgio Ramalho

Impressão
Plena Print

ESTE LIVRO ACABOU DE SE IMPRIMIR
A 25 DE FEVEREIRO DE 2025,
EM PAPEL OFFSET 75 g/m^2.

CÓDIGO DE PROCESSO PENAL

DECRETO-LEI N. 3.689, DE 3 DE OUTUBRO DE 1941

INCLUI A LEI DE EXECUÇÃO PENAL
(LEI N. 7.210, DE 11.07.1984)

7ª EDIÇÃO
revisada e atualizada

MANOLE

2022

ORGANIZAÇÃO Editoria Jurídica da Editora Manole
PROJETO GRÁFICO Departamento Editorial da Editora Manole
CAPA Ricardo Yoshiaki Nitta Rodrigues
IMAGEM DA CAPA iStock.com

CIP-BRASIL. CATALOGAÇÃO NA PUBLICAÇÃO
SINDICATO NACIONAL DOS EDITORES DE LIVROS, RJ

C61
7. ed.

Código de Processo Penal : Decreto-lei n. 3.689, de 03 de outubro de 1941 / [organização Editoria Jurídica da Editora Manole]. – 7. ed. – Santana de Parnaíba [SP] : Manole, 2022.

Inclui índice
ISBN 978-65-5576-705-6

1. Brasil. [Código de Processo Penal (1941)]. 2. Processo penal – Brasil. I. Editoria Jurídica da Editora Manole.

21-74957 CDU-343.1(81)(094.4)

Meri Gleice Rodrigues de Souza – Bibliotecária – CRB-7/6439

1ª edição – 2016; 2ª edição – 2017; 3ª edição – 2018; 4ª edição – 2019;
5ª edição – 2020; 6ª edição – 2021; 7ª edição – 2022

Editora Manole Ltda.
Alameda América, 876 – Tamboré
06543-315 – Santana de Parnaíba – SP – Brasil
Fone: (11) 4196-6000
www.manole.com.br | http://atendimento.manole.com.br

Impresso no Brasil
Printed in Brazil

SUMÁRIO

APRESENTAÇÃO

A EDITORA MANOLE, prosseguindo com suas publicações jurídicas, apresenta agora seu volume contendo o Código de Processo Penal (Decreto-lei n. 3.689, de 03.10.1941), devidamente atualizado pelas Leis ns. 14.155/2021 e 14.245/2021, e a Lei de Execução Penal (Lei n. 7.210, de 11.07.1984).

Esta edição está atualizada até o dia 04.01.2022, e o leitor poderá manter-se informado sobre as mudanças na legislação até 31.10.2022 no site **manoleeducacao.com.br/codigosmanole** (acesse pelo *QR code*).

Conheça também as outras publicações jurídicas em formato reduzido da EDITORA MANOLE:

Constituição Federal
Código Civil
Código de Processo Civil
Código Penal
CLT
Código de Defesa do Consumidor

EDITORIA JURÍDICA DA EDITORA MANOLE

LISTA DE ABREVIATURAS E SIGLAS

ADC: Ação Declaratória de Constitucionalidade
ADCT: Ato das Disposições Constitucionais Transitórias
ADI: Ação Direta de Inconstitucionalidade
ADPF: Arguição de Descumprimento de Preceito Fundamental
AGU: Advocacia-Geral da União
CC: Código Civil
CC/1916: Código Civil de 1916 (Lei n. 3.071/1916)
CC/2002: Código Civil de 2002 (Lei n. 10.406/2002)
CCom: Código Comercial (Lei n. 556/1850)
CDC: Código de Defesa do Consumidor (Lei n. 8.078/90)
CF: Constituição Federal
CNJ: Conselho Nacional de Justiça
CP: Código Penal (Decreto-lei n. 2.848/40)
CPC/2015: Código de Processo Civil (Lei n. 13.105/2015)
CPI: Comissão Parlamentar de Inquérito
CPM: Código Penal Militar (Decreto-lei n. 1.001/69)
CPP: Código de Processo Penal (Decreto-lei n. 3.689/41)
CPPM: Código de Processo Penal Militar (Decreto-lei n. 1.002/69)
CR: Constituição da República
CTB: Código de Trânsito Brasileiro (Lei n. 9.503/97)
CTN: Código Tributário Nacional (Lei n. 5.172/66)
DJ: *Diário da Justiça*
EAOAB: Estatuto da Advocacia e a Ordem dos Advogados do Brasil
EC: Emenda Constitucional
ECA: Estatuto da Criança e do Adolescente (Lei n. 8.069/90)
ECR: Emenda Constitucional de Revisão
LC: Lei Complementar
LDO: Lei de Diretrizes Orçamentárias
LINDB: Lei de introdução às normas do Direito Brasileiro (Decreto-lei n. 4.657/42)
MP n.: Medida Provisória n.

MPF: Ministério Público Federal
n.: número
OAB: Ordem dos Advogados do Brasil
ONU: Organização das Nações Unidas
PEC: Proposta de Emenda Constitucional
STF: Supremo Tribunal Federal
STJ: Superior Tribunal de Justiça
STM: Superior Tribunal Militar
TRE: Tribunal Regional Eleitoral
TRF: Tribunal Regional Federal
TRT: Tribunal Regional do Trabalho
TSE: Tribunal Superior Eleitoral
TST: Tribunal Superior do Trabalho
Ufir: Unidade Fiscal de Referência

ÍNDICE SISTEMÁTICO DO CÓDIGO DE PROCESSO PENAL

LIVRO I
DO PROCESSO EM GERAL

Título I
Disposições Preliminares

Título II
Do Inquérito Policial

Título III
Da Ação Penal

Título IV
Da Ação Civil

Título V
Da Competência

Título VI
Das Questões e Processos Incidentes

Título VII
Da Prova

Título VIII
Do Juiz, do Ministério Público, do Acusado e Defensor, dos Assistentes e Auxiliares da Justiça

Título IX
Da Prisão, das Medidas Cautelares e da Liberdade Provisória

LIVRO VI
DISPOSIÇÕES GERAIS

DECRETO-LEI N. 3.931, DE 11 DE DEZEMBRO DE 1941

Lei de Introdução ao Código de Processo Penal (Decreto-lei n. 3.689, de 03 de outubro de 1941).

O PRESIDENTE DA REPÚBLICA, usando da atribuição que lhe confere o art. 180 da Constituição, decreta:

Art. 1º O Código de Processo Penal aplicar-se-á aos processos em curso a 1º de janeiro de 1942, observado o disposto nos artigos seguintes, sem prejuízo da validade dos atos realizados sob a vigência da legislação anterior.

Art. 2º À prisão preventiva e à fiança aplicar-se-ão os dispositivos que forem mais favoráveis.

Art. 3º O prazo já iniciado, inclusive o estabelecido para a interposição de recurso, será regulado pela lei anterior, se esta não prescrever prazo menor do que o fixado no Código de Processo Penal.

Art. 4º A falta de arguição em prazo já decorrido, ou dentro no prazo iniciado antes da vigência do Código Penal e terminado depois de sua entrada em vigor, sanará a nulidade, se a legislação anterior lhe atribui este efeito.

O CP entrou em vigor em 01.01.1942.

Art. 5º Se tiver sido intentada ação pública por crime que, segundo o Código Penal, só admite ação privada, esta, salvo decadência intercorrente, poderá prosseguir nos autos daquela, desde que a parte legítima para intentá-la ratifique os atos realizados e promova o andamento do processo.

Art. 6º As ações penais, em que já se tenha iniciado a produção de prova testemunhal, prosseguirão, até a sentença de primeira instância, com o rito estabelecido na lei anterior.

§ 1º Nos processos cujo julgamento, segundo a lei anterior, competia ao júri e, pelo Código de Processo Penal, cabe a juiz singular:

a) concluída a inquirição das testemunhas de acusação, proceder-se-á a interrogatório do réu, observado o disposto nos arts. 395 e 396, parágrafo único, do mesmo Código, prosseguindo-se depois de produzida a prova de defesa, de acordo com o que dispõem os arts. 499 e segs.;

b) se, embora concluída a inquirição das testemunhas de acusação, ainda não houver sentença de pronúncia ou impronúncia, prosseguir-se-á na forma da letra anterior;

c) se a sentença de pronúncia houver passado em julgado, ou dela não tiver ainda sido interposto recurso, prosseguir-se-á na forma da letra *a*;

d) se, havendo sentença de impronúncia, esta passar em julgado, só poderá ser instaurado o processo no caso do art. 409, parágrafo único, do Código de Processo Penal;

e) se tiver sido interposto recurso da sentença de pronúncia, aguardar-se-á o julgamento do mesmo, observando-se, afinal, o disposto na letra *b* ou na letra *d*.

§ 2º Aplicar-se-á o disposto no § 1º aos processos da competência do juiz singular nos quais exista a pronúncia, segundo a lei anterior.

§ 3º Subsistem os efeitos da pronúncia, inclusive a prisão.

§ 4º O julgamento caberá ao júri se, na sentença de pronúncia, houver sido ou for o crime classificado no § 1º ou § 2º do art. 295 da Consolidação das Leis Penais.

Art. 7º O juiz da pronúncia, ao classificar o crime, consumado ou tentado, não poderá reconhecer a existência de causa especial de diminuição da pena.

Art. 8º As perícias iniciadas antes de 1º de janeiro de 1942 prosseguirão de acordo com a legislação anterior.

Art. 9º Os processos de contravenções, em qualquer caso, prosseguirão na forma da legislação anterior.

Art. 10. No julgamento, pelo júri, de crime praticado antes da vigência do Código Penal, observar-se-á o disposto no art. 78 do Decreto-lei n. 167, de 05 de janeiro de 1938, devendo os quesitos ser formulados de acordo com a Consolidação das Leis Penais.

§ 1º Os quesitos sobre causas de exclusão de crime, ou de isenção de pena, serão sempre formulados de acordo com a lei mais favorável.

§ 2º Quando as respostas do júri importarem condenação, o presidente do tribunal fará o confronto da pena resultante dessas respostas e da que seria imposta segundo o Código Penal, e aplicará a mais benigna.

§ 3º Se o confronto das penas concretizadas, segundo uma e outra lei, depender do reconhecimento de algum fato previsto no Código Penal, e que, pelo Código de Processo Penal, deva constituir objeto de quesito, o juiz o formulará.

Art. 11. Já tendo sido interposto recurso de despacho ou de sentença, as condições de admissibilidade, a forma e o julgamento serão regulados pela lei anterior.

Art. 12. No caso do art. 673 do Código de Processo Penal, se tiver sido imposta medida de segurança detentiva ao condenado, este será removido para estabelecimento adequado.

Art. 13. A aplicação da lei nova a fato julgado por sentença condenatória irrecorrível, nos casos previstos no art. 2º e seu parágrafo, do Código Penal, far-se-á mediante despacho do juiz, de ofício, ou a requerimento do condenado ou do Ministério Público.

§ 1º Do despacho caberá recurso, em sentido estrito.

§ 2º O recurso interposto pelo Ministério Público terá efeito suspensivo, no caso de condenação por crime a que a lei anterior comine, no máximo, pena privativa de liberdade, por tempo igual ou superior a 8 (oito) anos.

Art. 14. No caso de infração definida na legislação sobre a caça, verificado que o agente foi, anteriormente, punido, administrativamente, por qualquer infração prevista na mesma legislação, deverão ser os autos remetidos à autoridade judiciária que, mediante portaria, instaurará o processo, na forma do art. 531 do Código de Processo Penal.

Parágrafo único. O disposto neste artigo não exclui a forma de processo estabelecido no Código de Processo Penal, para o caso de prisão em flagrante de contraventor.

Art. 15. No caso do art. 145, IV, do Código de Processo Penal, o documento reconhecido como falso será, antes de desentranhado dos autos, rubricado pelo juiz e pelo escrivão em cada uma de suas folhas.

Art. 16. Esta Lei entrará em vigor no dia 1º de janeiro de 1942, revogadas as disposições em contrário.

Rio de Janeiro, 11 de dezembro de 1941;
120º da Independência e 53º da República.

GETÚLIO VARGAS

DECRETO-LEI N. 3.689, DE 03 DE OUTUBRO DE 1941

Código de Processo Penal.

O PRESIDENTE DA REPÚBLICA, usando da atribuição que lhe confere o art. 180 da Constituição, decreta a seguinte Lei:

LIVRO I
DO PROCESSO EM GERAL

TÍTULO I
DISPOSIÇÕES PRELIMINARES

Art. 1º O processo penal reger-se-á, em todo o território brasileiro, por este Código, ressalvados:

I – os tratados, as convenções e regras de direito internacional;

Veja art. 5º, CP.

II – as prerrogativas constitucionais do Presidente da República, dos ministros de Estado, nos crimes conexos com os do Presidente da República, e dos ministros do Supremo Tribunal Federal, nos crimes de responsabilidade (Constituição, arts. 86, 89, § 2º, e 100);

Refere-se à CF/37.

Veja arts. 50, § 2º, 52, I e parágrafo único, 85, 86, § 1º, II, e 102, I, *b*, CF.

III – os processos da competência da Justiça Militar;

Veja art. 124, *caput*, CF.

IV – os processos da competência do tribunal especial (Constituição, art. 122, n. 17);

Refere-se à CF/37.

V – os processos por crimes de imprensa.

Veja ADPF n. 130, STF.

Parágrafo único. Aplicar-se-á, entretanto, este Código aos processos referidos nos ns. IV e V, quando as leis especiais que os regulam não dispuserem de modo diverso.

Art. 2º A lei processual penal aplicar-se-á desde logo, sem prejuízo da validade dos atos realizados sob a vigência da lei anterior.

Veja arts. 1º a 3º, CP.

Art. 3º A lei processual penal admitirá interpretação extensiva e aplicação analógica, bem como o suplemento dos princípios gerais de direito.

Veja art. 1º, CP.

Juiz das Garantias

Art. 3º-A. O processo penal terá estrutura acusatória, vedadas a iniciativa do juiz na fase de investigação e a substituição da atuação probatória do órgão de acusação.

Artigo acrescentado pela Lei n. 13.964, de 24.12.2019.

Veja MC na ADI n. 6.298/DF, de 22.01.2020, que suspende a eficácia deste artigo.

Art. 3º-B. O juiz das garantias é responsável pelo controle da legalidade da investigação criminal e pela salvaguarda dos direitos individuais cuja franquia tenha sido reservada à autorização prévia do Poder Judiciário, competindo-lhe especialmente:

Artigo acrescentado pela Lei n. 13.964, de 24.12.2019.

Veja MC na ADI n. 6.298/DF, de 22.01.2020, que suspende a eficácia deste artigo.

I – receber a comunicação imediata da prisão, nos termos do inciso LXII do *caput* do art. 5º da Constituição Federal;

II – receber o auto da prisão em flagrante para o controle da legalidade da prisão, observado o disposto no art. 310 deste Código;

III – zelar pela observância dos direitos do preso, podendo determinar que este seja conduzido à sua presença, a qualquer tempo;

IV – ser informado sobre a instauração de qualquer investigação criminal;

V – decidir sobre o requerimento de prisão provisória ou outra medida cautelar, observado o disposto no § 1º deste artigo;

VI – prorrogar a prisão provisória ou outra medida cautelar, bem como substituí-las ou revogá-las, assegurado, no primeiro caso, o exercício do contraditório em audiência pública e oral, na forma do disposto neste Código ou em legislação especial pertinente;

VII – decidir sobre o requerimento de produção antecipada de provas consideradas urgentes e não repetíveis, assegurados o contraditório e a ampla defesa em audiência pública e oral;

VIII – prorrogar o prazo de duração do inquérito, estando o investigado preso, em vista das razões apresentadas pela autoridade policial e observado o disposto no § 2º deste artigo;

IX – determinar o trancamento do inquérito policial quando não houver fundamento razoável para sua instauração ou prosseguimento;

X – requisitar documentos, laudos e informações ao delegado de polícia sobre o andamento da investigação;

XI – decidir sobre os requerimentos de:

a) interceptação telefônica, do fluxo de comunicações em sistemas de informática e telemática ou de outras formas de comunicação;

b) afastamento dos sigilos fiscal, bancário, de dados e telefônico;

c) busca e apreensão domiciliar;

d) acesso a informações sigilosas;

e) outros meios de obtenção da prova que restrinjam direitos fundamentais do investigado;

XII – julgar o *habeas corpus* impetrado antes do oferecimento da denúncia;

XIII – determinar a instauração de incidente de insanidade mental;

XIV – decidir sobre o recebimento da denúncia ou queixa, nos termos do art. 399 deste Código;

XV – assegurar prontamente, quando se fizer necessário, o direito outorgado ao investigado e ao seu defensor de acesso a todos os elementos informativos e provas produzidos no âmbito da investigação criminal, salvo no que concerne, estritamente, às diligências em andamento;

XVI – deferir pedido de admissão de assistente técnico para acompanhar a produção da perícia;

XVII – decidir sobre a homologação de acordo de não persecução penal ou os de colaboração premiada, quando formalizados durante a investigação;

XVIII – outras matérias inerentes às atribuições definidas no *caput* deste artigo.

§ 1º O preso em flagrante ou por força de mandado de prisão provisória será encaminhado à presença do juiz de garantias no prazo de 24 (vinte e quatro) horas, momento em que se realizará audiência com a presença do Ministério Público e da Defensoria Pública ou de advogado constituído, vedado o emprego de videoconferência.

§ 2º Se o investigado estiver preso, o juiz das garantias poderá, mediante representação da autoridade policial e ouvido o Ministério Público, prorrogar, uma única vez, a duração do inquérito por até 15 (quinze) dias, após o que, se ainda assim a investigação não for concluída, a prisão será imediatamente relaxada.

Art. 3º-C. A competência do juiz das garantias abrange todas as infrações penais, exceto as de menor potencial ofensivo, e cessa com o recebimento da denúncia ou queixa na forma do art. 399 deste Código.

Artigo acrescentado pela Lei n. 13.964, de 24.12.2019.

Veja MC na ADI n. 6.298/DF, de 22.01.2020, que suspende a eficácia deste artigo.

§ 1º Recebida a denúncia ou queixa, as questões pendentes serão decididas pelo juiz da instrução e julgamento.

§ 2º As decisões proferidas pelo juiz das garantias não vinculam o juiz da instrução e julgamento, que, após o recebimento da denúncia ou queixa, deverá reexaminar a necessidade das medidas cautelares em curso, no prazo máximo de 10 (dez) dias.

§ 3º Os autos que compõem as matérias de competência do juiz das garantias ficarão acautelados na secretaria desse juízo, à disposição do Ministério Público e da defesa, e não serão apensados aos autos do processo enviados ao juiz da instrução e julgamento, ressalvados os documentos relativos às provas irrepetíveis, medidas de obtenção de provas ou de antecipação de provas, que deverão ser remetidos para apensamento em apartado.

§ 4º Fica assegurado às partes o amplo acesso aos autos acautelados na secretaria do juízo das garantias.

Art. 3º-D. O juiz que, na fase de investigação, praticar qualquer ato incluído nas competências dos arts. 4º e 5º deste Código ficará impedido de funcionar no processo.

Artigo acrescentado pela Lei n. 13.964, de 24.12.2019.

Veja MC na ADI n. 6.298/DF, de 22.01.2020, que suspende a eficácia deste artigo.

Parágrafo único. Nas comarcas em que funcionar apenas um juiz, os tribunais criarão um sistema de rodízio de magistrados, a fim de atender às disposições deste Capítulo.

Art. 3º-E. O juiz das garantias será designado conforme as normas de organização judiciária da União, dos Estados e do Distrito Federal, observando critérios objetivos a serem periodicamente divulgados pelo respectivo tribunal.

Artigo acrescentado pela Lei n. 13.964, de 24.12.2019.

Veja MC na ADI n. 6.298/DF, de 22.01.2020, que suspende a eficácia deste artigo.

Art. 3º-F. O juiz das garantias deverá assegurar o cumprimento das regras para o tratamento dos presos, impedindo o acordo ou ajuste de qualquer autoridade com órgãos da imprensa para explorar a imagem da pessoa submetida à prisão, sob pena de responsabilidade civil, administrativa e penal.

Artigo acrescentado pela Lei n. 13.964, de 24.12.2019.

Veja MC na ADI n. 6.298/DF, de 22.01.2020, que suspende a eficácia deste artigo.

Parágrafo único. Por meio de regulamento, as autoridades deverão disciplinar, em 180 (cento e oitenta) dias, o modo pelo qual as informações sobre a realização da prisão e a identidade do preso serão, de modo padronizado e respeitada a programação normativa aludida no *caput* deste artigo, transmitidas à imprensa, assegurados a efetividade da persecução penal, o direito à informação e a dignidade da pessoa submetida à prisão.

TÍTULO II
DO INQUÉRITO POLICIAL

Art. 4º A polícia judiciária será exercida pelas autoridades policiais no território de suas respectivas circunscrições e terá por fim a apuração das infrações penais e da sua autoria.

Caput com redação dada pela Lei n. 9.043, de 09.05.1995.

Veja art. 144, § 1º, IV, CF.

Veja art. 107, CPP.

Parágrafo único. A competência definida neste artigo não excluirá a de autoridades administrativas, a quem por lei seja cometida a mesma função.

Veja art. 32, Lei n. 5.197, de 03.01.1967 (proteção à fauna).

Veja Súmula n. 397, STF.

Art. 5º Nos crimes de ação pública o inquérito policial será iniciado:

I – de ofício;

II – mediante requisição da autoridade judiciária ou do Ministério Público, ou a requerimento do ofendido ou de quem tiver qualidade para representá-lo.

§ 1º O requerimento a que se refere o n. II conterá sempre que possível:

a) a narração do fato, com todas as circunstâncias;

b) a individualização do indiciado ou seus sinais característicos e as razões de convicção ou de presunção de ser ele o autor da infração, ou os motivos de impossibilidade de o fazer;

c) a nomeação das testemunhas, com indicação de sua profissão e residência.

§ 2º Do despacho que indeferir o requerimento de abertura de inquérito caberá recurso para o chefe de Polícia.

§ 3º Qualquer pessoa do povo que tiver conhecimento da existência de infração penal em que caiba ação pública poderá, verbalmente ou por escrito, comunicá-la à autoridade policial, e esta, verificada a procedência das informações, mandará instaurar inquérito.

§ 4º O inquérito, nos crimes em que a ação pública depender de representação, não poderá sem ela ser iniciado.

Veja art. 100, § 1º, CP.

§ 5º Nos crimes de ação privada, a autoridade policial somente poderá proceder a inquérito a requerimento de quem tenha qualidade para intentá-la.

Veja arts. 100, § 2º, e 225, CP.

Art. 6º Logo que tiver conhecimento da prática da infração penal, a autoridade policial deverá:

I – dirigir-se ao local, providenciando para que não se alterem o estado e conservação das coisas, até a chegada dos peritos criminais;

Inciso com redação dada pela Lei n. 8.862, de 28.03.1994.

II – apreender os objetos que tiverem relação com o fato, após liberados pelos peritos criminais;

Inciso com redação dada pela Lei n. 8.862, de 28.03.1994.

Veja art. 91, II, *a* e *b*, CP.

III – colher todas as provas que servirem para o esclarecimento do fato e suas circunstâncias;

Veja arts. 155 a 250, CPP.

IV – ouvir o ofendido;

V – ouvir o indiciado, com observância, no que for aplicável, do disposto no Capítulo III do Título VII, deste Livro, devendo o respectivo termo ser assinado por 2 (duas) testemunhas que lhe tenham ouvido a leitura;

Veja arts. 185 a 196, CPP.

VI – proceder a reconhecimento de pessoas e coisas e a acareações;

VII – determinar, se for caso, que se proceda a exame de corpo de delito e a quaisquer outras perícias;

VIII – ordenar a identificação do indiciado pelo processo datiloscópico, se possível, e fazer juntar aos autos sua folha de antecedentes;

Veja Lei n. 12.037, de 01.10.2009.

IX – averiguar a vida pregressa do indiciado, sob o ponto de vista individual, familiar e social, sua condição econômica, sua atitude e estado de ânimo antes e depois do crime e durante ele, e quaisquer outros elementos que contribuírem para a apreciação do seu temperamento e caráter;

Veja arts. 240 a 250, CPP.

Veja art. 59, CP.

X – colher informações sobre a existência de filhos, respectivas idades e se possuem alguma deficiência e o nome e o contato de eventual responsável pelos cuidados dos filhos, indicado pela pessoa presa.

Inciso acrescentado pela Lei n. 13.257, de 08.03.2016.

Art. 7º Para verificar a possibilidade de haver a infração sido praticada de determinado modo, a autoridade policial poderá proceder à reprodução simulada dos fatos, desde que esta não contrarie a moralidade ou a ordem pública.

Art. 8º Havendo prisão em flagrante, será observado o disposto no Capítulo II do Título IX deste Livro.

Art. 9º Todas as peças do inquérito policial serão, num só processado, reduzidas a escrito ou datilografadas e, neste caso, rubricadas pela autoridade.

Veja Súmula vinculante n. 14, STF.

Art. 10. O inquérito deverá terminar no prazo de 10 (dez) dias, se o indiciado tiver sido preso em flagrante, ou estiver preso preventivamente, contado o prazo, nesta hipótese, a partir do dia em que se executar a ordem de prisão, ou no prazo de 30 (trinta) dias, quando estiver solto, mediante fiança ou sem ela.

O prazo estabelecido aplica-se à Justiça comum.

Veja art. 10, § 1º, da Lei n. 1.521, de 26.12.1951 (crimes contra a economia popular), que dispõe prazo de 10 dias para indiciado preso ou solto.

Veja art. 66, Lei n. 5.010, de 30.05.1966, que dispõe prazo de 15 dias para conclusão do inquérito policial quando o indiciado estiver preso, podendo ser prorrogado por mais 15 dias.

Veja art. 20, CPPM, que dispõe sobre os inquéritos militares prazo de 20 dias, se o indiciado estiver preso, contado esse prazo a partir do dia em que se executar a ordem de prisão; ou no prazo de 40 dias, quando o indiciado estiver solto, contados a partir da data em que se instaurar o inquérito; neste último prazo, pode-se prorrogar por mais 20 dias pela autoridade militar superior.

Veja art. 51, Lei n. 11.343, de 23.08.2006, que dispõe prazo de 30 dias, se o indiciado estiver preso, e de 90 dias, quando solto.

§ 1º A autoridade fará minucioso relatório do que tiver sido apurado e enviará os autos ao juiz competente.

§ 2º No relatório poderá a autoridade indicar testemunhas que não tiverem sido inquiridas, mencionando o lugar onde possam ser encontradas.

§ 3º Quando o fato for de difícil elucidação, e o indiciado estiver solto, a autoridade poderá requerer ao juiz a devolução dos autos, para ulteriores diligências, que serão realizadas no prazo marcado pelo juiz.

Art. 11. Os instrumentos do crime, bem como os objetos que interessarem à prova, acompanharão os autos do inquérito.

Art. 12. O inquérito policial acompanhará a denúncia ou queixa, sempre que servir de base a uma ou outra.

Art. 13. Incumbirá ainda à autoridade policial:

I – fornecer às autoridades judiciárias as informações necessárias à instrução e julgamento dos processos;

II – realizar as diligências requisitadas pelo juiz ou pelo Ministério Público;

III – cumprir os mandados de prisão expedidos pelas autoridades judiciárias;

IV – representar acerca da prisão preventiva.

Art. 13-A. Nos crimes previstos nos arts. 148, 149 e 149-A, no § 3º do art. 158 e no art. 159 do Decreto-lei n. 2.848, de 7 de dezembro de 1940 (Código Penal), e no art. 239 da Lei n. 8.069, de 13 de julho de 1990 (Estatuto da Criança e do Adolescente), o membro do Ministério Público ou o delegado de polícia poderá requisitar, de quaisquer órgãos do poder público ou de empresas da iniciativa privada, dados e informações cadastrais da vítima ou de suspeitos.

Artigo acrescentado pela Lei n. 13.344, de 06.10.2016.

Parágrafo único. A requisição, que será atendida no prazo de 24 (vinte e quatro) horas, conterá:

I – o nome da autoridade requisitante;

II – o número do inquérito policial; e

III – a identificação da unidade de polícia judiciária responsável pela investigação.

Art. 13-B. Se necessário à prevenção e à repressão dos crimes relacionados ao tráfico de pessoas, o membro do Ministério Público ou o delegado de polícia poderão requisitar, mediante autorização judicial, às empresas prestadoras de serviço de telecomunicações e/ou telemática que disponibilizem imediatamente os meios técnicos adequados – como sinais, informações e outros – que permitam a localização da vítima ou dos suspeitos do delito em curso.

Artigo acrescentado pela Lei n. 13.344, de 06.10.2016.

§ 1º Para os efeitos deste artigo, sinal significa posicionamento da estação de cobertura, setorização e intensidade de radiofrequência.

§ 2º Na hipótese de que trata o *caput*, o sinal:

I – não permitirá acesso ao conteúdo da comunicação de qualquer natureza, que dependerá de autorização judicial, conforme disposto em lei;

II – deverá ser fornecido pela prestadora de telefonia móvel celular por período não superior a 30 (trinta) dias, renovável por uma única vez, por igual período;

III – para períodos superiores àquele de que trata o inciso II, será necessária a apresentação de ordem judicial.

§ 3º Na hipótese prevista neste artigo, o inquérito policial deverá ser instaurado no prazo máximo de 72 (setenta e duas) horas, contado do registro da respectiva ocorrência policial.

§ 4º Não havendo manifestação judicial no prazo de 12 (doze) horas, a autoridade competente requisitará às empresas prestadoras de serviço de telecomunicações e/ou telemática que disponibilizem imediatamente os meios técnicos adequados – como sinais, informações e outros – que permitam a localização da vítima ou dos suspeitos do delito em curso, com imediata comunicação ao juiz.

Art. 14. O ofendido, ou seu representante legal, e o indiciado poderão requerer qualquer diligência, que será realizada, ou não, a juízo da autoridade.

Veja Súmula vinculante n. 14, STF.

Art. 14-A. Nos casos em que servidores vinculados às instituições dispostas no art. 144 da Constituição Federal figurarem como investigados em inquéritos policiais, inquéritos policiais militares e demais procedimentos extrajudiciais, cujo objeto for a investigação de fatos relacionados ao uso da força letal praticados no exercício profissional, de forma consumada ou tentada, incluindo as situações dispostas no art. 23 do Decreto-lei n. 2.848, de 7 de dezembro de 1940 (Código Penal), o indiciado poderá constituir defensor.

Artigo acrescentado pela Lei n. 13.964, de 24.12.2019.

§ 1º Para os casos previstos no *caput* deste artigo, o investigado deverá ser citado da instauração do procedimento investigatório, podendo constituir defensor no prazo de até 48 (quarenta e oito) horas a contar do recebimento da citação.

§ 2º Esgotado o prazo disposto no § 1º deste artigo com ausência de nomeação de defensor pelo investigado, a autoridade responsável pela investigação deverá intimar a instituição a que estava vinculado o investigado à época da ocorrência dos fatos, para que essa, no prazo de 48 (quarenta e oito) horas, indique defensor para a representação do investigado.

§ 3º Havendo necessidade de indicação de defensor nos termos do § 2º deste artigo, a defesa caberá preferencialmente à Defensoria Pública, e, nos locais em que ela não estiver instalada, a União ou a Unidade da Federação correspondente à respectiva competência territorial do procedimento instaurado deverá disponibilizar profissional para acompanhamento e realização de todos os atos relacionados à defesa administrativa do investigado.

§ 4º A indicação do profissional a que se refere o § 3º deste artigo deverá ser precedida de manifestação de que não existe defensor público lotado na área territorial onde tramita o inquérito e com atribuição para nele atuar, hipótese em que poderá ser indicado profissional que não integre os quadros próprios da Administração.

§ 5º Na hipótese de não atuação da Defensoria Pública, os custos com o patrocínio dos interesses dos investigados nos procedimentos de que trata este artigo correrão por conta do orçamento próprio da instituição a que este esteja vinculado à época da ocorrência dos fatos investigados.

§ 6º As disposições constantes deste artigo se aplicam aos servidores militares vinculados às instituições dispostas no art. 142 da Constituição Federal, desde que os fatos investigados digam respeito a missões para a Garantia da Lei e da Ordem.

Art. 15. Se o indiciado for menor, ser-lhe-á nomeado curador pela autoridade policial.

Veja art. 5º, CC.

Veja ECA.

Veja Súmula n. 352, STF.

Art. 16. O Ministério Público não poderá requerer a devolução do inquérito à autoridade policial, senão para novas diligências, imprescindíveis ao oferecimento da denúncia.

Veja art. 46, CPP.

Art. 17. A autoridade policial não poderá mandar arquivar autos de inquérito.

Art. 18. Depois de ordenado o arquivamento do inquérito pela autoridade judiciária, por falta de base para a denúncia, a autoridade policial poderá proceder a novas pesquisas, se de outras provas tiver notícia.

Veja Súmula n. 524, STF.

Art. 19. Nos crimes em que não couber ação pública, os autos do inquérito serão remetidos ao juízo competente, onde aguardarão a iniciativa do ofendido ou de seu representante legal, ou serão entregues ao requerente, se o pedir, mediante traslado.

Veja art. 183, CPP.

Veja arts. 100 a 106, CP.

Art. 20. A autoridade assegurará no inquérito o sigilo necessário à elucidação do fato ou exigido pelo interesse da sociedade.

Veja Súmula vinculante n. 14, STF.

Parágrafo único. Nos atestados de antecedentes que lhe forem solicitados, a autoridade policial não poderá mencionar quaisquer anotações referentes a instauração de inquérito contra os requerentes.

Parágrafo acrescentado pela Lei n. 12.681, de 04.07.2012.

Art. 21. A incomunicabilidade do indiciado dependerá sempre de despacho nos autos e somente será permitida quando o interesse da sociedade ou a conveniência da investigação o exigir.

Parágrafo único. A incomunicabilidade, que não excederá de 3 (três) dias, será decretada por despacho fundamentado do juiz, a requerimento da autoridade policial, ou do órgão do Ministério Público, respeitado, em qualquer hipótese, o disposto no art. 89, III, do Estatuto da Ordem dos Advogados do Brasil (Lei n. 4.215, de 27 de abril de 1963).

Parágrafo com redação dada pela Lei n. 5.010, de 30.05.1966.

A Lei n. 4.215, de 27.04.1963, foi revogada pelo EAOAB.

Veja arts. 5º, LXII e LXIII, e 136, § 3º, IV, CF.

Veja art. 7º, III, EAOAB.

Art. 22. No Distrito Federal e nas comarcas em que houver mais de uma circunscrição policial, a autoridade com exercício em uma delas poderá, nos inquéritos a que esteja procedendo, ordenar diligências em circunscrição de outra, independentemente de precatórias ou requisições, e bem assim providenciará, até que compareça a autoridade competente, sobre qualquer fato que ocorra em sua presença, noutra circunscrição.

Veja art. 6º, CP.

Art. 23. Ao fazer a remessa dos autos do inquérito ao juiz competente, a autoridade policial oficiará ao Instituto de Identificação e Estatística, ou repartição congênere, mencionando o juízo a que tiverem sido distribuídos, e os dados relativos à infração penal e à pessoa do indiciado.

TÍTULO III
DA AÇÃO PENAL

Veja arts. 100 a 106, CP.

Veja art. 17, LCP.

Art. 24. Nos crimes de ação pública, esta será promovida por denúncia do Ministério Público, mas dependerá, quando a lei o exigir, de requisição do Ministro da Justiça, ou de representação do ofendido ou de quem tiver qualidade para representá-lo.

Veja art. 32, Lei n. 5.197, de 03.01.1967 (proteção à fauna).

Veja art. 184, Lei n. 11.101, de 09.02.2005.

Veja Súmula n. 714, STF.

§ 1º No caso de morte do ofendido ou quando declarado ausente por decisão judicial, o direito de representação passará ao cônjuge, ascendente, descendente ou irmão.

Antigo parágrafo único renumerado pela Lei n. 8.699, de 27.08.1993.

Veja art. 38, parágrafo único, CPP.

Veja art. 100, § 4º, CP.

Veja Súmula n. 594, STF.

§ 2º Seja qual for o crime, quando praticado em detrimento do patrimônio ou interesse da União, Estado e Município, a ação penal será pública.

Parágrafo acrescentado pela Lei n. 8.699, de 27.08.1993.

Art. 25. A representação será irretratável, depois de oferecida a denúncia.

Veja art. 102, CP.

Art. 26. A ação penal, nas contravenções, será iniciada com o auto de prisão em flagrante ou por meio de portaria expedida pela autoridade judiciária ou policial.

Veja art. 129, I, CF, sobre promoção, privativamente, da ação penal pública, na forma da lei, pelo Ministério Público.

Art. 27. Qualquer pessoa do povo poderá provocar a iniciativa do Ministério Público, nos casos em que caiba a ação pública, fornecendo-lhe, por escrito, informações sobre o fato e a autoria e indicando o tempo, o lugar e os elementos de convicção.

Art. 28. Ordenado o arquivamento do inquérito policial ou de quaisquer elementos informativos da mesma natureza, o órgão do Ministério Público comunicará à vítima, ao investigado e à autoridade policial e encaminhará os autos para a instância de revisão ministerial para fins de homologação, na forma da lei.

Caput com redação dada pela Lei n. 13.964, de 24.12.2019.

Veja MC na ADI n. 6.298/DF, de 22.01.2020, que suspende a eficácia deste artigo.

Veja art. 28-A, § 14, CPP.

§ 1º Se a vítima, ou seu representante legal, não concordar com o arquivamento do inquérito policial, poderá, no prazo de 30 (trinta) dias do recebimento da comunicação, submeter a matéria à revisão da instância competente do órgão ministerial, conforme dispuser a respectiva lei orgânica.

Parágrafo acrescentado pela Lei n. 13.964, de 24.12.2019.

§ 2º Nas ações penais relativas a crimes praticados em detrimento da União, Estados e Municípios, a revisão do arquivamento do inquérito policial poderá ser provocada pela chefia do órgão a quem couber a sua representação judicial.

Parágrafo acrescentado pela Lei n. 13.964, de 24.12.2019.

Art. 28-A. Não sendo caso de arquivamento e tendo o investigado confessado formal e circunstancialmente a prática de infração penal sem violência ou grave ameaça e com pena mínima inferior a 4 (quatro) anos, o Ministério Público poderá propor acordo de não persecução penal, desde que necessário e suficiente para reprovação e prevenção do crime, mediante as seguintes condições ajustadas cumulativa e alternativamente:

Artigo acrescentado pela Lei n. 13.964, de 24.12.2019.

Veja art. 581, XXV, CPP.

Veja art. 1º, § 3º, Lei n. 8.038, de 28.05.1990.

I – reparar o dano ou restituir a coisa à vítima, exceto na impossibilidade de fazê-lo;

II – renunciar voluntariamente a bens e direitos indicados pelo Ministério Público como instrumentos, produto ou proveito do crime;

III – prestar serviço à comunidade ou a entidades públicas por período correspondente à pena mínima cominada ao delito diminuída de um a dois terços, em local a ser indicado pelo juízo da execução, na forma do art. 46 do Decreto-lei n. 2.848, de 7 de dezembro de 1940 (Código Penal);

IV – pagar prestação pecuniária, a ser estipulada nos termos do art. 45 do Decreto-lei n. 2.848, de 7 de dezembro de 1940 (Código Penal), a entidade pública ou de interesse social, a ser indicada pelo juízo da execução, que tenha, preferencialmente, como função proteger bens jurídicos iguais ou semelhantes aos aparentemente lesados pelo delito; ou

V – cumprir, por prazo determinado, outra condição indicada pelo Ministério Público, desde que proporcional e compatível com a infração penal imputada.

§ 1º Para aferição da pena mínima cominada ao delito a que se refere o *caput* deste artigo, serão consideradas as causas de aumento e diminuição aplicáveis ao caso concreto.

§ 2º O disposto no *caput* deste artigo não se aplica nas seguintes hipóteses:

I – se for cabível transação penal de competência dos Juizados Especiais Criminais, nos termos da lei;

II – se o investigado for reincidente ou se houver elementos probatórios que indiquem conduta criminal habitual, reiterada ou profissional, exceto se insignificantes as infrações penais pretéritas;

III – ter sido o agente beneficiado nos 5 (cinco) anos anteriores ao cometimento da infração, em acordo de não persecução penal, transação penal ou suspensão condicional do processo; e

IV – nos crimes praticados no âmbito de violência doméstica ou familiar, ou praticados contra a mulher por razões da condição de sexo feminino, em favor do agressor.

§ 3º O acordo de não persecução penal será formalizado por escrito e será firmado pelo membro do Ministério Público, pelo investigado e por seu defensor.

§ 4º Para a homologação do acordo de não persecução penal, será realizada audiência na qual o juiz deverá verificar a sua voluntariedade, por meio da oitiva do investigado na presença do seu defensor, e sua legalidade.

§ 5º Se o juiz considerar inadequadas, insuficientes ou abusivas as condições dispostas no acordo de não persecução penal, devolverá os autos ao Ministério Público para que seja reformulada a proposta de acordo, com concordância do investigado e seu defensor.

§ 6º Homologado judicialmente o acordo de não persecução penal, o juiz devolverá os autos ao Ministério Público para que inicie sua execução perante o juízo de execução penal.

§ 7º O juiz poderá recusar homologação à proposta que não atender aos requisitos legais ou quando não for realizada a adequação a que se refere o § 5º deste artigo.

§ 8º Recusada a homologação, o juiz devolverá os autos ao Ministério Público para a análise da necessidade de complementação das investigações ou o oferecimento da denúncia.

§ 9º A vítima será intimada da homologação do acordo de não persecução penal e de seu descumprimento.

§ 10. Descumpridas quaisquer das condições estipuladas no acordo de não persecução penal, o Ministério Público deverá comunicar ao juízo, para fins de sua rescisão e posterior oferecimento de denúncia.

§ 11. O descumprimento do acordo de não persecução penal pelo investigado também poderá ser utilizado pelo Ministério Público como justificativa para o eventual não oferecimento de suspensão condicional do processo.

§ 12. A celebração e o cumprimento do acordo de não persecução penal não constarão de certidão de antecedentes criminais, exceto para os fins previstos no inciso III do § 2º deste artigo.

§ 13. Cumprido integralmente o acordo de não persecução penal, o juízo competente decretará a extinção de punibilidade.

§ 14. No caso de recusa, por parte do Ministério Público, em propor o acordo de não persecução penal, o investigado poderá requerer a remessa dos autos a órgão superior, na forma do art. 28 deste Código.

Art. 29. Será admitida ação privada nos crimes de ação pública, se esta não for intentada no prazo legal, cabendo ao Ministério Público aditar a queixa, repudiá-la e oferecer denúncia substitutiva, intervir em todos os termos do processo, fornecer elementos de prova, interpor recurso e, a todo tempo, no caso de negligência do querelante, retomar a ação como parte principal.

Veja art. 476, § 2º, CPP.

Veja art. 100, § 3º, CP.

Art. 30. Ao ofendido ou a quem tenha qualidade para representá-lo caberá intentar a ação privada.

Veja arts. 100, § 2º, 225 e 236, parágrafo único, CP.

Art. 31. No caso de morte do ofendido ou quando declarado ausente por decisão judicial, o direito de oferecer queixa ou prosseguir na ação passará ao cônjuge, ascendente, descendente ou irmão.

Veja arts. 36, 38, parágrafo único, 268 e 598, CPP.

Veja art. 100, § 4º, CP.

Art. 32. Nos crimes de ação privada, o juiz, a requerimento da parte que comprovar a sua pobreza, nomeará advogado para promover a ação penal.

Veja art. 806, CPP.

Veja art. 5º, LXXIV, CF.

Veja arts. 100, §§ 2º e 3º, e 225, § 1º, I, CP.

§ 1º Considerar-se-á pobre a pessoa que não puder prover às despesas do processo, sem privar-se dos recursos indispensáveis ao próprio sustento ou da família.

Veja art. 68, CPP.

§ 2º Será prova suficiente de pobreza o atestado da autoridade policial em cuja circunscrição residir o ofendido.

Veja art. 68, CPP.

Art. 33. Se o ofendido for menor de 18 (dezoito) anos, ou mentalmente enfermo, ou retardado mental, e não tiver representante legal, ou colidirem os interesses deste com os daquele, o direito de queixa poderá ser exercido por curador especial, nomeado, de ofício ou a requerimento do Ministério Público, pelo juiz competente para o processo penal.

Veja arts. 100, §§ 1º e 2º, e 225, § 2º, CP.

Art. 34. Se o ofendido for menor de 21 (vinte e um) e maior de 18 (dezoito) anos, o direito de queixa poderá ser exercido por ele ou por seu representante legal.

Veja art. 100, §§ 1º e 2º, CP.

Veja art. 5º, *caput*, CC.

Art. 35. *(Revogado pela Lei n. 9.520, de 27.11.1997.)*

Art. 36. Se comparecer mais de uma pessoa com direito de queixa, terá preferência o cônjuge, e, em seguida, o parente mais próximo na ordem de enumeração constante do art. 31, podendo, entretanto, qualquer delas prosseguir na ação, caso o querelante desista da instância ou a abandone.

Veja art. 60, II, CPP.

Veja art. 100, §§ 1º e 2º, CP.

Art. 37. As fundações, associações ou sociedades legalmente constituídas poderão exercer a ação penal, devendo ser representadas por quem os respectivos contratos ou estatutos designarem ou, no silêncio destes, pelos seus diretores ou sócios-gerentes.

Veja art. 100, §§ 1º e 2º, CP.

Art. 38. Salvo disposição em contrário, o ofendido, ou seu representante legal, decairá do direito de queixa ou de representação, se não o exercer dentro do prazo de 6 (seis) meses, contado do dia em que vier a saber quem é o autor do crime, ou, no caso do art. 29, do dia em que se esgotar o prazo para oferecimento da denúncia.

Veja arts. 100, §§ 1º e 2º, 103 e 107, CP.

Parágrafo único. Verificar-se-á a decadência do direito de queixa ou representação, dentro do mesmo prazo, nos casos dos arts. 24, parágrafo único, e 31.

A referência atual do antigo art. 24, parágrafo único, é o art. 24, § 1º.

Art. 39. O direito de representação poderá ser exercido, pessoalmente ou por procurador com poderes especiais, mediante declaração, escrita ou oral, feita ao juiz, ao órgão do Ministério Público, ou à autoridade policial.

§ 1º A representação feita oralmente ou por escrito, sem assinatura devidamente autenticada do ofendido, de seu representante legal ou procurador, será reduzida a termo, perante o juiz ou autoridade policial, presente o órgão do Ministério Público, quando a este houver sido dirigida.

§ 2º A representação conterá todas as informações que possam servir à apuração do fato e da autoria.

§ 3º Oferecida ou reduzida a termo a representação, a autoridade policial procederá a inquérito, ou, não sendo competente, remetê-lo-á à autoridade que o for.

§ 4º A representação, quando feita ao juiz ou perante este reduzida a termo, será remetida à autoridade policial para que esta proceda a inquérito.

§ 5º O órgão do Ministério Público dispensará o inquérito, se com a representação forem oferecidos elementos que o habilitem a promover a ação penal, e, neste caso, oferecerá a denúncia no prazo de 15 (quinze) dias.

Art. 40. Quando, em autos ou papéis de que conhecerem, os juízes ou tribunais verificarem a existência de crime de ação pública, remeterão ao Ministério Público as cópias e os documentos necessários ao oferecimento da denúncia.

Art. 41. A denúncia ou queixa conterá a exposição do fato criminoso, com todas as suas circunstâncias, a qualificação do acusado ou esclarecimentos pelos quais se possa identificá-lo, a classificação do crime e, quando necessário, o rol das testemunhas.

Veja arts. 397 e 569, CPP.

Art. 42. O Ministério Público não poderá desistir da ação penal.

Art. 43. *(Revogado pela Lei n. 11.719, de 20.06.2008.)*

Art. 44. A queixa poderá ser dada por procurador com poderes especiais, devendo constar do instrumento do mandato o nome do querelante e a menção do fato criminoso, salvo quando tais esclarecimentos dependerem de diligências que devem ser previamente requeridas no juízo criminal.

O correto parece ser "querelado" em vez de "querelante".

Art. 45. A queixa, ainda quando a ação penal for privativa do ofendido, poderá ser aditada pelo Ministério Público, a quem caberá intervir em todos os termos subsequentes do processo.

Art. 46. O prazo para oferecimento da denúncia, estando o réu preso, será de 5 (cinco) dias, contado da data em que o órgão do Ministério Público receber os autos do inquérito policial, e de 15 (quinze) dias, se o réu estiver solto ou afiançado. No último caso, se houver devolução do inquérito à autoridade policial (art. 16), contar-se-á o prazo da data em que o órgão do Ministério Público receber novamente os autos.

§ 1º Quando o Ministério Público dispensar o inquérito policial, o prazo para o oferecimento da denúncia contar-se-á da data em que tiver recebido as peças de informações ou a representação.

§ 2º O prazo para o aditamento da queixa será de 3 (três) dias, contado da data em que o órgão do Ministério Público receber os autos, e, se este não se pronunciar dentro do tríduo, entender-se-á que não tem o que aditar, prosseguindo-se nos demais termos do processo.

Art. 47. Se o Ministério Público julgar necessários maiores esclarecimentos e documentos complementares ou novos elementos de convicção, deverá requisitá-los, diretamente, de quaisquer autoridades ou funcionários que devam ou possam fornecê-los.

Art. 48. A queixa contra qualquer dos autores do crime obrigará ao processo de todos, e o Ministério Público velará pela sua indivisibilidade.

Art. 49. A renúncia ao exercício do direito de queixa, em relação a um dos autores do crime, a todos se estenderá.

Veja art. 107, V, CP.

Art. 50. A renúncia expressa constará de declaração assinada pelo ofendido, por seu representante legal ou procurador com poderes especiais.

Veja art. 56, CPP.

Veja art. 107, V, CP.

Parágrafo único. A renúncia do representante legal do menor que houver completado 18 (dezoito) anos não privará este do direito de queixa, nem a renúncia do último excluirá o direito do primeiro.

Art. 51. O perdão concedido a um dos querelados aproveitará a todos, sem que produza, todavia, efeito em relação ao que o recusar.

Veja arts. 105 e 107, V, CP.

Art. 52. Se o querelante for menor de 21 (vinte e um) e maior de 18 (dezoito) anos, o direito de perdão poderá ser exercido por ele ou por seu representante legal, mas o perdão concedido por um, havendo oposição do outro, não produzirá efeito.

Veja art. 54, CPP.

Veja arts. 105 e 107, V, CP.

Veja art. 5º, *caput*, CC.

Art. 53. Se o querelado for mentalmente enfermo ou retardado mental e não tiver representante legal, ou colidirem os interesses deste com os do querelado, a aceitação do perdão caberá ao curador que o juiz lhe nomear.

Veja arts. 105 e 107, V, CP.

Art. 54. Se o querelado for menor de 21 (vinte e um) anos, observar-se-á, quanto à aceitação do perdão, o disposto no art. 52.

Veja arts. 105 e 107, V, CP.

Veja art. 5º, *caput*, CC.

Art. 55. O perdão poderá ser aceito por procurador com poderes especiais.

Veja arts. 105 e 107, V, CP.

Art. 56. Aplicar-se-á ao perdão extraprocessual expresso o disposto no art. 50.

Veja arts. 105 e 107, V, CP.

Art. 57. A renúncia tácita e o perdão tácito admitirão todos os meios de prova.

Veja arts. 104, parágrafo único, 106, § 1º, e 107, V, CP.

Art. 58. Concedido o perdão, mediante declaração expressa nos autos, o querelado será intimado a dizer, dentro de 3 (três) dias, se o aceita, devendo, ao mesmo tempo, ser cientificado de que o seu silêncio importará aceitação.

Parágrafo único. Aceito o perdão, o juiz julgará extinta a punibilidade.

Veja arts. 107 a 120, CP.

Art. 59. A aceitação do perdão fora do processo constará de declaração assinada pelo querelado, por seu representante legal ou procurador com poderes especiais.

Veja art. 107, V, CP.

Art. 60. Nos casos em que somente se procede mediante queixa, considerar-se-á perempta a ação penal:

Veja art. 107, IV, CP.

I – quando, iniciada esta, o querelante deixar de promover o andamento do processo durante 30 (trinta) dias seguidos;

II – quando, falecendo o querelante, ou sobrevindo sua incapacidade, não comparecer em juízo, para prosseguir no processo, dentro do prazo de 60 (sessenta) dias, qualquer das pessoas a quem couber fazê-lo, ressalvado o disposto no art. 36;

III – quando o querelante deixar de comparecer, sem motivo justificado, a qualquer ato do processo a que deva estar presente, ou deixar de formular o pedido de condenação nas alegações finais;

IV – quando, sendo o querelante pessoa jurídica, esta se extinguir sem deixar sucessor.

Art. 61. Em qualquer fase do processo, o juiz, se reconhecer extinta a punibilidade, deverá declará-lo de ofício.

Veja arts. 106 a 120, CP.

Parágrafo único. No caso de requerimento do Ministério Público, do querelante ou do réu, o juiz mandará autuá-lo em apartado, ouvirá a parte contrária e, se o julgar conveniente, concederá o prazo de 5 (cinco) dias para a prova, proferindo a decisão dentro de 5 (cinco) dias ou reservando-se para apreciar a matéria na sentença final.

Art. 62. No caso de morte do acusado, o juiz somente à vista da certidão de óbito, e depois de ouvido o Ministério Público, declarará extinta a punibilidade.

Veja arts. 107 a 120, CP.

TÍTULO IV
DA AÇÃO CIVIL

Veja arts. 9º, I, 45, § 1º, e 91, I, CP.

Art. 63. Transitada em julgado a sentença condenatória, poderão promover-lhe a execução, no juízo cível, para o efeito da reparação do dano, o ofendido, seu representante legal ou seus herdeiros.

Veja arts. 68 e 143, CPP.

Veja Súmulas ns. 491 e 562, STF.

Veja Súmula n. 37, STJ.

Parágrafo único. Transitada em julgado a sentença condenatória, a execução poderá ser efetuada pelo valor fixado nos termos do inciso IV do *caput* do art. 387 deste Código sem prejuízo da liquidação para a apuração do dano efetivamente sofrido.

Parágrafo acrescentado pela Lei n. 11.719, de 20.06.2008.

Art. 64. Sem prejuízo do disposto no artigo anterior, a ação para ressarcimento do dano poderá ser proposta no juízo cível, contra o autor do crime e, se for caso, contra o responsável civil.

Parágrafo único. Intentada a ação penal, o juiz da ação civil poderá suspender o curso desta, até o julgamento definitivo daquela.

Art. 65. Faz coisa julgada no cível a sentença penal que reconhecer ter sido o ato praticado em estado de necessidade, em legítima defesa, em estrito cumprimento de dever legal ou no exercício regular de direito.

Veja arts. 23 a 25, CP.

Art. 66. Não obstante a sentença absolutória no juízo criminal, a ação civil poderá ser proposta quando não tiver sido, categoricamente, reconhecida a inexistência material do fato.

Art. 67. Não impedirão igualmente a propositura da ação civil:

I – o despacho de arquivamento do inquérito ou das peças de informação;

Veja Súmula n. 524, STF.

II – a decisão que julgar extinta a punibilidade;

Veja arts. 107 a 120, CP.

III – a sentença absolutória que decidir que o fato imputado não constitui crime.

Art. 68. Quando o titular do direito à reparação do dano for pobre (art. 32, §§ 1º e 2º), a execução da sentença condenatória (art. 63) ou a ação civil (art. 64) será promovida, a seu requerimento, pelo Ministério Público.

TÍTULO V
DA COMPETÊNCIA

Art. 69. Determinará a competência jurisdicional:

I – o lugar da infração;

Veja Súmula n. 200, STJ.

II – o domicílio ou residência do réu;

III – a natureza da infração;

Veja Súmula n. 611, STF.

Veja Súmulas ns. 42, 122, 140, 165, 208 e 209, STJ.

IV – a distribuição;

V – a conexão ou continência;

VI – a prevenção;

VII – a prerrogativa de função.

CAPÍTULO I
DA COMPETÊNCIA PELO LUGAR DA INFRAÇÃO

Art. 70. A competência será, de regra, determinada pelo lugar em que se consumar a infração, ou, no caso de tentativa, pelo lugar em que for praticado o último ato de execução.

Veja arts. 5º, 6º e 14, CP.

Veja Súmula n. 521, STF.

Veja Súmula n. 528, STJ.

§ 1º Se, iniciada a execução no território nacional, a infração se consumar fora dele, a competência será determinada pelo lugar em que tiver sido praticado, no Brasil, o último ato de execução.

§ 2º Quando o último ato de execução for praticado fora do território nacional, será competente o juiz do lugar em que o crime, embora parcialmente, tenha produzido ou devia produzir seu resultado.

§ 3º Quando incerto o limite territorial entre duas ou mais jurisdições, ou quando incerta a jurisdição por ter sido a infração consumada ou tentada nas divisas de duas ou mais jurisdições, a competência firmar-se-á pela prevenção.

Veja art. 83, CPP.

§ 4º Nos crimes previstos no art. 171 do Decreto-lei n. 2.848, de 7 de dezembro de 1940 (Código Penal), quando praticados mediante depósito, mediante emissão de cheques sem suficiente provisão de fundos em poder do sacado ou com o pagamento frustrado ou mediante transferência de valores, a competência será definida pelo local do domicílio da vítima, e, em caso de pluralidade de vítimas, a competência firmar-se-á pela prevenção.

Parágrafo acrescentado pela Lei n. 14.155, de 27.05.2021.

Art. 71. Tratando-se de infração continuada ou permanente, praticada em território de duas ou mais jurisdições, a competência firmar-se-á pela prevenção.

Veja art. 83, CPP.
Veja arts. 6º e 71, CP.
Veja Súmula n. 151, STJ.

CAPÍTULO II
DA COMPETÊNCIA PELO DOMICÍLIO OU RESIDÊNCIA DO RÉU

Art. 72. Não sendo conhecido o lugar da infração, a competência regular-se-á pelo domicílio ou residência do réu.

§ 1º Se o réu tiver mais de uma residência, a competência firmar-se-á pela prevenção.

§ 2º Se o réu não tiver residência certa ou for ignorado o seu paradeiro, será competente o juiz que primeiro tomar conhecimento do fato.

Veja art. 83, CPP.

Art. 73. Nos casos de exclusiva ação privada, o querelante poderá preferir o foro de domicílio ou da residência do réu, ainda quando conhecido o lugar da infração.

CAPÍTULO III
DA COMPETÊNCIA PELA NATUREZA DA INFRAÇÃO

Art. 74. A competência pela natureza da infração será regulada pelas leis de organização judiciária, salvo a competência privativa do Tribunal do Júri.

Veja Súmulas ns. 498, 522, 603 e 721, STF.
Veja Súmulas ns. 38, 42, 47, 48, 53, 62, 73, 75, 104, 107, 140, 147, 165, 172, 208, 209 e 376, STJ.

§ 1º Compete ao Tribunal do Júri o julgamento dos crimes previstos nos arts. 121, §§ 1º e 2º, 122, parágrafo único, 123, 124, 125, 126 e 127 do Código Penal, consumados ou tentados.

Parágrafo com redação dada pela Lei n. 263, de 23.02.1948.
Veja art. 419, *caput*, CPP.
Veja Súmulas ns. 603 e 721, STF.

§ 2º Se, iniciado o processo perante um juiz, houver desclassificação para infração da competência de outro, a este será remetido o processo, salvo se mais graduada for a jurisdição do primeiro, que, em tal caso, terá sua competência prorrogada.

§ 3º Se o juiz da pronúncia desclassificar a infração para outra atribuída à competência de juiz singular, observar-se-á o disposto no art. 410; mas, se a desclassificação for feita pelo próprio Tribunal do Júri, a seu presidente caberá proferir a sentença (art. 492, § 2º).

Veja art. 419, atual correspondente do antigo art. 410 após as atualizações dadas pela Lei n. 11.689, de 09.06.2008.

CAPÍTULO IV
DA COMPETÊNCIA POR DISTRIBUIÇÃO

Art. 75. A precedência da distribuição fixará a competência quando, na mesma circunscrição judiciária, houver mais de um juiz igualmente competente.

Parágrafo único. A distribuição realizada para o efeito da concessão de fiança ou da decretação de prisão preventiva ou de qualquer diligência anterior à denúncia ou queixa prevenirá a da ação penal.

Veja Súmula n. 706, STF.

CAPÍTULO V
DA COMPETÊNCIA POR CONEXÃO OU CONTINÊNCIA

Veja arts. 108 e 117, § 1°, CP.

Art. 76. A competência será determinada pela conexão:

Veja Súmula n. 704, STF.

I – se, ocorrendo duas ou mais infrações, houverem sido praticadas, ao mesmo tempo, por várias pessoas reunidas, ou por várias pessoas em concurso, embora diverso o tempo e o lugar, ou por várias pessoas, umas contra as outras;

II – se, no mesmo caso, houverem sido umas praticadas para facilitar ou ocultar as outras, ou para conseguir impunidade ou vantagem em relação a qualquer delas;

Veja art. 61, CP.

III – quando a prova de uma infração ou de qualquer de suas circunstâncias elementares influir na prova de outra infração.

Art. 77. A competência será determinada pela continência quando:

Veja Súmula n. 704, STF.

I – duas ou mais pessoas forem acusadas pela mesma infração;

Veja art. 29, CP.

II – no caso de infração cometida nas condições previstas nos arts. 51, § 1°, 53, segunda parte, e 54 do Código Penal.

As referências atuais dos arts. 51, 53 e 54 são os arts. 70, 73 e 74, CP.

Art. 78. Na determinação da competência por conexão ou continência, serão observadas as seguintes regras:

Caput com redação dada pela Lei n. 263, de 23.02.1948.

I – no concurso entre a competência do júri e a de outro órgão da jurisdição comum, prevalecerá a competência do júri;

Inciso com redação dada pela Lei n. 263, de 23.02.1948.

II – no concurso de jurisdições da mesma categoria:

Inciso com redação dada pela Lei n. 263, de 23.02.1948.

a) preponderará a do lugar da infração, à qual for cominada a pena mais grave;

Alínea com redação dada pela Lei n. 263, de 23.02.1948.

Veja Súmula n. 122, STJ.

b) prevalecerá a do lugar em que houver ocorrido o maior número de infrações, se as respectivas penas forem de igual gravidade;

Alínea com redação dada pela Lei n. 263, de 23.02.1948.

c) firmar-se-á a competência pela prevenção, nos outros casos;

Alínea com redação dada pela Lei n. 263, de 23.02.1948.

Veja art. 83, CPP.

III – no concurso de jurisdições de diversas categorias, predominará a de maior graduação;

Inciso com redação dada pela Lei n. 263, de 23.02.1948.

IV – no concurso entre a jurisdição comum e a especial, prevalecerá esta.

Inciso com redação dada pela Lei n. 263, de 23.02.1948.

Veja Súmula n. 122, STJ.

Art. 79. A conexão e a continência importarão unidade de processo e julgamento, salvo:

Veja Súmula n. 704, STF.

Veja Súmula n. 234, STJ.

I – no concurso entre a jurisdição comum e a militar;

Veja Súmulas ns. 53 e 90, STJ.

II – no concurso entre a jurisdição comum e a do juízo de menores.

§ 1º Cessará, em qualquer caso, a unidade do processo, se, em relação a algum corréu, sobrevier o caso previsto no art. 152.

§ 2º A unidade do processo não importará a do julgamento, se houver corréu foragido que não possa ser julgado à revelia, ou ocorrer a hipótese do art. 461.

Veja art. 469, § 1º, atual correspondente do antigo art. 461 após as atualizações dadas pela Lei n. 11.689, de 09.06.2008.

Art. 80. Será facultativa a separação dos processos quando as infrações tiverem sido praticadas em circunstâncias de tempo ou de lugar diferentes, ou, quando pelo excessivo número de acusados e para não lhes prolongar a prisão provisória, ou por outro motivo relevante, o juiz reputar conveniente a separação.

Veja art. 417, CPP.

Art. 81. Verificada a reunião dos processos por conexão ou continência, ainda que no processo da sua competência própria venha o juiz ou tribunal a proferir sentença absolutória ou que desclassifique a infração para outra que não se inclua na sua competência, continuará competente em relação aos demais processos.

Parágrafo único. Reconhecida inicialmente ao júri a competência por conexão ou continência, o juiz, se vier a desclassificar a infração ou impronunciar ou absolver o acusado, de maneira que exclua a competência do júri, remeterá o processo ao juízo competente.

Art. 82. Se, não obstante a conexão ou continência, forem instaurados processos diferentes, a autoridade de jurisdição prevalente deverá avocar os processos que corram perante os outros juízes, salvo se já estiverem com sentença definitiva. Neste caso, a unidade dos processos só se dará, ulteriormente, para o efeito de soma ou de unificação das penas.

Veja arts. 581, XVII, 674, parágrafo único, e 761, CPP.

Veja Súmula n. 235, STJ.

CAPÍTULO VI
DA COMPETÊNCIA POR PREVENÇÃO

Art. 83. Verificar-se-á a competência por prevenção toda vez que, concorrendo dois ou mais juízes igualmente competentes ou com jurisdição cumulativa, um deles tiver antecedido aos outros na prática de algum ato do processo ou de medida a este relativa, ainda que anterior ao oferecimento da denúncia ou da queixa (arts. 70, § 3º, 71, 72, § 2º, e 78, II, *c*).

Veja art. 30, Lei n. 5.197, de 03.01.1967 (proteção à fauna).

Veja Súmula n. 706, STF.

CAPÍTULO VII
DA COMPETÊNCIA PELA PRERROGATIVA DE FUNÇÃO

Veja Súmulas ns. 245, 396, 451, 702, 704 e 721, STF.

Veja Súmulas ns. 208 e 209, STJ.

Art. 84. A competência pela prerrogativa de função é do Supremo Tribunal Federal, do Superior Tribunal de Justiça, dos Tribunais Regionais Federais e Tribunais de Justiça dos Estados e do Distrito Federal, relativamente às pessoas que devam responder perante eles por crimes comuns e de responsabilidade.

Caput com redação dada pela Lei n. 10.628, de 24.12.2002.

Veja Súmula n. 704, STF.

§ 1º A competência especial por prerrogativa de função, relativa a atos administrativos do agente, prevalece ainda que o inquérito ou a ação judicial sejam iniciados após a cessação do exercício da função pública.

Parágrafo acrescentado pela Lei n. 10.628, de 24.12.2002.

Veja ADIn ns. 2.797-2 e 2.860-0, de 15.09.2005, que declararam a inconstitucionalidade da Lei n. 10.628, de 24.12.2002, que acrescentou dois parágrafos a este artigo.

§ 2º A ação de improbidade, de que trata a Lei n. 8.429, de 02 de junho de 1992, será proposta perante o tribunal competente para processar e julgar criminalmente o funcionário ou autoridade na hipótese de prerrogativa de foro em razão do exercício de função pública, observado o disposto no § 1º.

Parágrafo acrescentado pela Lei n. 10.628, de 24.12.2002.

Veja a segunda nota do § 1º deste artigo.

Art. 85. Nos processos por crime contra a honra, em que forem querelantes as pessoas que a Constituição sujeita à jurisdição do Supremo Tribunal Federal e dos Tribunais de Apelação, àquele ou a estes caberá o julgamento, quando oposta e admitida a exceção da verdade.

Veja art. 523, CPP.
Veja arts. 138, § 3º, e 139, parágrafo único, CP.
Veja Súmula n. 396, STF.

Art. 86. Ao Supremo Tribunal Federal competirá, privativamente, processar e julgar:

Veja art. 102, CF.

I – os seus ministros, nos crimes comuns;

II – os ministros de Estado, salvo nos crimes conexos com os do Presidente da República;

III – o procurador-geral da República, os desembargadores dos Tribunais de Apelação, os ministros do Tribunal de Contas e os embaixadores e ministros diplomáticos, nos crimes comuns e de responsabilidade.

A expressão "Tribunais de Apelação" foi atualizada para "Tribunais de Justiça".

Art. 87. Competirá, originariamente, aos Tribunais de Apelação o julgamento dos governadores ou interventores nos Estados ou Territórios, e prefeito do Distrito Federal, seus respectivos secretários e chefes de Polícia, juízes de instância inferior e órgãos do Ministério Público.

A expressão "Tribunais de Apelação" foi atualizada para "Tribunais de Justiça".

CAPÍTULO VIII
DISPOSIÇÕES ESPECIAIS

Art. 88. No processo por crimes praticados fora do território brasileiro, será competente o juízo da Capital do Estado onde houver por último residido o acusado. Se este nunca tiver residido no Brasil, será competente o juízo da Capital da República.

Art. 89. Os crimes cometidos em qualquer embarcação nas águas territoriais da República, ou nos rios e lagos fronteiriços, bem como a bordo de embarcações nacionais, em alto-mar, serão processados e julgados pela justiça do primeiro porto brasileiro em que tocar a embarcação, após o crime, ou, quando se afastar do País, pela do último em que houver tocado.

Veja art. 91, CPP.
Veja art. 5º, § 2º, CP.

Art. 90. Os crimes praticados a bordo de aeronave nacional, dentro do espaço aéreo correspondente ao território brasileiro, ou ao alto-mar, ou a bordo de aeronave estrangeira, dentro do espaço aéreo correspondente ao território nacional, serão processados e julgados pela justiça da comarca em cujo território se verificar o pouso após o crime, ou pela da comarca de onde houver partido a aeronave.

Veja art. 91, CPP.
Veja art. 5º, § 2º, CP.

Art. 91. Quando incerta e não se determinar de acordo com as normas estabelecidas nos arts. 89 e 90, a competência se firmará pela prevenção.

Artigo com redação dada pela Lei n. 4.893, de 09.12.1965.

TÍTULO VI
DAS QUESTÕES E PROCESSOS INCIDENTES

CAPÍTULO I
DAS QUESTÕES PREJUDICIAIS

Art. 92. Se a decisão sobre a existência da infração depender da solução de controvérsia, que o juiz repute séria e fundada, sobre o estado civil das pessoas, o curso da ação penal ficará suspenso até que no juízo cível seja a controvérsia dirimida por sentença passada em julgado, sem prejuízo, entretanto, da inquirição das testemunhas e de outras provas de natureza urgente.

Parágrafo único. Se for o crime de ação pública, o Ministério Público, quando necessário, promoverá a ação civil ou prosseguirá na que tiver sido iniciada, com a citação dos interessados.

Art. 93. Se o reconhecimento da existência da infração penal depender de decisão sobre questão diversa da prevista no artigo anterior, da competência do juízo cível, e se neste houver sido proposta ação para resolvê-la, o juiz criminal poderá, desde que essa questão seja de difícil solução e não verse sobre direito cuja prova a lei civil limite, suspender o curso do processo, após a inquirição das testemunhas e realização das outras provas de natureza urgente.

§ 1º O juiz marcará o prazo da suspensão, que poderá ser razoavelmente prorrogado, se a demora não for imputável à parte. Expirado o prazo, sem que o juiz cível tenha proferido decisão, o juiz criminal fará prosseguir o processo, retomando sua competência para resolver, de fato e de direito, toda a matéria da acusação ou da defesa.

§ 2º Do despacho que denegar a suspensão não caberá recurso.

§ 3º Suspenso o processo, e tratando-se de crime de ação pública, incumbirá ao Ministério Público intervir imediatamente na causa cível, para o fim de promover-lhe o rápido andamento.

Art. 94. A suspensão do curso da ação penal, nos casos dos artigos anteriores, será decretada pelo juiz, de ofício ou a requerimento das partes.

CAPÍTULO II
DAS EXCEÇÕES

Veja arts. 396-A, § 1º, e 407, CPP.

Art. 95. Poderão ser opostas as exceções de:

I – suspeição;

Veja Súmula n. 234, STJ.

II – incompetência de juízo;

III – litispendência;

IV – ilegitimidade de parte;

V – coisa julgada.

Art. 96. A arguição de suspeição precederá a qualquer outra, salvo quando fundada em motivo superveniente.

Art. 97. O juiz que espontaneamente afirmar suspeição deverá fazê-lo por escrito, declarando o motivo legal, e remeterá imediatamente o processo ao seu substituto, intimadas as partes.

Art. 98. Quando qualquer das partes pretender recusar o juiz, deverá fazê-lo em petição assinada por ela própria ou por procurador com poderes especiais, aduzindo as suas razões acompanhadas de prova documental ou do rol de testemunhas.

Veja art. 103, § 3º, CPP.

Art. 99. Se reconhecer a suspeição, o juiz sustará a marcha do processo, mandará juntar aos autos a petição do recusante com os documentos que a instruam, e por despacho se declarará suspeito, ordenando a remessa dos autos ao substituto.

Veja art. 103, § 3º, CPP.

Art. 100. Não aceitando a suspeição, o juiz mandará autuar em apartado a petição, dará sua resposta dentro em 3 (três) dias, podendo instruí-la e oferecer testemunhas, e, em seguida, determinará sejam os autos da exceção remetidos, dentro em 24 (vinte e quatro) horas, ao juiz ou tribunal a quem competir o julgamento.

Veja art. 103, § 3º, CPP.

§ 1º Reconhecida, preliminarmente, a relevância da arguição, o juiz ou tribunal, com citação das partes, marcará dia e hora para a inquirição das testemunhas, seguindo-se o julgamento, independentemente de mais alegações.

§ 2º Se a suspeição for de manifesta improcedência, o juiz ou relator a rejeitará liminarmente.

Art. 101. Julgada procedente a suspeição, ficarão nulos os atos do processo principal, pagando o juiz as custas, no caso de erro inescusável; rejeitada, evidenciando-se a malícia do excipiente, a este será imposta a multa de duzentos mil-réis a dois contos de réis.

Veja arts. 49 a 52 e 103, § 3º, CPP.

Art. 102. Quando a parte contrária reconhecer a procedência da arguição, poderá ser sustado, a seu requerimento, o processo principal, até que se julgue o incidente da suspeição.

Art. 103. No Supremo Tribunal Federal e nos Tribunais de Apelação, o juiz que se julgar suspeito deverá declará-lo nos autos e, se for revisor, passar o feito ao seu substituto na ordem da precedência, ou, se for relator, apresentar os autos em mesa para nova distribuição.

A expressão "Tribunais de Apelação" foi atualizada para "Tribunais de Justiça".

§ 1º Se não for relator nem revisor, o juiz que houver de dar-se por suspeito, deverá fazê-lo verbalmente, na sessão de julgamento, registrando-se na ata a declaração.

§ 2º Se o presidente do tribunal se der por suspeito, competirá ao seu substituto designar dia para o julgamento e presidi-lo.

§ 3º Observar-se-á, quanto à arguição de suspeição pela parte, o disposto nos arts. 98 a 101, no que lhe for aplicável, atendido, se o juiz a reconhecer, o que estabelece este artigo.

§ 4º A suspeição, não sendo reconhecida, será julgada pelo tribunal pleno, funcionando como relator o presidente.

§ 5º Se o recusado for o presidente do tribunal, o relator será o vice-presidente.

Art. 104. Se for arguida a suspeição do órgão do Ministério Público, o juiz, depois de ouvi-lo, decidirá, sem recurso, podendo antes admitir a produção de provas no prazo de 3 (três) dias.

Veja Súmula n. 234, STJ.

Art. 105. As partes poderão também arguir de suspeitos os peritos, os intérpretes e os serventuários ou funcionários da justiça, decidindo o juiz de plano e sem recurso, à vista da matéria alegada e prova imediata.

Art. 106. A suspeição dos jurados deverá ser arguida oralmente, decidindo de plano o presidente do Tribunal do Júri, que a rejeitará se, negada pelo recusado, não for imediatamente comprovada, o que tudo constará da ata.

Art. 107. Não se poderá opor suspeição às autoridades policiais nos atos do inquérito, mas deverão elas declarar-se suspeitas, quando ocorrer motivo legal.

Art. 108. A exceção de incompetência do juízo poderá ser oposta, verbalmente ou por escrito, no prazo de defesa.

§ 1º Se, ouvido o Ministério Público, for aceita a declinatória, o feito será remetido ao juízo competente, onde, ratificados os atos anteriores, o processo prosseguirá.

§ 2º Recusada a incompetência, o juiz continuará no feito, fazendo tomar por termo a declinatória, se formulada verbalmente.

Art. 109. Se em qualquer fase do processo o juiz reconhecer motivo que o torne incompetente, declará-lo-á nos autos, haja ou não alegação da parte, prosseguindo-se na forma do artigo anterior.

Art. 110. Nas exceções de litispendência, ilegitimidade de parte e coisa julgada, será observado, no que lhes for aplicável, o disposto sobre a exceção de incompetência do juízo.

§ 1º Se a parte houver de opor mais de uma dessas exceções, deverá fazê-lo numa só petição ou articulado.

§ 2º A exceção de coisa julgada somente poderá ser oposta em relação ao fato principal, que tiver sido objeto da sentença.

Art. 111. As exceções serão processadas em autos apartados e não suspenderão, em regra, o andamento da ação penal.

CAPÍTULO III
DAS INCOMPATIBILIDADES E IMPEDIMENTOS

Veja arts. 396-A, § 1º, e 407, CPP.

Art. 112. O juiz, o órgão do Ministério Público, os serventuários ou funcionários de justiça e os peritos ou intérpretes abster-se-ão de servir no processo, quando houver incompatibilidade ou impedimento legal, que declararão nos autos. Se não se der a abstenção, a incompatibilidade ou impedimento poderá ser arguido pelas partes, seguindo-se o processo estabelecido para a exceção de suspeição.

Veja Súmula n. 234, STJ.

CAPÍTULO IV
DO CONFLITO DE JURISDIÇÃO

A CF utiliza a expressão "conflito de competência".

Art. 113. As questões atinentes à competência resolver-se-ão não só pela exceção própria, como também pelo conflito positivo ou negativo de jurisdição.

Veja Súmulas ns. 22, 59 e 428, STJ.

Art. 114. Haverá conflito de jurisdição:

Veja Súmula n. 59, STJ.

I – quando duas ou mais autoridades judiciárias se considerarem competentes, ou incompetentes, para conhecer do mesmo fato criminoso;

II – quando entre elas surgir controvérsia sobre unidade de juízo, junção ou separação de processos.

Art. 115. O conflito poderá ser suscitado:

I – pela parte interessada;

II – pelos órgãos do Ministério Público junto a qualquer dos juízos em dissídio;

III – por qualquer dos juízes ou tribunais em causa.

Veja Súmula n. 59, STJ.

Art. 116. Os juízes e tribunais, sob a forma de representação, e a parte interessada, sob a de requerimento, darão parte escrita e circunstanciada do conflito, perante o tribunal competente, expondo os fundamentos e juntando os documentos comprobatórios.

§ 1º Quando negativo o conflito, os juízes e tribunais poderão suscitá-lo nos próprios autos do processo.

§ 2º Distribuído o feito, se o conflito for positivo, o relator poderá determinar imediatamente que se suspenda o andamento do processo.

§ 3º Expedida ou não a ordem de suspensão, o relator requisitará informações às autoridades em conflito, remetendo-lhes cópia do requerimento ou representação.

§ 4º As informações serão prestadas no prazo marcado pelo relator.

§ 5º Recebidas as informações, e depois de ouvido o procurador-geral, o conflito será decidido na primeira sessão, salvo se a instrução do feito depender de diligência.

§ 6º Proferida a decisão, as cópias necessárias serão remetidas, para a sua execução, às autoridades contra as quais tiver sido levantado o conflito ou que o houverem suscitado.

Art. 117. O Supremo Tribunal Federal, mediante avocatória, restabelecerá a sua jurisdição, sempre que exercida por qualquer dos juízes ou tribunais inferiores.

CAPÍTULO V
DA RESTITUIÇÃO DAS COISAS APREENDIDAS

Veja art. 91, II, CP.

Art. 118. Antes de transitar em julgado a sentença final, as coisas apreendidas não poderão ser restituídas enquanto interessarem ao processo.

Art. 119. As coisas a que se referem os arts. 74 e 100 do Código Penal não poderão ser restituídas, mesmo depois de transitar em julgado a sentença final, salvo se pertencerem ao lesado ou a terceiro de boa-fé.

A referência atual dos antigos arts. 74 e 100 é o art. 91, CP.

Art. 120. A restituição, quando cabível, poderá ser ordenada pela autoridade policial ou juiz, mediante termo nos autos, desde que não exista dúvida quanto ao direito do reclamante.

Veja art. 122, CPP.

§ 1º Se duvidoso esse direito, o pedido de restituição autuar-se-á em apartado, assinando-se ao requerente o prazo de 5 (cinco) dias para a prova. Em tal caso, só o juiz criminal poderá decidir o incidente.

§ 2º O incidente autuar-se-á também em apartado e só a autoridade judicial o resolverá, se as coisas forem apreendidas em poder de terceiro de boa-fé, que será intimado para alegar e provar o seu direito, em prazo igual e sucessivo ao do reclamante, tendo um e outro 2 (dois) dias para arrazoar.

§ 3º Sobre o pedido de restituição será sempre ouvido o Ministério Público.

§ 4º Em caso de dúvida sobre quem seja o verdadeiro dono, o juiz remeterá as partes para o juízo cível, ordenando o depósito das coisas em mãos de depositário ou do próprio terceiro que as detinha, se for pessoa idônea.

§ 5º Tratando-se de coisas facilmente deterioráveis, serão avaliadas e levadas a leilão público, depositando-se o dinheiro apurado, ou entregues ao terceiro que as detinha, se este for pessoa idônea e assinar termo de responsabilidade.

Veja art. 137, § 1º, CPP.

Art. 121. No caso de apreensão de coisa adquirida com os proventos da infração, aplica-se o disposto no art. 133 e seu parágrafo.

Art. 122. Sem prejuízo do disposto no art. 120, as coisas apreendidas serão alienadas nos termos do disposto no art. 133 deste Código.

Caput com redação dada pela Lei n. 13.964, de 24.12.2019.

Parágrafo único. (*Revogado pela Lei n. 13.964, de 24.12.2019.*)

Art. 123. Fora dos casos previstos nos artigos anteriores, se dentro no prazo de 90 (noventa) dias, a contar da data em que transitar em julgado a sentença final, condenatória ou absolutória, os objetos apreendidos não forem reclamados ou não pertencerem ao réu, serão vendidos em leilão, depositando-se o saldo à disposição do juízo de ausentes.

Art. 124. Os instrumentos do crime, cuja perda em favor da União for decretada, e as coisas confiscadas, de acordo com o disposto no art. 100 do Código Penal, serão inutilizados ou recolhidos a museu criminal, se houver interesse na sua conservação.

Não há dispositivo na redação atual da Parte Geral que corresponda ao antigo art. 100, CP.

Art. 124-A. Na hipótese de decretação de perdimento de obras de arte ou de outros bens de relevante valor cultural ou artístico, se o crime não tiver vítima determinada, poderá haver destinação dos bens a museus públicos.

Artigo acrescentado pela Lei n. 13.964, de 24.12.2019.

CAPÍTULO VI
DAS MEDIDAS ASSECURATÓRIAS

Veja art. 60, *caput*, Lei n. 11.343, de 23.08.2006.

Art. 125. Caberá o sequestro dos bens imóveis, adquiridos pelo indiciado com os proventos da infração, ainda que já tenham sido transferidos a terceiro.

Veja arts. 1º e 4º, DL n. 3.240, de 08.05.1941 (sequestro de bens).

Art. 126. Para a decretação do sequestro, bastará a existência de indícios veementes da proveniência ilícita dos bens.

Veja art. 132, CPP.

Veja art. 3º, DL n. 3.240, de 08.05.1941 (sequestro de bens).

Art. 127. O juiz, de ofício, a requerimento do Ministério Público ou do ofendido, ou mediante representação da autoridade policial, poderá ordenar o sequestro, em qualquer fase do processo ou ainda antes de oferecida a denúncia ou queixa.

Veja art. 2º, DL n. 3.240, de 08.05.1941 (sequestro de bens).

Art. 128. Realizado o sequestro, o juiz ordenará a sua inscrição no Registro de Imóveis.

Art. 129. O sequestro autuar-se-á em apartado e admitirá embargos de terceiro.

Art. 130. O sequestro poderá ainda ser embargado:

I – pelo acusado, sob o fundamento de não terem os bens sido adquiridos com os proventos da infração;

II – pelo terceiro, a quem houverem os bens sido transferidos a título oneroso, sob o fundamento de tê-los adquirido de boa-fé.

Parágrafo único. Não poderá ser pronunciada decisão nesses embargos antes de passar em julgado a sentença condenatória.

Art. 131. O sequestro será levantado:

I – se a ação penal não for intentada no prazo de 60 (sessenta) dias, contado da data em que ficar concluída a diligência;

II – se o terceiro, a quem tiverem sido transferidos os bens, prestar caução que assegure a aplicação do disposto no art. 74, II, *b*, segunda parte, do Código Penal;

A referência atual do antigo art. 74, II, *b*, é o art. 91, II, *b*, CP.

III – se for julgada extinta a punibilidade ou absolvido o réu, por sentença transitada em julgado.

Veja arts. 107 a 120, CP.

Art. 132. Proceder-se-á ao sequestro dos bens móveis se, verificadas as condições previstas no art. 126, não for cabível a medida regulada no Capítulo XI do Título VII deste Livro.

Art. 133. Transitada em julgado a sentença condenatória, o juiz, de ofício ou a requerimento do interessado ou do Ministério Público, determinará a avaliação e a venda dos bens em leilão público cujo perdimento tenha sido decretado.

Caput com redação dada pela Lei n. 13.964, de 24.12.2019.

Veja art. 122, CPP.

§ 1º Do dinheiro apurado, será recolhido aos cofres públicos o que não couber ao lesado ou a terceiro de boa-fé.

Antigo parágrafo único renumerado e com redação dada pela Lei n. 13.964, de 24.12.2019.

§ 2º O valor apurado deverá ser recolhido ao Fundo Penitenciário Nacional, exceto se houver previsão diversa em lei especial.

Parágrafo acrescentado pela Lei n. 13.964, de 24.12.2019.

Art. 133-A. O juiz poderá autorizar, constatado o interesse público, a utilização de bem sequestrado, apreendido ou sujeito a qualquer medida assecuratória pelos órgãos de segurança pública previstos no art. 144 da Constituição Federal, do sistema prisional, do sistema socioeducativo, da Força Nacional de Segurança Pública e do Instituto Geral de Perícia, para o desempenho de suas atividades.

Artigo acrescentado pela Lei n. 13.964, de 24.12.2019.

§ 1º O órgão de segurança pública participante das ações de investigação ou repressão da infração penal que ensejou a constrição do bem terá prioridade na sua utilização.

§ 2º Fora das hipóteses anteriores, demonstrado o interesse público, o juiz poderá autorizar o uso do bem pelos demais órgãos públicos.

§ 3º Se o bem a que se refere o *caput* deste artigo for veículo, embarcação ou aeronave, o juiz ordenará à autoridade de trânsito ou ao órgão de registro e controle a expedição de certificado provisório de registro e licenciamento em favor do órgão público beneficiário, o qual estará isento do pagamento de multas, encargos e tributos anteriores à disponibilização do bem para a sua utilização, que deverão ser cobrados de seu responsável.

§ 4º Transitada em julgado a sentença penal condenatória com a decretação de perdimento dos bens, ressalvado o direito do lesado ou terceiro de boa-fé, o juiz poderá determinar a transferência definitiva da propriedade ao órgão público beneficiário ao qual foi custodiado o bem.

Art. 134. A hipoteca legal sobre os imóveis do indiciado poderá ser requerida pelo ofendido em qualquer fase do processo, desde que haja certeza da infração e indícios suficientes da autoria.

Veja arts. 142 e 144, CPP.

Art. 135. Pedida a especialização mediante requerimento, em que a parte estimará o valor da responsabilidade civil, e designará e estimará o imóvel ou imóveis que terão de ficar especialmente hipotecados, o juiz mandará logo proceder ao arbitramento do valor da responsabilidade e à avaliação do imóvel ou imóveis.

§ 1º A petição será instruída com as provas ou indicação das provas em que se fundar a estimação da responsabilidade, com a relação dos imóveis que o responsável possuir, se outros tiver, além dos indicados no requerimento, e com os documentos comprobatórios do domínio.

§ 2º O arbitramento do valor da responsabilidade e a avaliação dos imóveis designados far-se-ão por perito nomeado pelo juiz, onde não houver avaliador judicial, sendo-lhe facultada a consulta dos autos do processo respectivo.

§ 3º O juiz, ouvidas as partes no prazo de 2 (dois) dias, que correrá em cartório, poderá corrigir o arbitramento do valor da responsabilidade, se lhe parecer excessivo ou deficiente.

§ 4º O juiz autorizará somente a inscrição da hipoteca do imóvel ou imóveis necessários à garantia da responsabilidade.

§ 5º O valor da responsabilidade será liquidado definitivamente após a condenação, podendo ser requerido novo arbitramento se qualquer das partes não se conformar com o arbitramento anterior à sentença condenatória.

§ 6º Se o réu oferecer caução suficiente, em dinheiro ou em títulos de dívida pública, pelo valor de sua cotação em Bolsa, o juiz poderá deixar de mandar proceder à inscrição da hipoteca legal.

Art. 136. O arresto do imóvel poderá ser decretado de início, revogando-se, porém, se no prazo de 15 (quinze) dias não for promovido o processo de inscrição da hipoteca legal.

Artigo com redação dada pela Lei n. 11.435, de 28.12.2006.

Veja art. 144, CPP.

Art. 137. Se o responsável não possuir bens imóveis ou os possuir de valor insuficiente, poderão ser arrestados bens móveis suscetíveis de penhora, nos termos em que é facultada a hipoteca legal dos imóveis.

Caput com redação dada pela Lei n. 11.435, de 28.12.2006.

Veja arts. 142 e 144, CPP.

§ 1º Se esses bens forem coisas fungíveis e facilmente deterioráveis, proceder-se-á na forma do § 5º do art. 120.

§ 2º Das rendas dos bens móveis poderão ser fornecidos recursos arbitrados pelo juiz, para a manutenção do indiciado e de sua família.

Art. 138. O processo de especialização da hipoteca e do arresto correrão em auto apartado.

Artigo com redação dada pela Lei n. 11.435, de 28.12.2006.

Art. 139. O depósito e a administração dos bens arrestados ficarão sujeitos ao regime do processo civil.

Artigo com redação dada pela Lei n. 11.435, de 28.12.2006.

Art. 140. As garantias do ressarcimento do dano alcançarão também as despesas processuais e as penas pecuniárias, tendo preferência sobre estas a reparação do dano ao ofendido.

Veja art. 91, I, CP.

Art. 141. O arresto será levantado ou cancelada a hipoteca, se, por sentença irrecorrível, o réu for absolvido ou julgada extinta a punibilidade.

Artigo com redação dada pela Lei n. 11.435, de 28.12.2006.

Veja arts. 107 a 120, CP.

Art. 142. Caberá ao Ministério Público promover as medidas estabelecidas nos arts. 134 e 137, se houver interesse da Fazenda Pública, ou se o ofendido for pobre e o requerer.

Veja art. 144, CPP.

Art. 143. Passando em julgado a sentença condenatória, serão os autos de hipoteca ou arresto remetidos ao juiz do cível (art. 63).

Artigo com redação dada pela Lei n. 11.435, de 28.12.2006.

Art. 144. Os interessados ou, nos casos do art. 142, o Ministério Público poderão requerer no juízo cível, contra o responsável civil, as medidas previstas nos arts. 134, 136 e 137.

Art. 144-A. O juiz determinará a alienação antecipada para preservação do valor dos bens sempre que estiverem sujeitos a qualquer grau de deterioração ou depreciação, ou quando houver dificuldade para sua manutenção.

Artigo acrescentado pela Lei n. 12.694, de 24.07.2012.

§ 1º O leilão far-se-á preferencialmente por meio eletrônico.

§ 2º Os bens deverão ser vendidos pelo valor fixado na avaliação judicial ou por valor maior. Não alcançado o valor estipulado pela administração judicial, será realizado novo leilão, em até 10 (dez) dias contados da realização do primeiro, podendo os bens ser alienados por valor não inferior a 80% (oitenta por cento) do estipulado na avaliação judicial.

§ 3º O produto da alienação ficará depositado em conta vinculada ao juízo até a decisão final do processo, procedendo-se à sua conversão em renda para a União, Estado ou Distrito Federal, no caso de condenação, ou, no caso de absolvição, à sua devolução ao acusado.

§ 4º Quando a indisponibilidade recair sobre dinheiro, inclusive moeda estrangeira, títulos, valores mobiliários ou cheques emitidos como ordem de pagamento, o juízo determinará a conversão do numerário apreendido em moeda nacional corrente e o depósito das correspondentes quantias em conta judicial.

§ 5º No caso da alienação de veículos, embarcações ou aeronaves, o juiz ordenará à autoridade de trânsito ou ao equivalente órgão de registro e controle a expedição de certificado de registro e licenciamento em favor do arrematante, ficando este livre do pagamento de multas, encargos e tributos anteriores, sem prejuízo de execução fiscal em relação ao antigo proprietário.

§ 6º O valor dos títulos da dívida pública, das ações das sociedades e dos títulos de crédito negociáveis em bolsa será o da cotação oficial do dia, provada por certidão ou publicação no órgão oficial.

§ 7º *(Vetado.)*

CAPÍTULO VII
DO INCIDENTE DE FALSIDADE

Art. 145. Arguida, por escrito, a falsidade de documento constante dos autos, o juiz observará o seguinte processo:

Veja arts. 296 a 305, CP.

I – mandará autuar em apartado a impugnação, e em seguida ouvirá a parte contrária, que, no prazo de 48 (quarenta e oito) horas, oferecerá resposta;

II – assinará o prazo de 3 (três) dias, sucessivamente, a cada uma das partes, para prova de suas alegações;

III – conclusos os autos, poderá ordenar as diligências que entender necessárias;

IV – se reconhecida a falsidade por decisão irrecorrível, mandará desentranhar o documento e remetê-lo, com os autos do processo incidente, ao Ministério Público.

Art. 146. A arguição de falsidade, feita por procurador, exige poderes especiais.

Art. 147. O juiz poderá, de ofício, proceder à verificação da falsidade.

Art. 148. Qualquer que seja a decisão, não fará coisa julgada em prejuízo de ulterior processo penal ou civil.

CAPÍTULO VIII
DA INSANIDADE MENTAL DO ACUSADO

Veja arts. 26 e 28, CP.

Art. 149. Quando houver dúvida sobre a integridade mental do acusado, o juiz ordenará, de ofício ou a requerimento do Ministério Público, do defensor, do curador, do ascendente, descendente, irmão ou cônjuge do acusado, seja este submetido a exame médico-legal.

§ 1º O exame poderá ser ordenado ainda na fase do inquérito, mediante representação da autoridade policial ao juiz competente.

§ 2º O juiz nomeará curador ao acusado, quando determinar o exame, ficando suspenso o processo, se já iniciada a ação penal, salvo quanto às diligências que possam ser prejudicadas pelo adiamento.

Veja art. 152, CPP.

Art. 150. Para o efeito do exame, o acusado, se estiver preso, será internado em manicômio judiciário, onde houver, ou, se estiver solto, e o requererem os peritos, em estabelecimento adequado que o juiz designar.

§ 1º O exame não durará mais de 45 (quarenta e cinco) dias, salvo se os peritos demonstrarem a necessidade de maior prazo.

§ 2º Se não houver prejuízo para a marcha do processo, o juiz poderá autorizar sejam os autos entregues aos peritos, para facilitar o exame.

Art. 151. Se os peritos concluírem que o acusado era, ao tempo da infração, irresponsável nos termos do art. 22 do Código Penal, o processo prosseguirá, com a presença do curador.

A referência atual do antigo art. 22 é o art. 26, CP.

Veja art. 97, § 1º, CP.

Veja Súmula n. 361, STF.

Art. 152. Se se verificar que a doença mental sobreveio à infração o processo continuará suspenso até que o acusado se restabeleça, observado o § 2º do art. 149.

Veja art. 79, § 1º, CPP.

Veja art. 116, parágrafo único, CP.

§ 1º O juiz poderá, nesse caso, ordenar a internação do acusado em manicômio judiciário ou em outro estabelecimento adequado.

§ 2º O processo retomará o seu curso, desde que se restabeleça o acusado, ficando-lhe assegurada a faculdade de reinquirir as testemunhas que houverem prestado depoimento sem a sua presença.

Art. 153. O incidente da insanidade mental processar-se-á em auto apartado, que só depois da apresentação do laudo, será apenso ao processo principal.

Art. 154. Se a insanidade mental sobrevier no curso da execução da pena, observar-se-á o disposto no art. 682.

Veja art. 41, CP.

TÍTULO VII
DA PROVA

CAPÍTULO I
DISPOSIÇÕES GERAIS

Art. 155. O juiz formará sua convicção pela livre apreciação da prova produzida em contraditório judicial, não podendo fundamentar sua decisão exclusivamente nos elementos informativos colhidos na investigação, ressalvadas as provas cautelares, não repetíveis e antecipadas.

Caput com redação dada pela Lei n. 11.690, de 09.06.2008.

Parágrafo único. Somente quanto ao estado das pessoas serão observadas as restrições estabelecidas na lei civil.

Parágrafo acrescentado pela Lei n. 11.690, de 09.06.2008.

Veja Súmula n. 74, STJ.

Art. 156. A prova da alegação incumbirá a quem a fizer, sendo, porém, facultado ao juiz de ofício:

Caput com redação dada pela Lei n. 11.690, de 09.06.2008.

I – ordenar, mesmo antes de iniciada a ação penal, a produção antecipada de provas consideradas urgentes e relevantes, observando a necessidade, adequação e proporcionalidade da medida;

Inciso acrescentado pela Lei n. 11.690, de 09.06.2008.

II – determinar, no curso da instrução, ou antes de proferir sentença, a realização de diligências para dirimir dúvida sobre ponto relevante.

Inciso acrescentado pela Lei n. 11.690, de 09.06.2008.

Art. 157. São inadmissíveis, devendo ser desentranhadas do processo, as provas ilícitas, assim entendidas as obtidas em violação a normas constitucionais ou legais.

Caput com redação dada pela Lei n. 11.690, de 09.06.2008.

§ 1º São também inadmissíveis as provas derivadas das ilícitas, salvo quando não evidenciado o nexo de causalidade entre umas e outras, ou quando as derivadas puderem ser obtidas por uma fonte independente das primeiras.

Parágrafo acrescentado pela Lei n. 11.690, de 09.06.2008.

§ 2º Considera-se fonte independente aquela que por si só, seguindo os trâmites típicos e de praxe, próprios da investigação ou instrução criminal, seria capaz de conduzir ao fato objeto da prova.

Parágrafo acrescentado pela Lei n. 11.690, de 09.06.2008.

§ 3º Preclusa a decisão de desentranhamento da prova declarada inadmissível, esta será inutilizada por decisão judicial, facultado às partes acompanhar o incidente.

Parágrafo acrescentado pela Lei n. 11.690, de 09.06.2008.

§ 4º *(Vetado.)*

Parágrafo acrescentado pela Lei n. 11.690, de 09.06.2008.

§ 5º O juiz que conhecer do conteúdo da prova declarada inadmissível não poderá proferir a sentença ou acórdão.

Parágrafo acrescentado pela Lei n. 13.964, de 24.12.2019.

Veja MC na ADI n. 6.298/DF, de 22.01.2020, que suspende a eficácia deste artigo.

CAPÍTULO II
DO EXAME DE CORPO DE DELITO, DA CADEIA DE CUSTÓDIA E DAS PERÍCIAS EM GERAL

Capítulo com denominação dada pela Lei n. 13.964, de 24.12.2019.

Veja arts. 342 e 343, CP.

Art. 158. Quando a infração deixar vestígios, será indispensável o exame de corpo de delito, direto ou indireto, não podendo supri-lo a confissão do acusado.

Veja art. 3º, § 3º, Lei n. 14.022, de 07.07.2020.

Parágrafo único. Dar-se-á prioridade à realização do exame de corpo de delito quando se tratar de crime que envolva:

Parágrafo acrescentado pela Lei n. 13.721, de 02.10.2018.

I – violência doméstica e familiar contra mulher;

Inciso acrescentado pela Lei n. 13.721, de 02.10.2018.

II – violência contra criança, adolescente, idoso ou pessoa com deficiência.

Inciso acrescentado pela Lei n. 13.721, de 02.10.2018.

Art. 158-A. Considera-se cadeia de custódia o conjunto de todos os procedimentos utilizados para manter e documentar a história cronológica do vestígio coletado em locais ou em vítimas de crimes, para rastrear sua posse e manuseio a partir de seu reconhecimento até o descarte.

Artigo acrescentado pela Lei n. 13.964, de 24.12.2019.

§ 1º O início da cadeia de custódia dá-se com a preservação do local de crime ou com procedimentos policiais ou periciais nos quais seja detectada a existência de vestígio.

§ 2º O agente público que reconhecer um elemento como de potencial interesse para a produção da prova pericial fica responsável por sua preservação.

§ 3º Vestígio é todo objeto ou material bruto, visível ou latente, constatado ou recolhido, que se relaciona à infração penal.

Art. 158-B. A cadeia de custódia compreende o rastreamento do vestígio nas seguintes etapas:

Artigo acrescentado pela Lei n. 13.964, de 24.12.2019.

I – reconhecimento: ato de distinguir um elemento como de potencial interesse para a produção da prova pericial;

II – isolamento: ato de evitar que se altere o estado das coisas, devendo isolar e preservar o ambiente imediato, mediato e relacionado aos vestígios e local de crime;

III – fixação: descrição detalhada do vestígio conforme se encontra no local de crime ou no corpo de delito, e a sua posição na área de exames, podendo ser ilustrada por fotografias, filmagens ou croqui, sendo indispensável a sua descrição no laudo pericial produzido pelo perito responsável pelo atendimento;

IV – coleta: ato de recolher o vestígio que será submetido à análise pericial, respeitando suas características e natureza;

V – acondicionamento: procedimento por meio do qual cada vestígio coletado é embalado de forma individualizada, de acordo com suas características físicas, químicas e biológicas, para posterior análise, com anotação da data, hora e nome de quem realizou a coleta e o acondicionamento;

VI – transporte: ato de transferir o vestígio de um local para o outro, utilizando as condições adequadas (embalagens, veículos, temperatura, entre outras), de modo a garantir a manutenção de suas características originais, bem como o controle de sua posse;

VII – recebimento: ato formal de transferência da posse do vestígio, que deve ser documentado com, no mínimo, informações referentes ao número de procedimento e unidade de polícia judiciária relacionada, local de origem, nome de quem transportou o vestígio, código de rastreamento, natureza do exame, tipo do vestígio, protocolo, assinatura e identificação de quem o recebeu;

VIII – processamento: exame pericial em si, manipulação do vestígio de acordo com a metodologia adequada às suas características biológicas, físicas e químicas, a fim de se obter o resultado desejado, que deverá ser formalizado em laudo produzido por perito;

IX – armazenamento: procedimento referente à guarda, em condições adequadas, do material a ser processado, guardado para realização de contraperícia, descartado ou transportado, com vinculação ao número do laudo correspondente;

X – descarte: procedimento referente à liberação do vestígio, respeitando a legislação vigente e, quando pertinente, mediante autorização judicial.

Art. 158-C. A coleta dos vestígios deverá ser realizada preferencialmente por perito oficial, que dará o encaminhamento necessário para a central de custódia, mesmo quando for necessária a realização de exames complementares.

Artigo acrescentado pela Lei n. 13.964, de 24.12.2019.

§ 1º Todos vestígios coletados no decurso do inquérito ou processo devem ser tratados como descrito nesta Lei, ficando órgão central de perícia oficial de natureza criminal responsável por detalhar a forma do seu cumprimento.

§ 2º É proibida a entrada em locais isolados bem como a remoção de quaisquer vestígios de locais de crime antes da liberação por parte do perito responsável, sendo tipificada como fraude processual a sua realização.

Art. 158-D. O recipiente para acondicionamento do vestígio será determinado pela natureza do material.

Artigo acrescentado pela Lei n. 13.964, de 24.12.2019.

§ 1º Todos os recipientes deverão ser selados com lacres, com numeração individualizada, de forma a garantir a inviolabilidade e a idoneidade do vestígio durante o transporte.

§ 2º O recipiente deverá individualizar o vestígio, preservar suas características, impedir contaminação e vazamento, ter grau de resistência adequado e espaço para registro de informações sobre seu conteúdo.

§ 3º O recipiente só poderá ser aberto pelo perito que vai proceder à análise e, motivadamente, por pessoa autorizada.

§ 4º Após cada rompimento de lacre, deve se fazer constar na ficha de acompanhamento de vestígio o nome e a matrícula do responsável, a data, o local, a finalidade, bem como as informações referentes ao novo lacre utilizado.

§ 5º O lacre rompido deverá ser acondicionado no interior do novo recipiente.

Art. 158-E. Todos os Institutos de Criminalística deverão ter uma central de custódia destinada à guarda e controle dos vestígios, e sua gestão deve ser vinculada diretamente ao órgão central de perícia oficial de natureza criminal.

Artigo acrescentado pela Lei n. 13.964, de 24.12.2019.

§ 1º Toda central de custódia deve possuir os serviços de protocolo, com local para conferência, recepção, devolução de materiais e documentos, possibilitando a seleção, a classificação e a distribuição de materiais, devendo ser um espaço seguro e apresentar condições ambientais que não interfiram nas características do vestígio.

§ 2º Na central de custódia, a entrada e a saída de vestígio deverão ser protocoladas, consignando-se informações sobre a ocorrência no inquérito que a eles se relacionam.

§ 3º Todas as pessoas que tiverem acesso ao vestígio armazenado deverão ser identificadas e deverão ser registradas a data e a hora do acesso.

§ 4º Por ocasião da tramitação do vestígio armazenado, todas as ações deverão ser registradas, consignando-se a identificação do responsável pela tramitação, a destinação, a data e horário da ação.

Art. 158-F. Após a realização da perícia, o material deverá ser devolvido à central de custódia, devendo nela permanecer.

Artigo acrescentado pela Lei n. 13.964, de 24.12.2019.

Parágrafo único. Caso a central de custódia não possua espaço ou condições de armazenar determinado material, deverá a autoridade policial ou judiciária determinar as condições de depósito do referido material em local diverso, mediante requerimento do diretor do órgão central de perícia oficial de natureza criminal.

Art. 159. O exame de corpo de delito e outras perícias serão realizados por perito oficial, portador de diploma de curso superior.

Caput com redação dada pela Lei n. 11.690, de 09.06.2008.

Veja art. 178, CPP.

§ 1º Na falta de perito oficial, o exame será realizado por 2 (duas) pessoas idôneas, portadoras de diploma de curso superior preferencialmente na área específica, dentre as que tiverem habilitação técnica relacionada com a natureza do exame.

Parágrafo com redação dada pela Lei n. 11.690, de 09.06.2008.

Veja art. 179, CPP.

Veja art. 2º, Lei n. 11.690, de 09.06.2008, que assim dispõe:

"Art. 2º Aqueles peritos que ingressaram sem exigência do diploma de curso superior até a data de entrada em vigor desta Lei continuarão a atuar exclusivamente nas respectivas áreas para as quais se habilitaram, ressalvados os peritos médicos."

§ 2º Os peritos não oficiais prestarão o compromisso de bem e fielmente desempenhar o encargo.

Parágrafo com redação mantida pela Lei n. 11.690, de 09.06.2008.

§ 3º Serão facultadas ao Ministério Público, ao assistente de acusação, ao ofendido, ao querelante e ao acusado a formulação de quesitos e indicação de assistente técnico.

Parágrafo acrescentado pela Lei n. 11.690, de 09.06.2008.

§ 4º O assistente técnico atuará a partir de sua admissão pelo juiz e após a conclusão dos exames e elaboração do laudo pelos peritos oficiais, sendo as partes intimadas desta decisão.

Parágrafo acrescentado pela Lei n. 11.690, de 09.06.2008.

§ 5º Durante o curso do processo judicial, é permitido às partes, quanto à perícia:

Parágrafo acrescentado pela Lei n. 11.690, de 09.06.2008.

I – requerer a oitiva dos peritos para esclarecerem a prova ou para responderem a quesitos, desde que o mandado de intimação e os quesitos ou questões a serem esclarecidas sejam encaminhados com antecedência mínima de 10 (dez) dias, podendo apresentar as respostas em laudo complementar;

Inciso acrescentado pela Lei n. 11.690, de 09.06.2008.

II – indicar assistentes técnicos que poderão apresentar pareceres em prazo a ser fixado pelo juiz ou ser inquiridos em audiência.

Inciso acrescentado pela Lei n. 11.690, de 09.06.2008.

§ 6º Havendo requerimento das partes, o material probatório que serviu de base à perícia será disponibilizado no ambiente do órgão oficial, que manterá sempre sua guarda, e na presença de perito oficial, para exame pelos assistentes, salvo se for impossível a sua conservação.

Parágrafo acrescentado pela Lei n. 11.690, de 09.06.2008.

§ 7º Tratando-se de perícia complexa que abranja mais de uma área de conhecimento especializado, poder-se-á designar a atuação de mais de um perito oficial, e a parte indicar mais de um assistente técnico.

Parágrafo acrescentado pela Lei n. 11.690, de 09.06.2008.

Art. 160. Os peritos elaborarão o laudo pericial, onde descreverão minuciosamente o que examinarem, e responderão aos quesitos formulados.

Caput com redação dada pela Lei n. 8.862, de 28.03.1994.

Parágrafo único. O laudo pericial será elaborado no prazo máximo de 10 (dez) dias, podendo este prazo ser prorrogado, em casos excepcionais, a requerimento dos peritos.

Parágrafo com redação dada pela Lei n. 8.862, de 28.03.1994.

Veja art. 179, parágrafo único, CPP.

Art. 161. O exame de corpo de delito poderá ser feito em qualquer dia e a qualquer hora.

Art. 162. A autópsia será feita pelo menos 6 (seis) horas depois do óbito, salvo se os peritos, pela evidência dos sinais de morte, julgarem que possa ser feita antes daquele prazo, o que declararão no auto.

Parágrafo único. Nos casos de morte violenta, bastará o simples exame externo do cadáver, quando não houver infração penal que apurar, ou quando as lesões externas permitirem precisar a causa da morte e não houver necessidade de exame interno para a verificação de alguma circunstância relevante.

Art. 163. Em caso de exumação para exame cadavérico, a autoridade providenciará para que, em dia e hora previamente marcados, se realize a diligência, da qual se lavrará auto circunstanciado.

Parágrafo único. O administrador de cemitério público ou particular indicará o lugar da sepultura, sob pena de desobediência. No caso de recusa ou de falta de quem indique a sepultura, ou de encontrar-se o cadáver em lugar não destinado a inumações, a autoridade procederá às pesquisas necessárias, o que tudo constará do auto.

Veja art. 330, CP.

Art. 164. Os cadáveres serão sempre fotografados na posição em que forem encontrados, bem como, na medida do possível, todas as lesões externas e vestígios deixados no local do crime.

Artigo com redação dada pela Lei n. 8.862, de 28.03.1994.

Art. 165. Para representar as lesões encontradas no cadáver, os peritos, quando possível, juntarão ao laudo do exame provas fotográficas, esquemas ou desenhos, devidamente rubricados.

Veja Súmula n. 361, STF.

Art. 166. Havendo dúvida sobre a identidade do cadáver exumado, proceder-se-á ao reconhecimento pelo Instituto de Identificação e Estatística ou repartição congênere ou pela inquirição de testemunhas, lavrando-se auto de reconhecimento e de identidade, no qual se descreverá o cadáver, com todos os sinais e indicações.

Parágrafo único. Em qualquer caso, serão arrecadados e autenticados todos os objetos encontrados, que possam ser úteis para a identificação do cadáver.

Art. 167. Não sendo possível o exame de corpo de delito, por haverem desaparecido os vestígios, a prova testemunhal poderá suprir-lhe a falta.

Veja art. 564, III, *b*, CPP.

Art. 168. Em caso de lesões corporais, se o primeiro exame pericial tiver sido incompleto, proceder-se-á a exame complementar por determinação da autoridade policial ou judiciária, de ofício, ou a requerimento do Ministério Público, do ofendido ou do acusado, ou de seu defensor.

§ 1º No exame complementar, os peritos terão presente o auto de corpo de delito, a fim de suprir-lhe a deficiência ou retificá-lo.

§ 2º Se o exame tiver por fim precisar a classificação do delito no art. 129, § 1º, I, do Código Penal, deverá ser feito logo que decorra o prazo de 30 (trinta) dias, contado da data do crime.

§ 3º A falta de exame complementar poderá ser suprida pela prova testemunhal.

Art. 169. Para o efeito de exame do local onde houver sido praticada a infração, a autoridade providenciará imediatamente para que não se altere o estado das coisas até a chegada dos peritos, que poderão instruir seus laudos com fotografias, desenhos ou esquemas elucidativos.

Veja art. 166, CP.

Parágrafo único. Os peritos registrarão, no laudo, as alterações do estado das coisas e discutirão, no relatório, as consequências dessas alterações na dinâmica dos fatos.

Parágrafo acrescentado pela Lei n. 8.862, de 28.03.1994.

Art. 170. Nas perícias de laboratório, os peritos guardarão material suficiente para a eventualidade de nova perícia. Sempre que conveniente, os laudos serão ilustrados com provas fotográficas, ou microfotográficas, desenhos ou esquemas.

Veja Súmula n. 361, STF.

Art. 171. Nos crimes cometidos com destruição ou rompimento de obstáculo a subtração da coisa, ou por meio de escalada, os peritos, além de descrever os vestígios, indicarão com que instrumentos, por que meios e em que época presumem ter sido o fato praticado.

Veja art. 155, § 4º, CP.

Veja Súmula n. 361, STF.

Art. 172. Proceder-se-á, quando necessário, à avaliação de coisas destruídas, deterioradas ou que constituam produto do crime.

Parágrafo único. Se impossível a avaliação direta, os peritos procederão à avaliação por meio dos elementos existentes nos autos e dos que resultarem de diligências.

Veja arts. 155 a 180, CP.

Art. 173. No caso de incêndio, os peritos verificarão a causa e o lugar em que houver começado, o perigo que dele tiver resultado para a vida ou para o patrimônio alheio, a extensão do dano e o seu valor e as demais circunstâncias que interessarem à elucidação do fato.

Veja art. 250, CP.

Veja Súmula n. 361, STF.

Art. 174. No exame para o reconhecimento de escritos, por comparação de letra, observar-se-á o seguinte:

I – a pessoa a quem se atribua ou se possa atribuir o escrito será intimada para o ato, se for encontrada;

II – para a comparação, poderão servir quaisquer documentos que a dita pessoa reconhecer ou já tiverem sido judicialmente reconhecidos como de seu punho, ou sobre cuja autenticidade não houver dúvida;

III – a autoridade, quando necessário, requisitará, para o exame, os documentos que existirem em arquivos ou estabelecimentos públicos, ou nestes realizará a diligência, se daí não puderem ser retirados;

IV – quando não houver escritos para a comparação ou forem insuficientes os exibidos, a autoridade mandará que a pessoa escreva o que lhe for ditado. Se estiver ausente a pessoa, mas em lugar certo, esta última diligência poderá ser feita por precatória, em que se consignarão as palavras que a pessoa será intimada a escrever.

Art. 175. Serão sujeitos a exame os instrumentos empregados para a prática da infração, a fim de se lhes verificar a natureza e a eficiência.

Art. 176. A autoridade e as partes poderão formular quesitos até o ato da diligência.

Art. 177. No exame por precatória, a nomeação dos peritos far-se-á no juízo deprecado. Havendo, porém, no caso de ação privada, acordo das partes, essa nomeação poderá ser feita pelo juiz deprecante.

Veja Súmula n. 361, STF.

Parágrafo único. Os quesitos do juiz e das partes serão transcritos na precatória.

Art. 178. No caso do art. 159, o exame será requisitado pela autoridade ao diretor da repartição, juntando-se ao processo o laudo assinado pelos peritos.

Art. 179. No caso do § 1º do art. 159, o escrivão lavrará o auto respectivo, que será assinado pelos peritos e, se presente ao exame, também pela autoridade.

Veja Súmula n. 361, STF.

Parágrafo único. No caso do art. 160, parágrafo único, o laudo, que poderá ser datilografado, será subscrito e rubricado em suas folhas por todos os peritos.

Art. 180. Se houver divergência entre os peritos, serão consignadas no auto do exame as declarações e respostas de um e de outro, ou cada um redigirá separadamente o seu laudo, e a autoridade nomeará um terceiro; se este divergir de ambos, a autoridade poderá mandar proceder a novo exame por outros peritos.

Art. 181. No caso de inobservância de formalidades, ou no caso de omissões, obscuridades ou contradições, a autoridade judiciária mandará suprir a formalidade, complementar ou esclarecer o laudo.

Caput com redação dada pela Lei n. 8.862, de 28.03.1994.

Parágrafo único. A autoridade poderá também ordenar que se proceda a novo exame, por outros peritos, se julgar conveniente.

Veja Súmula n. 361, STF.

Art. 182. O juiz não ficará adstrito ao laudo, podendo aceitá-lo ou rejeitá-lo, no todo ou em parte.

Art. 183. Nos crimes em que não couber ação pública, observar-se-á o disposto no art. 19.

Art. 184. Salvo o caso de exame de corpo de delito, o juiz ou a autoridade policial negará a perícia requerida pelas partes, quando não for necessária ao esclarecimento da verdade.

CAPÍTULO III
DO INTERROGATÓRIO DO ACUSADO

Veja art. 474, *caput*, CPP.

Veja art. 2º, Lei n. 1.579, de 18.03.1952 (CPI).

Art. 185. O acusado que comparecer perante a autoridade judiciária, no curso do processo penal, será qualificado e interrogado na presença de seu defensor, constituído ou nomeado.

Caput com redação dada pela Lei n. 10.792, de 01.12.2003.

Veja Súmula n. 523, STF.

§ 1º O interrogatório do réu preso será realizado, em sala própria, no estabelecimento em que estiver recolhido, desde que estejam garantidas a segurança do juiz, do membro do Ministério Público e dos auxiliares bem como a presença do defensor e a publicidade do ato.

Parágrafo com redação dada pela Lei n. 11.900, de 08.01.2009.

§ 2º Excepcionalmente, o juiz, por decisão fundamentada, de ofício ou a requerimento das partes, poderá realizar o interrogatório do réu preso por sistema de videoconferência ou outro recurso tecnológico de transmissão de sons e imagens em tempo real, desde que a medida seja necessária para atender a uma das seguintes finalidades:

Parágrafo com redação dada pela Lei n. 11.900, de 08.01.2009.

I – prevenir risco à segurança pública, quando exista fundada suspeita de que o preso integre organização criminosa ou de que, por outra razão, possa fugir durante o deslocamento;

Inciso acrescentado pela Lei n. 11.900, de 08.01.2009.

II – viabilizar a participação do réu no referido ato processual, quando haja relevante dificuldade para seu comparecimento em juízo, por enfermidade ou outra circunstância pessoal;

Inciso acrescentado pela Lei n. 11.900, de 08.01.2009.

III – impedir a influência do réu no ânimo de testemunha ou da vítima, desde que não seja possível colher o depoimento destas por videoconferência, nos termos do art. 217 deste Código;

Inciso acrescentado pela Lei n. 11.900, de 08.01.2009.

IV – responder à gravíssima questão de ordem pública.

Inciso acrescentado pela Lei n. 11.900, de 08.01.2009.

§ 3º Da decisão que determinar a realização de interrogatório por videoconferência, as partes serão intimadas com 10 (dez) dias de antecedência.

Parágrafo acrescentado pela Lei n. 11.900, de 08.01.2009.

§ 4º Antes do interrogatório por videoconferência, o preso poderá acompanhar, pelo mesmo sistema tecnológico, a realização de todos os atos da audiência única de instrução e julgamento de que tratam os arts. 400, 411 e 531 deste Código.

Parágrafo acrescentado pela Lei n. 11.900, de 08.01.2009.

§ 5º Em qualquer modalidade de interrogatório, o juiz garantirá ao réu o direito de entrevista prévia e reservada com o seu defensor; se realizado por videoconferência, fica também garantido o acesso a canais telefônicos reservados para comunicação entre o defensor que esteja no presídio e o advogado presente na sala de audiência do Fórum, e entre este e o preso.

Parágrafo acrescentado pela Lei n. 11.900, de 08.01.2009.

§ 6º A sala reservada no estabelecimento prisional para a realização de atos processuais por sistema de videoconferência será fiscalizada pelos corregedores e pelo juiz de cada causa, como também pelo Ministério Público e pela Ordem dos Advogados do Brasil.

Parágrafo acrescentado pela Lei n. 11.900, de 08.01.2009.

§ 7º Será requisitada a apresentação do réu preso em juízo nas hipóteses em que o interrogatório não se realizar na forma prevista nos §§ 1º e 2º deste artigo.

Parágrafo acrescentado pela Lei n. 11.900, de 08.01.2009.

§ 8º Aplica-se o disposto nos §§ 2º, 3º, 4º e 5º deste artigo, no que couber, à realização de outros atos processuais que dependam da participação de pessoa que esteja presa, como acareação, reconhecimento de pessoas e coisas, e inquirição de testemunha ou tomada de declarações do ofendido.

Parágrafo acrescentado pela Lei n. 11.900, de 08.01.2009.

§ 9º Na hipótese do § 8º deste artigo, fica garantido o acompanhamento do ato processual pelo acusado e seu defensor.

Parágrafo acrescentado pela Lei n. 11.900, de 08.01.2009.

§ 10. Do interrogatório deverá constar a informação sobre a existência de filhos, respectivas idades e se possuem alguma deficiência e o nome e o contato de eventual responsável pelos cuidados dos filhos, indicado pela pessoa presa.

Parágrafo acrescentado pela Lei n. 13.257, de 08.03.2016.

Art. 186. Depois de devidamente qualificado e cientificado do inteiro teor da acusação, o acusado será informado pelo juiz, antes de iniciar o interrogatório, do seu direito de permanecer calado e de não responder perguntas que lhe forem formuladas.

Caput com redação dada pela Lei n. 10.792, de 01.12.2003.

Parágrafo único. O silêncio, que não importará em confissão, não poderá ser interpretado em prejuízo da defesa.

Parágrafo acrescentado pela Lei n. 10.792, de 01.12.2003.

Art. 187. O interrogatório será constituído de duas partes: sobre a pessoa do acusado e sobre os fatos.

Caput com redação dada pela Lei n. 10.792, de 01.12.2003.

§ 1º Na primeira parte o interrogando será perguntado sobre a residência, meios de vida ou profissão, oportunidades sociais, lugar onde exerce a sua atividade, vida pregressa, notadamente se foi preso ou processado alguma vez e, em caso afirmativo, qual o juízo do processo, se houve suspensão condicional ou condenação, qual a pena imposta, se a cumpriu e outros dados familiares e sociais.

Parágrafo acrescentado pela Lei n. 10.792, de 01.12.2003.

§ 2º Na segunda parte será perguntado sobre:

Parágrafo acrescentado pela Lei n. 10.792, de 01.12.2003.

I – ser verdadeira a acusação que lhe é feita;

Inciso acrescentado pela Lei n. 10.792, de 01.12.2003.

II – não sendo verdadeira a acusação, se tem algum motivo particular a que atribuí-la, se conhece a pessoa ou pessoas a quem deva ser imputada a prática do crime, e quais sejam, e se com elas esteve antes da prática da infração ou depois dela;

Inciso acrescentado pela Lei n. 10.792, de 01.12.2003.

III – onde estava ao tempo em que foi cometida a infração e se teve notícia desta;

Inciso acrescentado pela Lei n. 10.792, de 01.12.2003.

IV – as provas já apuradas;

Inciso acrescentado pela Lei n. 10.792, de 01.12.2003.

V – se conhece as vítimas e testemunhas já inquiridas ou por inquirir, e desde quando, e se tem o que alegar contra elas;

Inciso acrescentado pela Lei n. 10.792, de 01.12.2003.

VI – se conhece o instrumento com que foi praticada a infração, ou qualquer objeto que com esta se relacione e tenha sido apreendido;

Inciso acrescentado pela Lei n. 10.792, de 01.12.2003.

VII – todos os demais fatos e pormenores que conduzam à elucidação dos antecedentes e circunstâncias da infração;

Inciso acrescentado pela Lei n. 10.792, de 01.12.2003.

VIII – se tem algo mais a alegar em sua defesa.

Inciso acrescentado pela Lei n. 10.792, de 01.12.2003.

Art. 188. Após proceder ao interrogatório, o juiz indagará das partes se restou algum fato para ser esclarecido, formulando as perguntas correspondentes se o entender pertinente e relevante.

Artigo com redação dada pela Lei n. 10.792, de 01.12.2003.

Art. 189. Se o interrogando negar a acusação, no todo ou em parte, poderá prestar esclarecimentos e indicar provas.

Artigo com redação dada pela Lei n. 10.792, de 01.12.2003.

Art. 190. Se confessar a autoria, será perguntado sobre os motivos e circunstâncias do fato e se outras pessoas concorreram para a infração, e quais sejam.

Artigo com redação dada pela Lei n. 10.792, de 01.12.2003.

Veja art. 29, CP.

Art. 191. Havendo mais de um acusado, serão interrogados separadamente.

Artigo com redação dada pela Lei n. 10.792, de 01.12.2003.

Art. 192. O interrogatório do mudo, do surdo ou do surdo-mudo será feito pela forma seguinte:

Caput com redação mantida pela Lei n. 10.792, de 01.12.2003.

Veja art. 223, CPP.

I – ao surdo serão apresentadas por escrito as perguntas, que ele responderá oralmente;

Inciso com redação mantida pela Lei n. 10.792, de 01.12.2003.

II – ao mudo as perguntas serão feitas oralmente, respondendo-as por escrito;

Inciso com redação dada pela Lei n. 10.792, de 01.12.2003.

III – ao surdo-mudo as perguntas serão formuladas por escrito e do mesmo modo dará as respostas.

Inciso com redação dada pela Lei n. 10.792, de 01.12.2003.

Parágrafo único. Caso o interrogando não saiba ler ou escrever, intervirá no ato, como intérprete e sob compromisso, pessoa habilitada a entendê-lo.

Parágrafo com redação dada pela Lei n. 10.792, de 01.12.2003.

Art. 193. Quando o interrogando não falar a língua nacional, o interrogatório será feito por meio de intérprete.

Artigo com redação dada pela Lei n. 10.792, de 01.12.2003.

Art. 194. *(Revogado pela Lei n. 10.792, de 01.12.2003.)*

Art. 195. Se o interrogado não souber escrever, não puder ou não quiser assinar, tal fato será consignado no termo.

Artigo com redação dada pela Lei n. 10.792, de 01.12.2003.

Veja art. 199, CPP.

Art. 196. A todo tempo o juiz poderá proceder a novo interrogatório de ofício ou a pedido fundamentado de qualquer das partes.

Artigo com redação dada pela Lei n. 10.792, de 01.12.2003.

CAPÍTULO IV
DA CONFISSÃO

Veja arts. 65, III, *d*, e 341, CP.

Veja art. 2º, Lei n. 1.579, de 18.03.1952 (CPI).

Art. 197. O valor da confissão se aferirá pelos critérios adotados para os outros elementos de prova, e para a sua apreciação o juiz deverá confrontá-la com as demais provas do processo, verificando se entre ela e estas existe compatibilidade ou concordância.

Art. 198. O silêncio do acusado não importará confissão, mas poderá constituir elemento para a formação do convencimento do juiz.

Art. 199. A confissão, quando feita fora do interrogatório, será tomada por termo nos autos, observado o disposto no art. 195.

Art. 200. A confissão será divisível e retratável, sem prejuízo do livre convencimento do juiz, fundado no exame das provas em conjunto.

CAPÍTULO V
DO OFENDIDO

Capítulo com denominação dada pela Lei n. 11.690, de 09.06.2008.

Art. 201. Sempre que possível, o ofendido será qualificado e perguntado sobre as circunstâncias da infração, quem seja ou presuma ser o seu autor, as provas que possa indicar, tomando-se por termo as suas declarações.

Caput com redação mantida pela Lei n. 11.690, de 09.06.2008.

§ 1º Se, intimado para esse fim, deixar de comparecer sem motivo justo, o ofendido poderá ser conduzido à presença da autoridade.

Antigo parágrafo único renumerado pela Lei n. 11.690, de 09.06.2008.

§ 2º O ofendido será comunicado dos atos processuais relativos ao ingresso e à saída do acusado da prisão, à designação de data para audiência e à sentença e respectivos acórdãos que a mantenham ou modifiquem.

Parágrafo acrescentado pela Lei n. 11.690, de 09.06.2008.

§ 3º As comunicações ao ofendido deverão ser feitas no endereço por ele indicado, admitindo-se, por opção do ofendido, o uso de meio eletrônico.

Parágrafo acrescentado pela Lei n. 11.690, de 09.06.2008.

§ 4º Antes do início da audiência e durante a sua realização, será reservado espaço separado para o ofendido.

Parágrafo acrescentado pela Lei n. 11.690, de 09.06.2008.

§ 5º Se o juiz entender necessário, poderá encaminhar o ofendido para atendimento multidisciplinar, especialmente nas áreas psicossocial, de assistência jurídica e de saúde, a expensas do ofensor ou do Estado.

Parágrafo acrescentado pela Lei n. 11.690, de 09.06.2008.

§ 6º O juiz tomará as providências necessárias à preservação da intimidade, vida privada, honra e imagem do ofendido, podendo, inclusive, determinar o segredo de justiça em relação aos dados, depoimentos e outras informações constantes dos autos a seu respeito para evitar sua exposição aos meios de comunicação.

Parágrafo acrescentado pela Lei n. 11.690, de 09.06.2008.

CAPÍTULO VI
DAS TESTEMUNHAS

Veja arts. 342 e 343, CP.

Veja art. 2º, Lei n. 1.579, de 18.03.1952 (CPI).

Art. 202. Toda pessoa poderá ser testemunha.

Art. 203. A testemunha fará, sob palavra de honra, a promessa de dizer a verdade do que souber e lhe for perguntado, devendo declarar seu nome, sua idade, seu estado e sua residência, sua profissão, lugar onde exerce sua atividade, se é parente, e em que grau, de alguma das partes, ou quais suas relações com qualquer delas, e relatar o que souber, explicando sempre as razões de sua ciência ou as circunstâncias pelas quais possa avaliar-se de sua credibilidade.

Veja art. 208, CPP.

Veja art. 307, CP.

Art. 204. O depoimento será prestado oralmente, não sendo permitido à testemunha trazê-lo por escrito.

Parágrafo único. Não será vedada à testemunha, entretanto, breve consulta a apontamentos.

Art. 205. Se ocorrer dúvida sobre a identidade da testemunha, o juiz procederá à verificação pelos meios ao seu alcance, podendo, entretanto, tomar-lhe o depoimento desde logo.

Art. 206. A testemunha não poderá eximir-se da obrigação de depor. Poderão, entretanto, recusar-se a fazê-lo o ascendente ou descendente, o afim em linha reta, o cônjuge, ainda que desquitado, o irmão e o pai, a mãe, ou o filho adotivo do acusado, salvo quando não for possível, por outro modo, obter-se ou integrar-se a prova do fato e de suas circunstâncias.

O art. 39, Lei n. 6.515, de 26.12.1977, substituiu as expressões "desquite por mútuo consentimento", "desquite" e "desquite litigioso" por "separação consensual" ou "separação judicial".

Veja art. 208, CPP.

Veja EC n. 66, de 13.07.2010.

Art. 207. São proibidas de depor as pessoas que, em razão de função, ministério, ofício ou profissão, devam guardar segredo, salvo se, desobrigadas pela parte interessada, quiserem dar o seu testemunho.

Veja art. 214, CPP.

Art. 208. Não se deferirá o compromisso a que alude o art. 203 aos doentes e deficientes mentais e aos menores de 14 (quatorze) anos, nem às pessoas a que se refere o art. 206.

Veja art. 214, CPP.

Art. 209. O juiz, quando julgar necessário, poderá ouvir outras testemunhas, além das indicadas pelas partes.

Veja arts. 401, § 2º, 410 e 411, CPP.

§ 1º Se ao juiz parecer conveniente, serão ouvidas as pessoas a que as testemunhas se referirem.

§ 2º Não será computada como testemunha a pessoa que nada souber que interesse à decisão da causa.

Art. 210. As testemunhas serão inquiridas cada uma *de per si*, de modo que umas não saibam nem ouçam os depoimentos das outras, devendo o juiz adverti-las das penas cominadas ao falso testemunho.

Caput com redação mantida pela Lei n. 11.690, de 09.06.2008.

Parágrafo único. Antes do início da audiência e durante a sua realização, serão reservados espaços separados para a garantia da incomunicabilidade das testemunhas.

Parágrafo acrescentado pela Lei n. 11.690, de 09.06.2008.

Art. 211. Se o juiz, ao pronunciar sentença final, reconhecer que alguma testemunha fez afirmação falsa, calou ou negou a verdade, remeterá cópia do depoimento à autoridade policial para a instauração de inquérito.

Veja Súmula n. 165, STJ.

Parágrafo único. Tendo o depoimento sido prestado em plenário de julgamento, o juiz, no caso de proferir decisão na audiência (art. 538, § 2º), o tribunal (art. 561), ou o conselho de sentença, após a votação dos quesitos, poderão fazer apresentar imediatamente a testemunha à autoridade policial.

Art. 212. As perguntas serão formuladas pelas partes diretamente à testemunha, não admitindo o juiz aquelas que puderem induzir a resposta, não tiverem relação com a causa ou importarem na repetição de outra já respondida.

Caput com redação dada pela Lei n. 11.690, de 09.06.2008.

Parágrafo único. Sobre os pontos não esclarecidos, o juiz poderá complementar a inquirição.

Parágrafo acrescentado pela Lei n. 11.690, de 09.06.2008.

Art. 213. O juiz não permitirá que a testemunha manifeste suas apreciações pessoais, salvo quando inseparáveis da narrativa do fato.

Art. 214. Antes de iniciado o depoimento, as partes poderão contraditar a testemunha ou arguir circunstâncias ou defeitos, que a tornem suspeita de parcialidade, ou indigna de fé. O juiz fará consignar a contradita ou arguição e a resposta da testemunha, mas só excluirá a testemunha ou não lhe deferirá compromisso nos casos previstos nos arts. 207 e 208.

Art. 215. Na redação do depoimento, o juiz deverá cingir-se, tanto quanto possível, às expressões usadas pelas testemunhas, reproduzindo fielmente as suas frases.

Art. 216. O depoimento da testemunha será reduzido a termo, assinado por ela, pelo juiz e pelas partes. Se a testemunha não souber assinar, ou não puder fazê-lo, pedirá a alguém que o faça por ela, depois de lido na presença de ambos.

Art. 217. Se o juiz verificar que a presença do réu poderá causar humilhação, temor, ou sério constrangimento à testemunha ou ao ofendido, de modo que prejudique a verdade do depoimento, fará a inquirição por videoconferência e, somente na impossibilidade dessa forma, determinará a retirada do réu, prosseguindo na inquirição, com a presença do seu defensor.

Caput com redação dada pela Lei n. 11.690, de 09.06.2008.

Veja art. 185, § 2º, III, CPP.

Parágrafo único. A adoção de qualquer das medidas previstas no *caput* deste artigo deverá constar do termo, assim como os motivos que a determinaram.

Parágrafo acrescentado pela Lei n. 11.690, de 09.06.2008.

Art. 218. Se, regularmente intimada, a testemunha deixar de comparecer sem motivo justificado, o juiz poderá requisitar à autoridade policial a sua apresentação ou determinar seja conduzida por oficial de justiça, que poderá solicitar o auxílio da força pública.

Veja arts. 221, § 3º, e 458, CPP.

Veja art. 3º, § 1º, Lei n. 1.579, de 18.03.1952.

Art. 219. O juiz poderá aplicar à testemunha faltosa a multa prevista no art. 453, sem prejuízo do processo penal por crime de desobediência, e condená-la ao pagamento das custas da diligência.

Artigo com redação dada pela Lei n. 6.416, de 24.05.1977.

Veja art. 436, § 2º, CPP (multa de testemunha faltosa).

Veja art. 330, CP.

Veja art. 3º, § 1º, Lei n. 1.579, de 18.03.1952.

Art. 220. As pessoas impossibilitadas, por enfermidade ou por velhice, de comparecer para depor, serão inquiridas onde estiverem.

Art. 221. O Presidente e o Vice-Presidente da República, os senadores e deputados federais, os ministros de Estado, os governadores de Estados e Territórios, os secretários de Estado, os prefeitos do Distrito Federal e dos Municípios, os deputados às Assembleias Legislativas Estaduais, os membros do Poder Judiciário, os ministros e juízes dos Tribunais de Contas da União, dos Estados, do Distrito Federal, bem como os do Tribunal Marítimo serão inquiridos em local, dia e hora previamente ajustados entre eles e o juiz.

Caput com redação dada pela Lei n. 3.653, de 04.11.1959.

Veja art. 40, I, Lei n. 8.625, de 12.02.1993.

§ 1º O Presidente e o Vice-Presidente da República, os presidentes do Senado Federal, da Câmara dos Deputados e do Supremo Tribunal Federal poderão optar pela prestação de depoimento por escrito, caso em que as perguntas, formuladas pelas partes e deferidas pelo juiz, lhes serão transmitidas por ofício.

Parágrafo com redação dada pela Lei n. 6.416, de 24.05.1977.

§ 2º Os militares deverão ser requisitados à autoridade superior.

Parágrafo com redação dada pela Lei n. 6.416, de 24.05.1977.

§ 3º Aos funcionários públicos aplicar-se-á o disposto no art. 218, devendo, porém, a expedição do mandado ser imediatamente comunicada ao chefe da repartição em que servirem, com indicação do dia e da hora marcados.

Parágrafo acrescentado pela Lei n. 6.416, de 24.05.1977.

Art. 222. A testemunha que morar fora da jurisdição do juiz será inquirida pelo juiz do lugar de sua residência, expedindo-se, para esse fim, carta precatória, com prazo razoável, intimadas as partes.

Veja arts. 400 e 531, CPP.

§ 1º A expedição da precatória não suspenderá a instrução criminal.

Veja art. 222-A, CPP.

§ 2º Findo o prazo marcado, poderá realizar-se o julgamento, mas, a todo tempo, a precatória, uma vez devolvida, será junta aos autos.

Veja art. 222-A, CPP.

§ 3º Na hipótese prevista no *caput* deste artigo, a oitiva de testemunha poderá ser realizada por meio de videoconferência ou outro recurso tecnológico de transmissão de sons e imagens em tempo real, permitida a presença do defensor e podendo ser realizada, inclusive, durante a realização da audiência de instrução e julgamento.

Parágrafo acrescentado pela Lei n. 11.900, de 08.01.2009.

Veja Súmula n. 523, STF.

Art. 222-A. As cartas rogatórias só serão expedidas se demonstrada previamente a sua imprescindibilidade, arcando a parte requerente com os custos de envio.

Artigo acrescentado pela Lei n. 11.900, de 08.01.2009.

Parágrafo único. Aplica-se às cartas rogatórias o disposto nos §§ 1º e 2º do art. 222 deste Código.

Art. 223. Quando a testemunha não conhecer a língua nacional, será nomeado intérprete para traduzir as perguntas e respostas.

Parágrafo único. Tratando-se de mudo, surdo ou surdo-mudo, proceder-se-á na conformidade do art. 192.

Art. 224. As testemunhas comunicarão ao juiz, dentro de 1 (um) ano, qualquer mudança de residência, sujeitando-se, pela simples omissão, às penas do não comparecimento.

Art. 225. Se qualquer testemunha houver de ausentar-se, ou, por enfermidade ou por velhice, inspirar receio de que ao tempo da instrução criminal já não exista, o juiz poderá, de ofício ou a requerimento de qualquer das partes, tomar-lhe antecipadamente o depoimento.

CAPÍTULO VII
DO RECONHECIMENTO DE PESSOAS E COISAS

Veja art. 2º, Lei n. 1.579, de 18.03.1952 (CPI).

Art. 226. Quando houver necessidade de fazer-se o reconhecimento de pessoa, proceder-se-á pela seguinte forma:

I – a pessoa que tiver de fazer o reconhecimento será convidada a descrever a pessoa que deva ser reconhecida;

II – a pessoa, cujo reconhecimento se pretender, será colocada, se possível, ao lado de outras que com ela tiverem qualquer semelhança, convidando-se quem tiver de fazer o reconhecimento a apontá-la;

III – se houver razão para recear que a pessoa chamada para o reconhecimento, por efeito de intimidação ou outra influência, não diga a verdade em face da pessoa que deve ser reconhecida, a autoridade providenciará para que esta não veja aquela;

IV – do ato de reconhecimento lavrar-se-á auto pormenorizado, subscrito pela autoridade, pela pessoa chamada para proceder ao reconhecimento e por duas testemunhas presenciais.

Parágrafo único. O disposto no n. III deste artigo não terá aplicação na fase da instrução criminal ou em plenário de julgamento.

Art. 227. No reconhecimento de objeto, proceder-se-á com as cautelas estabelecidas no artigo anterior, no que for aplicável.

Art. 228. Se várias forem as pessoas chamadas a efetuar o reconhecimento de pessoa ou de objeto, cada uma fará a prova em separado, evitando-se qualquer comunicação entre elas.

CAPÍTULO VIII
DA ACAREAÇÃO

Veja art. 2º, Lei n. 1.579, de 18.03.1952 (CPI).

Art. 229. A acareação será admitida entre acusados, entre acusado e testemunha, entre testemunhas, entre acusado ou testemunha e a pessoa ofendida, e entre as pessoas ofendidas, sempre que divergirem, em suas declarações, sobre fatos ou circunstâncias relevantes.

Parágrafo único. Os acareados serão reperguntados, para que expliquem os pontos de divergências, reduzindo-se a termo o ato de acareação.

Veja art. 473, § 3º, CPP.

Art. 230. Se ausente alguma testemunha, cujas declarações divirjam das de outra, que esteja presente, a esta se darão a conhecer os pontos da divergência, consignando-se no auto o que explicar ou observar. Se subsistir a discordância, expedir-se-á precatória à autoridade do lugar onde resida a testemunha ausente, transcrevendo-se as declarações desta e as da testemunha presente, nos pontos em que divergirem, bem como o texto do referido auto, a fim de que se complete a diligência, ouvindo-se a testemunha ausente, pela mesma forma estabelecida para a testemunha presente. Esta diligência só se realizará quando não importe demora prejudicial ao processo e o juiz a entenda conveniente.

CAPÍTULO IX
DOS DOCUMENTOS

Veja art. 2º, Lei n. 1.579, de 18.03.1952 (CPI).

Art. 231. Salvo os casos expressos em lei, as partes poderão apresentar documentos em qualquer fase do processo.

Art. 232. Consideram-se documentos quaisquer escritos, instrumentos ou papéis, públicos ou particulares.

Parágrafo único. À fotografia do documento, devidamente autenticada, se dará o mesmo valor do original.

Art. 233. As cartas particulares, interceptadas ou obtidas por meios criminosos, não serão admitidas em juízo.

Parágrafo único. As cartas poderão ser exibidas em juízo pelo respectivo destinatário, para a defesa de seu direito, ainda que não haja consentimento do signatário.

Art. 234. Se o juiz tiver notícia da existência de documento relativo a ponto relevante da acusação ou da defesa, providenciará, independentemente de requerimento de qualquer das partes, para sua juntada aos autos, se possível.

Art. 235. A letra e firma dos documentos particulares serão submetidas a exame pericial, quando contestada a sua autenticidade.

Art. 236. Os documentos em língua estrangeira, sem prejuízo de sua juntada imediata, serão, se necessário, traduzidos por tradutor público, ou, na falta, por pessoa idônea nomeada pela autoridade.

Veja art. 342, CP.

Art. 237. As públicas-formas só terão valor quando conferidas com o original, em presença da autoridade.

Art. 238. Os documentos originais, juntos a processo findo, quando não exista motivo relevante que justifique a sua conservação nos autos, poderão, mediante requerimento, e ouvido o Ministério Público, ser entregues à parte que os produziu, ficando traslado nos autos.

CAPÍTULO X
DOS INDÍCIOS

Art. 239. Considera-se indício a circunstância conhecida e provada, que, tendo relação com o fato, autorize, por indução, concluir-se a existência de outra ou outras circunstâncias.

CAPÍTULO XI
DA BUSCA E DA APREENSÃO

Art. 240. A busca será domiciliar ou pessoal.

§ 1º Proceder-se-á à busca domiciliar, quando fundadas razões a autorizarem, para:

a) prender criminosos;

b) apreender coisas achadas ou obtidas por meios criminosos;

c) apreender instrumentos de falsificação ou de contrafação e objetos falsificados ou contrafeitos;

d) apreender armas e munições, instrumentos utilizados na prática de crime ou destinados a fim delituoso;

e) descobrir objetos necessários à prova de infração ou à defesa do réu;

f) apreender cartas, abertas ou não, destinadas ao acusado ou em seu poder, quando haja suspeita de que o conhecimento do seu conteúdo possa ser útil à elucidação do fato;

Veja art. 5º, XII, CF.

g) apreender pessoas vítimas de crimes;

h) colher qualquer elemento de convicção.

§ 2º Proceder-se-á à busca pessoal quando houver fundada suspeita de que alguém oculte consigo arma proibida ou objetos mencionados nas letras *b* a *f* e letra *h* do parágrafo anterior.

Art. 241. Quando a própria autoridade policial ou judiciária não a realizar pessoalmente, a busca domiciliar deverá ser precedida da expedição de mandado.

Veja art. 5º, XI, CF.

Art. 242. A busca poderá ser determinada de ofício ou a requerimento de qualquer das partes.

Art. 243. O mandado de busca deverá:

I – indicar, o mais precisamente possível, a casa em que será realizada a diligência e o nome do respectivo proprietário ou morador; ou, no caso de busca pessoal, o nome da pessoa que terá de sofrê-la ou os sinais que a identifiquem;

II – mencionar o motivo e os fins da diligência;

III – ser subscrito pelo escrivão e assinado pela autoridade que o fizer expedir.

§ 1º Se houver ordem de prisão, constará do próprio texto do mandado de busca.

§ 2º Não será permitida a apreensão de documento em poder do defensor do acusado, salvo quando constituir elemento do corpo de delito.

Veja art. 7º, II e §§ 6º e 7º, EAOAB.

Art. 244. A busca pessoal independerá de mandado, no caso de prisão ou quando houver fundada suspeita de que a pessoa esteja na posse de arma proibida ou de objetos ou papéis que constituam corpo de delito, ou quando a medida for determinada no curso de busca domiciliar.

Art. 245. As buscas domiciliares serão executadas de dia, salvo se o morador consentir que se realizem à noite, e, antes de penetrarem na casa, os executores mostrarão e lerão o mandado ao morador, ou a quem o represente, intimando-o, em seguida, a abrir a porta.

Veja art. 5º, XI, CF.

Veja art. 150, CP.

§ 1º Se a própria autoridade der a busca, declarará previamente sua qualidade e o objeto da diligência.

§ 2º Em caso de desobediência, será arrombada a porta e forçada a entrada.

Veja art. 330, CP.

§ 3º Recalcitrando o morador, será permitido o emprego de força contra coisas existentes no interior da casa, para o descobrimento do que se procura.

§ 4º Observar-se-á o disposto nos §§ 2º e 3º, quando ausentes os moradores, devendo, neste caso, ser intimado a assistir à diligência qualquer vizinho, se houver e estiver presente.

§ 5º Se é determinada a pessoa ou coisa que se vai procurar, o morador será intimado a mostrá-la.

§ 6º Descoberta a pessoa ou coisa que se procura, será imediatamente apreendida e posta sob custódia da autoridade ou de seus agentes.

§ 7º Finda a diligência, os executores lavrarão auto circunstanciado, assinando-o com duas testemunhas presenciais, sem prejuízo do disposto no § 4º.

Art. 246. Aplicar-se-á também o disposto no artigo anterior, quando se tiver de proceder a busca em compartimento habitado ou em aposento ocupado de habitação coletiva ou em compartimento não aberto ao público, onde alguém exercer profissão ou atividade.

Veja art. 5º, XI, CF.

Veja art. 150, CP.

Art. 247. Não sendo encontrada a pessoa ou coisa procurada, os motivos da diligência serão comunicados a quem tiver sofrido a busca, se o requerer.

Art. 248. Em casa habitada, a busca será feita de modo que não moleste os moradores mais do que o indispensável para o êxito da diligência.

Veja art. 5º, XI, CF.

Veja art. 150, CP.

Art. 249. A busca em mulher será feita por outra mulher, se não importar retardamento ou prejuízo da diligência.

Art. 250. A autoridade ou seus agentes poderão penetrar no território de jurisdição alheia, ainda que de outro Estado, quando, para o fim de apreensão, forem no seguimento de pessoa ou coisa, devendo apresentar-se à competente autoridade local, antes da diligência ou após, conforme a urgência desta.

§ 1º Entender-se-á que a autoridade ou seus agentes vão em seguimento da pessoa ou coisa, quando:

a) tendo conhecimento direto de sua remoção ou transporte, a seguirem sem interrupção, embora depois a percam de vista;

b) ainda que não a tenham avistado, mas sabendo, por informações fidedignas ou circunstâncias indiciárias, que está sendo removida ou transportada em determinada direção, forem ao seu encalço.

§ 2º Se as autoridades locais tiverem fundadas razões para duvidar da legitimidade das pessoas que, nas referidas diligências, entrarem pelos seus distritos, ou da legalidade dos mandados que apresentarem, poderão exigir as provas dessa legitimidade, mas de modo que não se frustre a diligência.

TÍTULO VIII
DO JUIZ, DO MINISTÉRIO PÚBLICO, DO ACUSADO E DEFENSOR, DOS ASSISTENTES E AUXILIARES DA JUSTIÇA

CAPÍTULO I
DO JUIZ

Veja EC n. 45, de 08.12.2004, sobre a Reforma do Poder Judiciário.

Art. 251. Ao juiz incumbirá prover à regularidade do processo e manter a ordem no curso dos respectivos atos, podendo, para tal fim, requisitar a força pública.

Art. 252. O juiz não poderá exercer jurisdição no processo em que:

Veja art. 267, CPP.

I – tiver funcionado seu cônjuge ou parente, consanguíneo ou afim, em linha reta ou colateral até o terceiro grau, inclusive, como defensor ou advogado, órgão do Ministério Público, autoridade policial, auxiliar da justiça ou perito;

II – ele próprio houver desempenhado qualquer dessas funções ou servido como testemunha;

III – tiver funcionado como juiz de outra instância, pronunciando-se, de fato ou de direito, sobre a questão;

Veja Súmula n. 206, STJ.

IV – ele próprio ou seu cônjuge ou parente, consanguíneo ou afim em linha reta ou colateral até o terceiro grau, inclusive, for parte ou diretamente interessado no feito.

Art. 253. Nos juízos coletivos, não poderão servir no mesmo processo os juízes que forem entre si parentes, consanguíneos ou afins, em linha reta ou colateral até o terceiro grau, inclusive.

Art. 254. O juiz dar-se-á por suspeito, e, se não o fizer, poderá ser recusado por qualquer das partes:

I – se for amigo íntimo ou inimigo capital de qualquer deles;

II – se ele, seu cônjuge, ascendente ou descendente, estiver respondendo a processo por fato análogo, sobre cujo caráter criminoso haja controvérsia;

III – se ele, seu cônjuge, ou parente, consanguíneo, ou afim, até o terceiro grau, inclusive, sustentar demanda ou responder a processo que tenha de ser julgado por qualquer das partes;

IV – se tiver aconselhado qualquer das partes;

V – se for credor ou devedor, tutor ou curador, de qualquer das partes;

VI – se for sócio, acionista ou administrador de sociedade interessada no processo.

Art. 255. O impedimento ou suspeição decorrente de parentesco por afinidade cessará pela dissolução do casamento que lhe tiver dado causa, salvo sobrevindo descendentes; mas, ainda que dissolvido o casamento sem descendentes, não funcionará como juiz o sogro, o padrasto, o cunhado, o genro ou enteado de quem for parte no processo.

Art. 256. A suspeição não poderá ser declarada nem reconhecida, quando a parte injuriar o juiz ou de propósito der motivo para criá-la.

Veja art. 565, CPP.

Veja art. 140, CP.

CAPÍTULO II
DO MINISTÉRIO PÚBLICO

Art. 257. Ao Ministério Público cabe:

Caput com redação dada pela Lei n. 11.719, de 20.06.2008.

Veja art. 564, III, *d*, CPP.

Veja Súmula n. 234, STJ.

I – promover, privativamente, a ação penal pública, na forma estabelecida neste Código; e

Inciso acrescentado pela Lei n. 11.719, de 20.06.2008.

Veja art. 42, CPP.

II – fiscalizar a execução da lei.

Inciso acrescentado pela Lei n. 11.719, de 20.06.2008.

Art. 258. Os órgãos do Ministério Público não funcionarão nos processos em que o juiz ou qualquer das partes for seu cônjuge, ou parente, consanguíneo ou afim, em linha reta ou colateral, até o terceiro grau, inclusive, e a eles se estendem, no que lhes for aplicável, as prescrições relativas à suspeição e aos impedimentos dos juízes.

Veja Súmula n. 234, STJ.

CAPÍTULO III
DO ACUSADO E SEU DEFENSOR

Art. 259. A impossibilidade de identificação do acusado com o seu verdadeiro nome ou outros qualificativos não retardará a ação penal, quando certa a identidade física. A qualquer tempo, no curso do processo, do julgamento ou da execução da sentença, se for descoberta a sua qualificação, far-se-á a retificação, por termo, nos autos, sem prejuízo da validade dos atos precedentes.

Art. 260. Se o acusado não atender à intimação para o interrogatório, reconhecimento ou qualquer outro ato que, sem ele, não possa ser realizado, a autoridade poderá mandar conduzi-lo à sua presença.

Veja ADPF ns. 395 e 444, STF.

Parágrafo único. O mandado conterá, além da ordem de condução, os requisitos mencionados no art. 352, no que lhe for aplicável.

Art. 261. Nenhum acusado, ainda que ausente ou foragido, será processado ou julgado sem defensor.

Veja Súmulas ns. 523 e 708, STF.

Parágrafo único. A defesa técnica, quando realizada por defensor público ou dativo, será sempre exercida através de manifestação fundamentada.

Parágrafo acrescentado pela Lei n. 10.792, de 01.12.2003.

Art. 262. Ao acusado menor dar-se-á curador.

Artigo tacitamente revogado pelo CC.

Art. 263. Se o acusado não o tiver, ser-lhe-á nomeado defensor pelo juiz, ressalvado o seu direito de, a todo tempo, nomear outro de sua confiança, ou a si mesmo defender-se, caso tenha habilitação.

Parágrafo único. O acusado, que não for pobre, será obrigado a pagar os honorários do defensor dativo, arbitrados pelo juiz.

Art. 264. Salvo motivo relevante, os advogados e solicitadores serão obrigados, sob pena de multa de cem a quinhentos mil-réis, a prestar seu patrocínio aos acusados, quando nomeados pelo Juiz.

Art. 265. O defensor não poderá abandonar o processo senão por motivo imperioso, comunicado previamente o juiz, sob pena de multa de 10 (dez) a 100 (cem) salários mínimos, sem prejuízo das demais sanções cabíveis.

Caput com redação dada pela Lei n. 11.719, de 20.06.2008.

§ 1º A audiência poderá ser adiada se, por motivo justificado, o defensor não puder comparecer.

Antigo parágrafo único renumerado e com redação dada pela Lei n. 11.719, de 20.06.2008.

§ 2º Incumbe ao defensor provar o impedimento até a abertura da audiência. Não o fazendo, o juiz não determinará o adiamento de ato algum do processo, devendo nomear defensor substituto, ainda que provisoriamente ou só para o efeito do ato.

Parágrafo acrescentado pela Lei n. 11.719, de 20.06.2008.

Art. 266. A constituição de defensor independerá de instrumento de mandato, se o acusado o indicar por ocasião do interrogatório.

Veja Súmula n. 644, STJ.

Art. 267. Nos termos do art. 252, não funcionarão como defensores os parentes do juiz.

CAPÍTULO IV
DOS ASSISTENTES

Art. 268. Em todos os termos da ação pública, poderá intervir, como assistente do Ministério Público, o ofendido ou seu representante legal, ou, na falta, qualquer das pessoas mencionadas no art. 31.

Art. 269. O assistente será admitido enquanto não passar em julgado a sentença e receberá a causa no estado em que se achar.

Art. 270. O corréu no mesmo processo não poderá intervir como assistente do Ministério Público.

Veja art. 29, CP.

Art. 271. Ao assistente será permitido propor meios de prova, requerer perguntas às testemunhas, aditar o libelo e os articulados, participar do debate oral e arrazoar os recursos interpostos pelo Ministério Público, ou por ele próprio, nos casos dos arts. 584, § 1º, e 598.

Veja Lei n. 11.689, de 09.06.2008, que alterou o procedimento referente à competência do Tribunal do Júri e extinguiu o libelo.

Veja Súmulas ns. 208 e 210, STF.

§ 1º O juiz, ouvido o Ministério Público, decidirá acerca da realização das provas propostas pelo assistente.

§ 2º O processo prosseguirá independentemente de nova intimação do assistente, quando este, intimado, deixar de comparecer a qualquer dos atos da instrução ou do julgamento, sem motivo de força maior devidamente comprovado.

Art. 272. O Ministério Público será ouvido previamente sobre a admissão do assistente.

Art. 273. Do despacho que admitir, ou não, o assistente, não caberá recurso, devendo, entretanto, constar dos autos o pedido e a decisão.

CAPÍTULO V
DOS FUNCIONÁRIOS DA JUSTIÇA

Art. 274. As prescrições sobre suspeição dos juízes estendem-se aos serventuários e funcionários da justiça, no que lhes for aplicável.

CAPÍTULO VI
DOS PERITOS E INTÉRPRETES

Veja arts. 342 e 343, CP.

Art. 275. O perito, ainda quando não oficial, estará sujeito à disciplina judiciária.

Art. 276. As partes não intervirão na nomeação do perito.

Art. 277. O perito nomeado pela autoridade será obrigado a aceitar o encargo, sob pena de multa de cem a quinhentos mil-réis, salvo escusa atendível.

Parágrafo único. Incorrerá na mesma multa o perito que, sem justa causa, provada imediatamente:

a) deixar de acudir à intimação ou ao chamado da autoridade;

b) não comparecer no dia e local designados para o exame;

c) não der o laudo, ou concorrer para que a perícia não seja feita, nos prazos estabelecidos.

Art. 278. No caso de não comparecimento do perito, sem justa causa, a autoridade poderá determinar a sua condução.

Art. 279. Não poderão ser peritos:

I – os que estiverem sujeitos à interdição de direito mencionada nos ns. I e IV do art. 69 do Código Penal;

A referência atual do antigo art. 69, I e II, é o art. 47, I e II, CP.

II – os que tiverem prestado depoimento no processo ou opinado anteriormente sobre o objeto da perícia;

III – os analfabetos e os menores de 21 (vinte e um) anos.

Veja art. 5º, *caput*, CC.

Art. 280. É extensivo aos peritos, no que lhes for aplicável, o disposto sobre suspeição dos juízes.

Art. 281. Os intérpretes são, para todos os efeitos, equiparados aos peritos.

TÍTULO IX
DA PRISÃO, DAS MEDIDAS CAUTELARES E DA LIBERDADE PROVISÓRIA

Título com denominação dada pela Lei n. 12.403, de 04.05.2011.

Veja art. 413, § 3º, CPP.

CAPÍTULO I
DISPOSIÇÕES GERAIS

Art. 282. As medidas cautelares previstas neste Título deverão ser aplicadas observando-se a:

Caput com redação dada pela Lei n. 12.403, de 04.05.2011.

I – necessidade para aplicação da lei penal, para a investigação ou a instrução criminal e, nos casos expressamente previstos, para evitar a prática de infrações penais;

Inciso acrescentado pela Lei n. 12.403, de 04.05.2011.

II – adequação da medida à gravidade do crime, circunstâncias do fato e condições pessoais do indiciado ou acusado.

Inciso acrescentado pela Lei n. 12.403, de 04.05.2011.

§ 1º As medidas cautelares poderão ser aplicadas isolada ou cumulativamente.

Parágrafo acrescentado pela Lei n. 12.403, de 04.05.2011.

§ 2º As medidas cautelares serão decretadas pelo juiz a requerimento das partes ou, quando no curso da investigação criminal, por representação da autoridade policial ou mediante requerimento do Ministério Público.

Parágrafo com redação dada pela Lei n. 13.964, de 24.12.2019.

§ 3º Ressalvados os casos de urgência ou de perigo de ineficácia da medida, o juiz, ao receber o pedido de medida cautelar, determinará a intimação da parte contrária, para se manifestar no prazo de 5 (cinco) dias, acompanhada de cópia do requerimento e das peças necessárias, permanecendo os autos em juízo, e os casos de urgência ou de perigo deverão ser justificados e fundamentados em decisão que contenha elementos do caso concreto que justifiquem essa medida excepcional.

Parágrafo com redação dada pela Lei n. 13.964, de 24.12.2019.

§ 4º No caso de descumprimento de qualquer das obrigações impostas, o juiz, mediante requerimento do Ministério Público, de seu assistente ou do querelante, poderá substituir a medida, impor outra em cumulação, ou, em último caso, decretar a prisão preventiva, nos termos do parágrafo único do art. 312 deste Código.

Parágrafo com redação dada pela Lei n. 13.964, de 24.12.2019.

§ 5º O juiz poderá, de ofício ou a pedido das partes, revogar a medida cautelar ou substituí-la quando verificar a falta de motivo para que subsista, bem como voltar a decretá-la, se sobrevierem razões que a justifiquem.

Parágrafo com redação dada pela Lei n. 13.964, de 24.12.2019.

§ 6º A prisão preventiva somente será determinada quando não for cabível a sua substituição por outra medida cautelar, observado o art. 319 deste Código, e o não cabimento da substituição por outra medida cautelar deverá ser justificado de forma fundamentada nos elementos presentes do caso concreto, de forma individualizada.

Parágrafo acrescentado pela Lei n. 13.964, de 24.12.2019.

Art. 283. Ninguém poderá ser preso senão em flagrante delito ou por ordem escrita e fundamentada da autoridade judiciária competente, em decorrência de prisão cautelar ou em virtude de condenação criminal transitada em julgado.

Caput com redação dada pela Lei n. 13.964, de 24.12.2019.

Veja art. 150, CP.

Veja art. 2º, § 4º, Lei n. 8.072, de 25.07.1990.

§ 1º As medidas cautelares previstas neste Título não se aplicam à infração a que não for isolada, cumulativa ou alternativamente cominada pena privativa de liberdade.

§ 2º A prisão poderá ser efetuada em qualquer dia e a qualquer hora, respeitadas as restrições relativas à inviolabilidade do domicílio.

Art. 284. Não será permitido o emprego de força, salvo a indispensável no caso de resistência ou de tentativa de fuga do preso.

Veja arts. 329 e 352, CP.

Veja Súmula vinculante n. 11, STF.

Art. 285. A autoridade que ordenar a prisão fará expedir o respectivo mandado.

Parágrafo único. O mandado de prisão:

a) será lavrado pelo escrivão e assinado pela autoridade;

b) designará a pessoa, que tiver de ser presa, por seu nome, alcunha ou sinais característicos;

c) mencionará a infração penal que motivar a prisão;

d) declarará o valor da fiança arbitrada, quando afiançável a infração;

e) será dirigido a quem tiver qualidade para dar-lhe execução.

Art. 286. O mandado será passado em duplicata, e o executor entregará ao preso, logo depois da prisão, um dos exemplares com declaração do dia, hora e lugar da diligência. Da entrega deverá o preso passar recibo no outro exemplar; se recusar, não souber ou não puder escrever, o fato será mencionado em declaração, assinada por duas testemunhas.

Art. 287. Se a infração for inafiançável, a falta de exibição do mandado não obstará a prisão, e o preso, em tal caso, será imediatamente apresentado ao juiz que tiver expedido o mandado, para a realização de audiência de custódia.

Artigo com redação dada pela Lei n. 13.964, de 24.12.2019.

Art. 288. Ninguém será recolhido à prisão, sem que seja exibido o mandado ao respectivo diretor ou carcereiro, a quem será entregue cópia assinada pelo executor ou apresentada a guia expedida pela autoridade competente, devendo ser passado recibo da entrega do preso, com declaração de dia e hora.

Parágrafo único. O recibo poderá ser passado no próprio exemplar do mandado, se este for o documento exibido.

Art. 289. Quando o acusado estiver no território nacional, fora da jurisdição do juiz processante, será deprecada a sua prisão, devendo constar da precatória o inteiro teor do mandado.

Caput com redação dada pela Lei n. 12.403, de 04.05.2011.

§ 1º Havendo urgência, o juiz poderá requisitar a prisão por qualquer meio de comunicação, do qual deverá constar o motivo da prisão, bem como o valor da fiança se arbitrada.

Antigo parágrafo único renumerado e com redação dada pela Lei n. 12.403, de 04.05.2011.

§ 2º A autoridade a quem se fizer a requisição tomará as precauções necessárias para averiguar a autenticidade da comunicação.

Parágrafo acrescentado pela Lei n. 12.403, de 04.05.2011.

§ 3º O juiz processante deverá providenciar a remoção do preso no prazo máximo de 30 (trinta) dias, contados da efetivação da medida.

Parágrafo acrescentado pela Lei n. 12.403, de 04.05.2011.

Art. 289-A. O juiz competente providenciará o imediato registro do mandado de prisão em banco de dados mantido pelo Conselho Nacional de Justiça para essa finalidade.

Artigo acrescentado pela Lei n. 12.403, de 04.05.2011.

Veja Res. n. 417, de 20.09.2021, CNJ.

§ 1º Qualquer agente policial poderá efetuar a prisão determinada no mandado de prisão registrado no Conselho Nacional de Justiça, ainda que fora da competência territorial do juiz que o expediu.

§ 2º Qualquer agente policial poderá efetuar a prisão decretada, ainda que sem registro no Conselho Nacional de Justiça, adotando as precauções necessárias para averiguar a autenticidade do mandado e comunicando ao juiz que a decretou, devendo este providenciar, em seguida, o registro do mandado na forma do *caput* deste artigo.

§ 3º A prisão será imediatamente comunicada ao juiz do local de cumprimento da medida o qual providenciará a certidão extraída do registro do Conselho Nacional de Justiça e informará ao juízo que a decretou.

§ 4º O preso será informado de seus direitos, nos termos do inciso LXIII do art. 5º da Constituição Federal e, caso o autuado não informe o nome de seu advogado, será comunicado à Defensoria Pública.

§ 5º Havendo dúvidas das autoridades locais sobre a legitimidade da pessoa do executor ou sobre a identidade do preso, aplica-se o disposto no § 2º do art. 290 deste Código.

§ 6º O Conselho Nacional de Justiça regulamentará o registro do mandado de prisão a que se refere o *caput* deste artigo.

Art. 290. Se o réu, sendo perseguido, passar ao território de outro município ou comarca, o executor poderá efetuar-lhe a prisão no lugar onde o alcançar, apresentando-o imediatamente à autoridade local, que, depois de lavrado, se for o caso, o auto de flagrante, providenciará para a remoção do preso.

§ 1º Entender-se-á que o executor vai em perseguição do réu, quando:

a) tendo-o avistado, for perseguindo-o sem interrupção, embora depois o tenha perdido de vista;

b) sabendo, por indícios ou informações fidedignas, que o réu tenha passado, há pouco tempo, em tal ou qual direção, pelo lugar em que o procure, for no seu encalço.

§ 2º Quando as autoridades locais tiverem fundadas razões para duvidar da legitimidade da pessoa do executor ou da legalidade do mandado que apresentar, poderão pôr em custódia o réu, até que fique esclarecida a dúvida.

Veja art. 289-A, § 5º, CPP.

Art. 291. A prisão em virtude de mandado entender-se-á feita desde que o executor, fazendo-se conhecer do réu, lhe apresente o mandado e o intime a acompanhá-lo.

Art. 292. Se houver, ainda que por parte de terceiros, resistência à prisão em flagrante ou à determinada por autoridade competente, o executor e as pessoas que o auxiliarem poderão usar dos meios necessários para defender-se ou para vencer a resistência, do que tudo se lavrará auto subscrito também por duas testemunhas.

Veja art. 329, CP.

Parágrafo único. É vedado o uso de algemas em mulheres grávidas durante os atos médico-hospitalares preparatórios para a realização do parto e durante o trabalho de parto, bem como em mulheres durante o período de puerpério imediato.

Parágrafo acrescentado pela Lei n. 13.434, de 12.04.2017.

Art. 293. Se o executor do mandado verificar, com segurança, que o réu entrou ou se encontra em alguma casa, o morador será intimado a entregá-lo, à vista da ordem de prisão. Se não for obedecido imediatamente, o executor convocará duas testemunhas e, sendo dia, entrará à força na casa, arrombando as portas, se preciso; sendo noite, o executor, depois da intimação ao morador, se não for atendido, fará guardar todas as saídas, tornando a casa incomunicável, e, logo que amanheça, arrombará as portas e efetuará a prisão.

Veja arts. 150 e 348, CP.

Veja Súmula vinculante n. 11, STF.

Parágrafo único. O morador que se recusar a entregar o réu oculto em sua casa será levado à presença da autoridade, para que se proceda contra ele como for de direito.

Art. 294. No caso de prisão em flagrante, observar-se-á o disposto no artigo anterior, no que for aplicável.

Art. 295. Serão recolhidos a quartéis ou a prisão especial, à disposição da autoridade competente, quando sujeitos a prisão antes de condenação definitiva:

Veja Súmula n. 717, STF.

I – os ministros de Estado;

II – os governadores ou interventores de Estados ou Territórios, o prefeito do Distrito Federal, seus respectivos secretários, os prefeitos municipais, os vereadores e os chefes de Polícia;

Inciso com redação dada pela Lei n. 3.181, de 11.06.1957.

III – os membros do Parlamento Nacional, do Conselho de Economia Nacional e das Assembleias Legislativas dos Estados;

IV – os cidadãos inscritos no "Livro de Mérito";

V – os oficiais das Forças Armadas e os militares dos Estados, do Distrito Federal e dos Territórios;

Inciso com redação dada pela Lei n. 10.258, de 11.07.2001.

VI – os magistrados;

VII – os diplomados por qualquer das faculdades superiores da República;

VIII – os ministros de confissão religiosa;

IX – os ministros do Tribunal de Contas;

X – os cidadãos que já tiverem exercido efetivamente a função de jurado, salvo quando excluídos da lista por motivo de incapacidade para o exercício daquela função;

XI – os delegados de polícia e os guardas-civis dos Estados e Territórios, ativos e inativos.

Inciso acrescentado pela Lei n. 4.760, de 23.08.1965, e com redação dada pela Lei n. 5.126, de 29.09.1966.

§ 1º A prisão especial, prevista neste Código ou em outras leis, consiste exclusivamente no recolhimento em local distinto da prisão comum.

Parágrafo acrescentado pela Lei n. 10.258, de 11.07.2001.

§ 2º Não havendo estabelecimento específico para o preso especial, este será recolhido em cela distinta do mesmo estabelecimento.

Parágrafo acrescentado pela Lei n. 10.258, de 11.07.2001.

§ 3º A cela especial poderá consistir em alojamento coletivo, atendidos os requisitos de salubridade do ambiente, pela concorrência dos fatores de aeração, insolação e condicionamento térmico adequados à existência humana.

Parágrafo acrescentado pela Lei n. 10.258, de 11.07.2001.

§ 4º O preso especial não será transportado juntamente com o preso comum.

Parágrafo acrescentado pela Lei n. 10.258, de 11.07.2001.

§ 5º Os demais direitos e deveres do preso especial serão os mesmos do preso comum.

Parágrafo acrescentado pela Lei n. 10.258, de 11.07.2001.

Art. 296. Os inferiores e praças de pré, onde for possível, serão recolhidos à prisão, em estabelecimentos militares, de acordo com os respectivos regulamentos.

Art. 297. Para o cumprimento de mandado expedido pela autoridade judiciária, a autoridade policial poderá expedir tantos outros quantos necessários às diligências, devendo neles ser fielmente reproduzido o teor do mandado original.

Art. 298. *(Revogado pela Lei n. 12.403, de 04.05.2011.)*

Art. 299. A captura poderá ser requisitada, à vista de mandado judicial, por qualquer meio de comunicação, tomadas pela autoridade, a quem se fizer a requisição, as precauções necessárias para averiguar a autenticidade desta.

Artigo com redação dada pela Lei n. 12.403, de 04.05.2011.

Art. 300. As pessoas presas provisoriamente ficarão separadas das que já estiverem definitivamente condenadas, nos termos da lei de execução penal.

Caput com redação dada e parágrafo acrescentado pela Lei n. 12.403, de 04.05.2011.

Parágrafo único. O militar preso em flagrante delito, após a lavratura dos procedimentos legais, será recolhido a quartel da instituição a que pertencer, onde ficará preso à disposição das autoridades competentes.

CAPÍTULO II
DA PRISÃO EM FLAGRANTE

Veja arts. 42, 121, § 4º, e 129, § 7º, CP.

Art. 301. Qualquer do povo poderá e as autoridades policiais e seus agentes deverão prender quem quer que seja encontrado em flagrante delito.

Veja art. 53, § 2º, CF.

Veja art. 7º, § 3º, EAOAB.

Veja Súmulas ns. 145 e 397, STF.

Art. 302. Considera-se em flagrante delito quem:

Veja Súmula n. 145, STF.

I – está cometendo a infração penal;

II – acaba de cometê-la;

III – é perseguido, logo após, pela autoridade, pelo ofendido ou por qualquer pessoa, em situação que faça presumir ser autor da infração;

IV – é encontrado, logo depois, com instrumentos, armas, objetos ou papéis que façam presumir ser ele autor da infração.

Art. 303. Nas infrações permanentes, entende-se o agente em flagrante delito enquanto não cessar a permanência.

Veja arts. 148 e 149, CP.

Art. 304. Apresentado o preso à autoridade competente, ouvirá esta o condutor e colherá, desde logo, sua assinatura, entregando a este cópia do termo e recibo de entrega do preso. Em seguida, procederá à oitiva das testemunhas que o acompanharem e ao interrogatório do acusado sobre a imputação que lhe é feita, colhendo, após cada oitiva suas respectivas assinaturas, lavrando, a autoridade, afinal, o auto.

Caput com redação dada pela Lei n. 11.113, de 13.05.2005.

§ 1º Resultando das respostas fundada a suspeita contra o conduzido, a autoridade mandará recolhê-lo à prisão, exceto no caso de livrar-se solto ou de prestar fiança, e prosseguirá nos atos do inquérito ou processo, se para isso for competente; se não o for, enviará os autos à autoridade que o seja.

§ 2º A falta de testemunhas da infração não impedirá o auto de prisão em flagrante; mas, nesse caso, com o condutor, deverão assiná-lo pelo menos duas pessoas que hajam testemunhado a apresentação do preso à autoridade.

§ 3º Quando o acusado se recusar a assinar, não souber ou não puder fazê-lo, o auto de prisão em flagrante será assinado por duas testemunhas, que tenham ouvido sua leitura na presença deste.

Parágrafo com redação dada pela Lei n. 11.113, de 13.05.2005.

§ 4º Da lavratura do auto de prisão em flagrante deverá constar a informação sobre a existência de filhos, respectivas idades e se possuem alguma deficiência e o nome e o contato de eventual responsável pelos cuidados dos filhos, indicado pela pessoa presa.

Parágrafo acrescentado pela Lei n. 13.257, de 08.03.2016.

Art. 305. Na falta ou no impedimento do escrivão, qualquer pessoa designada pela autoridade lavrará o auto, depois de prestado o compromisso legal.

Art. 306. A prisão de qualquer pessoa e o local onde se encontre serão comunicados imediatamente ao juiz competente, ao Ministério Público e à família do preso ou à pessoa por ele indicada.

Caput e parágrafos com redação dada pela Lei n. 12.403, de 04.05.2011.

§ 1º Em até 24 (vinte e quatro) horas após a realização da prisão, será encaminhado ao juiz competente o auto de prisão em flagrante e, caso o autuado não informe o nome de seu advogado, cópia integral para a Defensoria Pública.

§ 2º No mesmo prazo, será entregue ao preso, mediante recibo, a nota de culpa, assinada pela autoridade, com o motivo da prisão, o nome do condutor e os das testemunhas.

Art. 307. Quando o fato for praticado em presença da autoridade, ou contra esta, no exercício de suas funções, constarão do auto a narração deste fato, a voz de prisão, as declarações que fizer o preso e os depoimentos das testemunhas, sendo tudo assinado pela autoridade, pelo preso e pelas testemunhas e remetido imediatamente ao juiz a quem couber tomar conhecimento do fato delituoso, se não o for a autoridade que houver presidido o auto.

Veja Súmula n. 397, STF.

Art. 308. Não havendo autoridade no lugar em que se tiver efetuado a prisão, o preso será logo apresentado à do lugar mais próximo.

Art. 309. Se o réu se livrar solto, deverá ser posto em liberdade, depois de lavrado o auto de prisão em flagrante.

Art. 310. Após receber o auto de prisão em flagrante, no prazo máximo de até 24 (vinte e quatro) horas após a realização da prisão, o juiz deverá promover audiência de custódia com a presença do acusado, seu advogado constituído ou membro da Defensoria Pública e o membro do Ministério Público, e, nessa audiência, o juiz deverá, fundamentadamente:

Caput com redação dada pela Lei n. 13.964, de 24.12.2019.

Veja art. 3º-B, II, CPP.

I – relaxar a prisão ilegal; ou

II – converter a prisão em flagrante em preventiva, quando presentes os requisitos constantes do art. 312 deste Código, e se revelarem inadequadas ou insuficientes as medidas cautelares diversas da prisão; ou

III – conceder liberdade provisória, com ou sem fiança.

§ 1º Se o juiz verificar, pelo auto de prisão em flagrante, que o agente praticou o fato em qualquer das condições constantes dos incisos I, II ou III do *caput* do art. 23 do Decreto-lei n. 2.848, de 7 de dezembro de 1940 (Código Penal), poderá, fundamentadamente, conceder ao acusado liberdade provisória, mediante termo de comparecimento obrigatório a todos os atos processuais, sob pena de revogação.

Antigo parágrafo único renumerado e com redação dada pela Lei n. 13.964, de 24.12.2019.

§ 2º Se o juiz verificar que o agente é reincidente ou que integra organização criminosa armada ou milícia, ou que porta arma de fogo de uso restrito, deverá denegar a liberdade provisória, com ou sem medidas cautelares.

Parágrafo acrescentado pela Lei n. 13.964, de 24.12.2019.

§ 3º A autoridade que deu causa, sem motivação idônea, à não realização da audiência de custódia no prazo estabelecido no *caput* deste artigo responderá administrativa, civil e penalmente pela omissão.

Parágrafo acrescentado pela Lei n. 13.964, de 24.12.2019.

§ 4º Transcorridas 24 (vinte e quatro) horas após o decurso do prazo estabelecido no *caput* deste artigo, a não realização de audiência de custódia sem motivação idônea ensejará também a ilegalidade da prisão, a ser relaxada pela autoridade competente, sem prejuízo da possibilidade de imediata decretação de prisão preventiva.

Parágrafo acrescentado pela Lei n. 13.964, de 24.12.2019.

Veja MC na ADI n. 6.298/DF, de 22.01.2020, que suspende a eficácia deste artigo.

CAPÍTULO III
DA PRISÃO PREVENTIVA

Veja arts. 42 e 121, § 4º, CP.

Veja art. 2º, II, DL n. 201, de 27.02.1967 (crimes de responsabilidade).

Veja art. 29, Lei n. 7.492, de 16.06.1986 (crimes contra o sistema financeiro).

Art. 311. Em qualquer fase da investigação policial ou do processo penal, caberá a prisão preventiva decretada pelo juiz, a requerimento do Ministério Público, do querelante ou do assistente, ou por representação da autoridade policial.

Artigo com redação dada pela Lei n. 13.964, de 24.12.2019.

Veja Súmulas ns. 21, 52 e 64, STJ.

Art. 312. A prisão preventiva poderá ser decretada como garantia da ordem pública, da ordem econômica, por conveniência da instrução criminal ou para assegurar a aplicação da lei penal, quando houver prova da existência do crime e indício suficiente de autoria e de perigo gerado pelo estado de liberdade do imputado.

Caput com redação dada pela Lei n. 13.964, de 24.12.2019.

Veja arts. 30 e 31, Lei n. 7.492, de 16.06.1986.

Veja Lei n. 9.455, de 07.04.1997.

Veja art. 44, *caput*, Lei n. 11.343, de 23.08.2006.

Veja Lei n. 12.850, de 02.08.2013.

§ 1º A prisão preventiva também poderá ser decretada em caso de descumprimento de qualquer das obrigações impostas por força de outras medidas cautelares (art. 282, § 4º).

Antigo parágrafo único renumerado pela Lei n. 13.964, de 24.12.2019.

§ 2º A decisão que decretar a prisão preventiva deve ser motivada e fundamentada em receio de perigo e existência concreta de fatos novos ou contemporâneos que justifiquem a aplicação da medida adotada.

Parágrafo acrescentado pela Lei n. 13.964, de 24.12.2019.

Art. 313. Nos termos do art. 312 deste Código, será admitida a decretação da prisão preventiva:

Caput e incisos com redação dada pela Lei n. 12.403, de 04.05.2011.

I – nos crimes dolosos punidos com pena privativa de liberdade máxima superior a 4 (quatro) anos;

II – se tiver sido condenado por outro crime doloso, em sentença transitada em julgado, ressalvado o disposto no inciso I do *caput* do art. 64 do Decreto-lei n. 2.848, de 7 de dezembro de 1940 – Código Penal;

III – se o crime envolver violência doméstica e familiar contra a mulher, criança, adolescente, idoso, enfermo ou pessoa com deficiência, para garantir a execução das medidas protetivas de urgência;

IV – *(Revogado pela Lei n. 12.403, de 04.05.2011.)*

§ 1º Também será admitida a prisão preventiva quando houver dúvida sobre a identidade civil da pessoa ou quando esta não fornecer elementos suficientes para esclarecê-la, devendo o preso ser colocado imediatamente em liberdade após a identificação, salvo se outra hipótese recomendar a manutenção da medida.

Antigo parágrafo único renumerado pela Lei n. 13.964, de 24.12.2019.

§ 2º Não será admitida a decretação da prisão preventiva com a finalidade de antecipação de cumprimento de pena ou como decorrência imediata de investigação criminal ou da apresentação ou recebimento de denúncia.

Parágrafo acrescentado pela Lei n. 13.964, de 24.12.2019.

Art. 314. A prisão preventiva em nenhum caso será decretada se o juiz verificar pelas provas constantes dos autos ter o agente praticado o fato nas condições previstas nos incisos I, II e III do *caput* do art. 23 do Decreto-lei n. 2.848, de 7 de dezembro de 1940 – Código Penal.

Artigo com redação dada pela Lei n. 12.403, de 04.05.2011.

Art. 315. A decisão que decretar, substituir ou denegar a prisão preventiva será sempre motivada e fundamentada.

Caput com redação dada pela Lei n. 13.964, de 24.12.2019.

§ 1º Na motivação da decretação da prisão preventiva ou de qualquer outra cautelar, o juiz deverá indicar concretamente a existência de fatos novos ou contemporâneos que justifiquem a aplicação da medida adotada.

Parágrafo acrescentado pela Lei n. 13.964, de 24.12.2019.

§ 2º Não se considera fundamentada qualquer decisão judicial, seja ela interlocutória, sentença ou acórdão, que:

Parágrafo e incisos acrescentados pela Lei n. 13.964, de 24.12.2019.

I – limitar-se à indicação, à reprodução ou à paráfrase de ato normativo, sem explicar sua relação com a causa ou a questão decidida;

II – empregar conceitos jurídicos indeterminados, sem explicar o motivo concreto de sua incidência no caso;

III – invocar motivos que se prestariam a justificar qualquer outra decisão;

IV – não enfrentar todos os argumentos deduzidos no processo capazes de, em tese, infirmar a conclusão adotada pelo julgador;

V – limitar-se a invocar precedente ou enunciado de súmula, sem identificar seus fundamentos determinantes nem demonstrar que o caso sob julgamento se ajusta àqueles fundamentos;

VI – deixar de seguir enunciado de súmula, jurisprudência ou precedente invocado pela parte, sem demonstrar a existência de distinção no caso em julgamento ou a superação do entendimento.

Art. 316. O juiz poderá, de ofício ou a pedido das partes, revogar a prisão preventiva se, no correr da investigação ou do processo, verificar a falta de motivo para que ela subsista, bem como novamente decretá-la, se sobrevierem razões que a justifiquem.

Caput com redação dada pela Lei n. 13.964, de 24.12.2019.

Parágrafo único. Decretada a prisão preventiva, deverá o órgão emissor da decisão revisar a necessidade de sua manutenção a cada 90 (noventa) dias, mediante decisão fundamentada, de ofício, sob pena de tornar a prisão ilegal.

Parágrafo acrescentado pela Lei n. 13.964, de 24.12.2019.

Veja arts. 492, II, *a*, e 647 e segs., CPP.

Veja art. 5º, LXXV, da CF.

CAPÍTULO IV
DA PRISÃO DOMICILIAR

Capítulo com denominação dada pela Lei n. 12.403, de 04.05.2011.

Veja art. 117, LEP.

Art. 317. A prisão domiciliar consiste no recolhimento do indiciado ou acusado em sua residência, só podendo dela ausentar-se com autorização judicial.

Artigo com redação dada pela Lei n. 12.403, de 04.05.2011.

Art. 318. Poderá o juiz substituir a prisão preventiva pela domiciliar quando o agente for:

Caput com redação dada pela Lei n. 12.403, de 04.05.2011.

Veja art. 318-B, CPP.

I – maior de 80 (oitenta) anos;

Inciso acrescentado pela Lei n. 12.403, de 04.05.2011.

II – extremamente debilitado por motivo de doença grave;

Inciso acrescentado pela Lei n. 12.403, de 04.05.2011.

III – imprescindível aos cuidados especiais de pessoa menor de 6 (seis) anos de idade ou com deficiência;

Inciso acrescentado pela Lei n. 12.403, de 04.05.2011.

IV – gestante;

Inciso com redação dada pela Lei n. 13.257, de 08.03.2016.

V – mulher com filho de até 12 (doze) anos de idade incompletos;

Inciso acrescentado pela Lei n. 13.257, de 08.03.2016.

VI – homem, caso seja o único responsável pelos cuidados do filho de até 12 (doze) anos de idade incompletos.

Inciso acrescentado pela Lei n. 13.257, de 08.03.2016.

Parágrafo único. Para a substituição, o juiz exigirá prova idônea dos requisitos estabelecidos neste artigo.

Parágrafo acrescentado pela Lei n. 12.403, de 04.05.2011.

Art. 318-A. A prisão preventiva imposta à mulher gestante ou que for mãe ou responsável por crianças ou pessoas com deficiência será substituída por prisão domiciliar, desde que:

Artigo acrescentado pela Lei n. 13.769, de 19.12.2018.

Veja art. 318-B, CPP.

I – não tenha cometido crime com violência ou grave ameaça a pessoa;

II – não tenha cometido o crime contra seu filho ou dependente.

Art. 318-B. A substituição de que tratam os arts. 318 e 318-A poderá ser efetuada sem prejuízo da aplicação concomitante das medidas alternativas previstas no art. 319 deste Código.

Artigo acrescentado pela Lei n. 13.769, de 19.12.2018.

CAPÍTULO V
DAS OUTRAS MEDIDAS CAUTELARES

Capítulo com denominação dada pela Lei n. 12.403, de 04.05.2011.

Art. 319. São medidas cautelares diversas da prisão:

Caput com redação dada pela Lei n. 12.403, de 04.05.2011.

Veja arts. 282, § 6º, 318-B e 321, CPP.

I – comparecimento periódico em juízo, no prazo e nas condições fixadas pelo juiz, para informar e justificar atividades;

Inciso com redação dada pela Lei n. 12.403, de 04.05.2011.

II – proibição de acesso ou frequência a determinados lugares quando, por circunstâncias relacionadas ao fato, deva o indiciado ou acusado permanecer distante desses locais para evitar o risco de novas infrações;

Inciso com redação dada pela Lei n. 12.403, de 04.05.2011.

III – proibição de manter contato com pessoa determinada quando, por circunstâncias relacionadas ao fato, deva o indiciado ou acusado dela permanecer distante;

Inciso com redação dada pela Lei n. 12.403, de 04.05.2011.

IV – proibição de ausentar-se da Comarca quando a permanência seja conveniente ou necessária para a investigação ou instrução;

Inciso acrescentado pela Lei n. 12.403, de 04.05.2011.

V – recolhimento domiciliar no período noturno e nos dias de folga quando o investigado ou acusado tenha residência e trabalho fixos;

Inciso acrescentado pela Lei n. 12.403, de 04.05.2011.

VI – suspensão do exercício de função pública ou de atividade de natureza econômica ou financeira quando houver justo receio de sua utilização para a prática de infrações penais;

Inciso acrescentado pela Lei n. 12.403, de 04.05.2011.

VII – internação provisória do acusado nas hipóteses de crimes praticados com violência ou grave ameaça, quando os peritos concluírem ser inimputável ou semi-imputável (art. 26 do Código Penal) e houver risco de reiteração;

Inciso acrescentado pela Lei n. 12.403, de 04.05.2011.

VIII – fiança, nas infrações que a admitem, para assegurar o comparecimento a atos do processo, evitar a obstrução do seu andamento ou em caso de resistência injustificada à ordem judicial;

Inciso acrescentado pela Lei n. 12.403, de 04.05.2011.

IX – monitoração eletrônica.

Inciso acrescentado pela Lei n. 12.403, de 04.05.2011.

Veja Decreto n. 7.627, de 24.11.2011.

§§ 1º a 3º *(Revogados pela Lei n. 12.403, de 04.05.2011.)*

§ 4º A fiança será aplicada de acordo com as disposições do Capítulo VI deste Título, podendo ser cumulada com outras medidas cautelares.

Parágrafo acrescentado pela Lei n. 12.403, de 04.05.2011.

Art. 320. A proibição de ausentar-se do País será comunicada pelo juiz às autoridades encarregadas de fiscalizar as saídas do território nacional, intimando-se o indiciado ou acusado para entregar o passaporte, no prazo de 24 (vinte e quatro) horas.

Artigo com redação dada pela Lei n. 12.403, de 04.05.2011.

CAPÍTULO VI
DA LIBERDADE PROVISÓRIA, COM OU SEM FIANÇA

Art. 321. Ausentes os requisitos que autorizam a decretação da prisão preventiva, o juiz deverá conceder liberdade provisória, impondo, se for o caso, as medidas cautelares previstas no art. 319 deste Código e observados os critérios constantes do art. 282 deste Código.

Caput com redação dada pela Lei n. 12.403, de 04.05.2011.

Veja art. 5º, LXVI, CF.

I e II – *(Revogados pela Lei n. 12.403, de 04.05.2011.)*

Art. 322. A autoridade policial somente poderá conceder fiança nos casos de infração cuja pena privativa de liberdade máxima não seja superior a 4 (quatro) anos.

Caput com redação dada pela Lei n. 12.403, de 04.05.2011.

Parágrafo único. Nos demais casos, a fiança será requerida ao juiz, que decidirá em 48 (quarenta e oito) horas.

Parágrafo com redação dada pela Lei n. 12.403, de 04.05.2011.

Veja art. 333, CP.

Art. 323. Não será concedida fiança:

Caput e incisos com redação dada pela Lei n. 12.403, de 04.05.2011.

Veja art. 380, CPP.

Veja Lei n. 9.613, de 03.03.1998.

I – nos crimes de racismo;

Veja art. 5º, XLII, CF.

II – nos crimes de tortura, tráfico ilícito de entorpecentes e drogas afins, terrorismo e nos definidos como crimes hediondos;

Veja art. 5º, XLIII, CF.

Veja art. 2º, II, Lei n. 8.072, de 25.07.1990.
Veja art. 1º, § 6º, Lei n. 9.455, de 07.04.1997.
Veja art. 44, Lei n. 11.343, de 23.08.2006.

III – nos crimes cometidos por grupos armados, civis ou militares, contra a ordem constitucional e o Estado Democrático;

Veja art. 5º, XLIV, CF.

IV e V – *(Revogados pela Lei n. 12.403, de 04.05.2011.)*

Art. 324. Não será, igualmente, concedida fiança:

Caput com redação dada pela Lei n. 12.403, de 04.05.2011.

I – aos que, no mesmo processo, tiverem quebrado fiança anteriormente concedida ou infringido, sem motivo justo, qualquer das obrigações a que se referem os arts. 327 e 328 deste Código;

Inciso com redação dada pela Lei n. 12.403, de 04.05.2011.

II – em caso de prisão civil ou militar;

Inciso com redação dada pela Lei n. 12.403, de 04.05.2011.

III – *(Revogado pela Lei n. 12.403, de 04.05.2011.)*

IV – quando presentes os motivos que autorizam a decretação da prisão preventiva (art. 312).

Inciso acrescentado pela Lei n. 6.416, de 24.05.1977, e com redação dada pela Lei n. 12.403, de 04.05.2011.

Art. 325. O valor da fiança será fixado pela autoridade que a conceder nos seguintes limites:

Caput com redação dada pela Lei n. 12.403, de 04.05.2011.

a) *(Revogada pela Lei n. 12.403, de 04.05.2011.)*

b) *(Revogada pela Lei n. 12.403, de 04.05.2011.)*

c) *(Revogada pela Lei n. 12.403, de 04.05.2011.)*

I – de 1 (um) a 100 (cem) salários mínimos, quando se tratar de infração cuja pena privativa de liberdade, no grau máximo, não for superior a 4 (quatro) anos;

Inciso acrescentado pela Lei n. 12.403, de 04.05.2011.

II – de 10 (dez) a 200 (duzentos) salários mínimos, quando o máximo da pena privativa de liberdade cominada for superior a 4 (quatro) anos.

Inciso acrescentado pela Lei n. 12.403, de 04.05.2011.

§ 1º Se assim recomendar a situação econômica do preso, a fiança poderá ser:

Parágrafo com redação dada pela Lei n. 12.403, de 04.05.2011.

I – dispensada, na forma do art. 350 deste Código;

Inciso com redação dada pela Lei n. 12.403, de 04.05.2011.

II – reduzida até o máximo de 2/3 (dois terços); ou

Inciso com redação dada pela Lei n. 12.403, de 04.05.2011.

III – aumentada em até 1.000 (mil) vezes.

Inciso acrescentado pela Lei n. 12.403, de 04.05.2011.

§ 2º *(Revogado pela Lei n. 12.403, de 04.05.2011.)*

I a III – *(Revogados pela Lei n. 12.403, de 04.05.2011.)*

Art. 326. Para determinar o valor da fiança, a autoridade terá em consideração a natureza da infração, as condições pessoais de fortuna e vida pregressa do acusado, as circunstâncias indicativas de sua periculosidade, bem como a importância provável das custas do processo, até final julgamento.

Art. 327. A fiança tomada por termo obrigará o afiançado a comparecer perante a autoridade, todas as vezes que for intimado para atos do inquérito e da instrução criminal e para o julgamento. Quando o réu não comparecer, a fiança será havida como quebrada.

Veja arts. 324, I, 329, parágrafo único, e 350, CPP.

Art. 328. O réu afiançado não poderá, sob pena de quebramento da fiança, mudar de residência, sem prévia permissão da autoridade processante, ou ausentar-se por mais de 8 (oito) dias de sua residência, sem comunicar àquela autoridade o lugar onde será encontrado.

Veja arts. 324, I, 329, parágrafo único, e 350, CPP.

Art. 329. Nos juízos criminais e delegacias de polícia, haverá um livro especial, com termos de abertura e de encerramento, numerado e rubricado em todas as suas folhas pela autoridade, destinado especialmente aos termos de fiança. O termo será lavrado pelo escrivão e assinado pela autoridade e por quem prestar a fiança, e dele extrair-se-á certidão para juntar-se aos autos.

Parágrafo único. O réu e quem prestar a fiança serão pelo escrivão notificados das obrigações e da sanção previstas nos arts. 327 e 328, o que constará dos autos.

Art. 330. A fiança, que será sempre definitiva, consistirá em depósito de dinheiro, pedras, objetos ou metais preciosos, títulos da dívida pública, federal, estadual ou municipal, ou em hipoteca inscrita em primeiro lugar.

§ 1º A avaliação de imóvel, ou de pedras, objetos ou metais preciosos será feita imediatamente por perito nomeado pela autoridade.

§ 2º Quando a fiança consistir em caução de títulos da dívida pública, o valor será determinado pela sua cotação em Bolsa, e, sendo nominativos, exigir-se-á prova de que se acham livres de ônus.

Art. 331. O valor em que consistir a fiança será recolhido à repartição arrecadadora federal ou estadual, ou entregue ao depositário público, juntando-se aos autos os respectivos conhecimentos.

Parágrafo único. Nos lugares em que o depósito não se puder fazer de pronto, o valor será entregue ao escrivão ou pessoa abonada, a critério da autoridade, e dentro de 3 (três) dias dar-se-á ao valor o destino que lhe assina este artigo, o que tudo constará do termo de fiança.

Art. 332. Em caso de prisão em flagrante, será competente para conceder a fiança a autoridade que presidir ao respectivo auto, e, em caso de prisão por mandado, o juiz que o houver expedido, ou a autoridade judiciária ou policial a quem tiver sido requisitada a prisão.

Art. 333. Depois de prestada a fiança, que será concedida independentemente de audiência do Ministério Público, este terá vista do processo a fim de requerer o que julgar conveniente.

Art. 334. A fiança poderá ser prestada enquanto não transitar em julgado a sentença condenatória.

Artigo com redação dada pela Lei n. 12.403, de 04.05.2011.

Art. 335. Recusando ou retardando a autoridade policial a concessão da fiança, o preso, ou alguém por ele, poderá prestá-la, mediante simples petição, perante o juiz competente, que decidirá em 48 (quarenta e oito) horas.

Artigo com redação dada pela Lei n. 12.403, de 04.05.2011.

Art. 336. O dinheiro ou objetos dados como fiança servirão ao pagamento das custas, da indenização do dano, da prestação pecuniária e da multa, se o réu for condenado.

Caput com redação dada pela Lei n. 12.403, de 04.05.2011.

Parágrafo único. Este dispositivo terá aplicação ainda no caso da prescrição depois da sentença condenatória (art. 110 do Código Penal).

Parágrafo com redação dada pela Lei n. 12.403, de 04.05.2011.

Art. 337. Se a fiança for declarada sem efeito ou passar em julgado sentença que houver absolvido o acusado ou declarada extinta a ação penal, o valor que a constituir, atualizado, será restituído sem desconto, salvo o disposto no parágrafo único do art. 336 deste Código.

Artigo com redação dada pela Lei n. 12.403, de 04.05.2011.

Art. 338. A fiança que se reconheça não ser cabível na espécie será cassada em qualquer fase do processo.

Art. 339. Será também cassada a fiança quando reconhecida a existência de delito inafiançável, no caso de inovação na classificação do delito.

Veja Súmula n. 81, STJ.

Art. 340. Será exigido o reforço da fiança:

I – quando a autoridade tomar, por engano, fiança insuficiente;

II – quando houver depreciação material ou perecimento dos bens hipotecados ou caucionados, ou depreciação dos metais ou pedras preciosas;

III – quando for inovada a classificação do delito.

Parágrafo único. A fiança ficará sem efeito e o réu será recolhido à prisão, quando, na conformidade deste artigo, não for reforçada.

Art. 341. Julgar-se-á quebrada a fiança quando o acusado:

Caput com redação dada pela Lei n. 12.403, de 04.05.2011.

I – regularmente intimado para ato do processo, deixar de comparecer, sem motivo justo;

Inciso acrescentado pela Lei n. 12.403, de 04.05.2011.

II – deliberadamente praticar ato de obstrução ao andamento do processo;

Inciso acrescentado pela Lei n. 12.403, de 04.05.2011.

III – descumprir medida cautelar imposta cumulativamente com a fiança;

Inciso acrescentado pela Lei n. 12.403, de 04.05.2011.

IV – resistir injustificadamente a ordem judicial;

Inciso acrescentado pela Lei n. 12.403, de 04.05.2011.

V – praticar nova infração penal dolosa.

Inciso acrescentado pela Lei n. 12.403, de 04.05.2011.

Art. 342. Se vier a ser reformado o julgamento em que se declarou quebrada a fiança, esta subsistirá em todos os seus efeitos.

Art. 343. O quebramento injustificado da fiança importará na perda de metade do seu valor, cabendo ao juiz decidir sobre a imposição de outras medidas cautelares ou, se for o caso, a decretação da prisão preventiva.

Artigo com redação dada pela Lei n. 12.403, de 04.05.2011.

Art. 344. Entender-se-á perdido, na totalidade, o valor da fiança, se, condenado, o acusado não se apresentar para o início do cumprimento da pena definitivamente imposta.

Artigo com redação dada pela Lei n. 12.403, de 04.05.2011.

Art. 345. No caso de perda da fiança, o seu valor, deduzidas as custas e mais encargos a que o acusado estiver obrigado, será recolhido ao fundo penitenciário, na forma da lei.

Artigo com redação dada pela Lei n. 12.403, de 04.05.2011.

Veja arts. 346 e 347, CPP.

Art. 346. No caso de quebramento de fiança, feitas as deduções previstas no art. 345 deste Código, o valor restante será recolhido ao fundo penitenciário, na forma da lei.

Artigo com redação dada pela Lei n. 12.403, de 04.05.2011.

Art. 347. Não ocorrendo a hipótese do art. 345, o saldo será entregue a quem houver prestado a fiança, depois de deduzidos os encargos a que o réu estiver obrigado.

Art. 348. Nos casos em que a fiança tiver sido prestada por meio de hipoteca, a execução será promovida no juízo cível pelo órgão do Ministério Público.

Art. 349. Se a fiança consistir em pedras, objetos ou metais preciosos, o juiz determinará a venda por leiloeiro ou corretor.

Art. 350. Nos casos em que couber fiança, o juiz, verificando a situação econômica do preso, poderá conceder-lhe liberdade provisória, sujeitando-o às obrigações constantes dos arts. 327 e 328 deste Código e a outras medidas cautelares, se for o caso.

Caput com redação dada pela Lei n. 12.403, de 04.05.2011.

Parágrafo único. Se o beneficiado descumprir, sem motivo justo, qualquer das obrigações ou medidas impostas, aplicar-se-á o disposto no § 4º do art. 282 deste Código.

Parágrafo com redação dada pela Lei n. 12.403, de 04.05.2011.

TÍTULO X
DAS CITAÇÕES E INTIMAÇÕES

CAPÍTULO I
DAS CITAÇÕES

Veja art. 3º, § 1º, Lei n. 1.579, de 18.03.1952 (CPI).

Art. 351. A citação inicial far-se-á por mandado, quando o réu estiver no território sujeito à jurisdição do juiz que a houver ordenado.

Art. 352. O mandado de citação indicará:

Veja art. 260, parágrafo único, CPP.

I – o nome do juiz;

II – o nome do querelante nas ações iniciadas por queixa;

III – o nome do réu, ou, se for desconhecido, os seus sinais característicos;

IV – a residência do réu, se for conhecida;

V – o fim para que é feita a citação;

VI – o juízo e o lugar, o dia e a hora em que o réu deverá comparecer;

VII – a subscrição do escrivão e a rubrica do juiz.

Art. 353. Quando o réu estiver fora do território da jurisdição do juiz processante, será citado mediante precatória.

Veja Súmula n. 155, STF.

Veja Súmula n. 273, STJ.

Art. 354. A precatória indicará:

Veja art. 356, CPP.

I – o juiz deprecado e o juiz deprecante;

II – a sede da jurisdição de um e de outro;

III – o fim para que é feita a citação, com todas as especificações;

IV – o juízo do lugar, o dia e a hora em que o réu deverá comparecer.

Art. 355. A precatória será devolvida ao juiz deprecante, independentemente de traslado, depois de lançado o "cumpra-se" e de feita a citação por mandado do juiz deprecado.

§ 1º Verificado que o réu se encontra em território sujeito à jurisdição de outro juiz, a este remeterá o juiz deprecado os autos para efetivação da diligência, desde que haja tempo para fazer-se a citação.

§ 2º Certificado pelo oficial de justiça que o réu se oculta para não ser citado, a precatória será imediatamente devolvida, para o fim previsto no art. 362.

Art. 356. Se houver urgência, a precatória, que conterá em resumo os requisitos enumerados no art. 354, poderá ser expedida por via telegráfica, depois de reconhecida a firma do juiz, o que a estação expedidora mencionará.

Art. 357. São requisitos da citação por mandado:

Veja art. 371, CPP.

I – leitura do mandado ao citando pelo oficial e entrega da contrafé, na qual se mencionarão dia e hora da citação;

II – declaração do oficial, na certidão, da entrega da contrafé, e sua aceitação ou recusa.

Art. 358. A citação do militar far-se-á por intermédio do chefe do respectivo serviço.

Art. 359. O dia designado para funcionário público comparecer em juízo, como acusado, será notificado assim a ele como ao chefe de sua repartição.

Art. 360. Se o réu estiver preso, será pessoalmente citado.

Artigo com redação dada pela Lei n. 10.792, de 01.12.2003.

Veja Súmula n. 351, STJ.

Art. 361. Se o réu não for encontrado, será citado por edital, com o prazo de 15 (quinze) dias.

Veja Súmula n. 351, STJ.

Art. 362. Verificando que o réu se oculta para não ser citado, o oficial de justiça certificará a ocorrência e procederá à citação com hora certa, na forma estabelecida nos arts. 227 a 229 da Lei n. 5.869, de 11 de janeiro de 1973 – Código de Processo Civil.

Caput com redação dada pela Lei n. 11.719, de 20.06.2008.

Refere-se ao CPC/73. Veja arts. 252 a 254, CPC.

Veja art. 355, § 2º, CPP.

Parágrafo único. Completada a citação com hora certa, se o acusado não comparecer, ser-lhe-á nomeado defensor dativo.

Parágrafo acrescentado pela Lei n. 11.719, de 20.06.2008.

Art. 363. O processo terá completada a sua formação quando realizada a citação do acusado.

Caput com redação dada pela Lei n. 11.719, de 20.06.2008.

I e II – (*Revogados pela Lei n. 11.719, de 20.06.2008.*)

§ 1º Não sendo encontrado o acusado, será procedida a citação por edital.

Parágrafo acrescentado pela Lei n. 11.719, de 20.06.2008.

§§ 2º e 3º (*Vetados.*)

Parágrafos acrescentados pela Lei n. 11.719, de 20.06.2008.

§ 4º Comparecendo o acusado citado por edital, em qualquer tempo, o processo observará o disposto nos arts. 394 e seguintes deste Código.

Parágrafo acrescentado pela Lei n. 11.719, de 20.06.2008.

Art. 364. No caso do artigo anterior, n. I, o prazo será fixado pelo juiz entre 15 (quinze) e 90 (noventa) dias, de acordo com as circunstâncias, e, no caso de n. II, o prazo será de 30 (trinta) dias.

Art. 365. O edital de citação indicará:

I – o nome do juiz que a determinar;

II – o nome do réu, ou, se não for conhecido, os seus sinais característicos, bem como sua residência e profissão, se constarem do processo;

Veja art. 259, CPP.

III – o fim para que é feita a citação;

IV – o juízo e o dia, a hora e o lugar em que o réu deverá comparecer;

V – o prazo, que será contado do dia da publicação do edital na imprensa, se houver, ou da sua afixação.

Parágrafo único. O edital será afixado à porta do edifício onde funcionar o juízo e será publicado pela imprensa, onde houver, devendo a afixação ser certificada pelo oficial que a tiver feito e a publicação provada por exemplar do jornal ou certidão do escrivão, da qual conste a página do jornal com a data da publicação.

Art. 366. Se o acusado, citado por edital, não comparecer, nem constituir advogado, ficarão suspensos o processo e o curso do prazo prescricional, podendo o juiz determinar a produção antecipada das provas consideradas urgentes e, se for o caso, decretar prisão preventiva, nos termos do disposto no art. 312.

Caput com redação dada pela Lei n. 9.271, de 17.04.1996.

Veja art. 2º, § 2º, da Lei n. 9.613, de 03.03.1998.

Veja art. 60, § 3º, Lei n. 11.343, de 23.08.2006.

Veja Súmulas ns. 415 e 455, STJ.

§ 1º *(Revogado pela Lei n. 11.719, de 20.06.2008.)*

§ 2º *(Revogado pela Lei n. 11.719, de 20.06.2008.)*

Art. 367. O processo seguirá sem a presença do acusado que, citado ou intimado pessoalmente para qualquer ato, deixar de comparecer sem motivo justificado, ou, no caso de mudança de residência, não comunicar o novo endereço ao juízo.

Artigo com redação dada pela Lei n. 9.271, de 17.04.1996.

Art. 368. Estando o acusado no estrangeiro, em lugar sabido, será citado mediante carta rogatória, suspendendo-se o curso do prazo de prescrição até o seu cumprimento.

Artigo com redação dada pela Lei n. 9.271, de 17.04.1996.

Art. 369. As citações que houverem de ser feitas em legações estrangeiras serão efetuadas mediante carta rogatória.

Artigo com redação dada pela Lei n. 9.271, de 17.04.1996.

CAPÍTULO II
DAS INTIMAÇÕES

Veja art. 3º, § 1º, Lei n. 1.579, de 18.03.1952 (CPI).

Art. 370. Nas intimações dos acusados, das testemunhas e demais pessoas que devam tomar conhecimento de qualquer ato, será observado, no que for aplicável, o disposto no Capítulo anterior.

Caput com redação dada pela Lei n. 9.271, de 17.04.1996.

Veja Súmulas ns. 155, 310, 431, 707 e 710, STF.

Veja Súmula n. 273, STJ.

§ 1º A intimação do defensor constituído, do advogado do querelante e do assistente far-se-á por publicação no órgão incumbido da publicidade dos atos judiciais da comarca, incluindo, sob pena de nulidade, o nome do acusado.

Parágrafo renumerado pela Lei n. 8.701, de 01.09.1993, e com redação dada pela Lei n. 9.271, de 17.04.1996.

Veja art. 420, II, CPP.

§ 2º Caso não haja órgão de publicação dos atos judiciais na comarca, a intimação far-se-á diretamente pelo escrivão, por mandado, ou via postal com comprovante de recebimento, ou por qualquer outro meio idôneo.

Parágrafo acrescentado pela Lei n. 8.701, de 01.09.1993, e com redação dada pela Lei n. 9.271, de 17.04.1996.

§ 3º A intimação pessoal, feita pelo escrivão, dispensará a aplicação a que alude o § 1º.

Parágrafo acrescentado pela Lei n. 9.271, de 17.04.1996.

§ 4º A intimação do Ministério Público e do defensor nomeado será pessoal.

Parágrafo acrescentado pela Lei n. 9.271, de 17.04.1996.

Art. 371. Será admissível a intimação por despacho na petição em que for requerida, observado o disposto no art. 357.

Art. 372. Adiada, por qualquer motivo, a instrução criminal, o juiz marcará desde logo, na presença das partes e testemunhas, dia e hora para seu prosseguimento, do que se lavrará termo nos autos.

TÍTULO XI
DA APLICAÇÃO PROVISÓRIA DE INTERDIÇÕES DE DIREITOS E MEDIDAS DE SEGURANÇA

Veja arts. 147, 171 e 172, LEP, que prejudicaram os arts. 373 a 380 deste Título.

Veja arts. 43, 44 e 47, CP.

Art. 373. A aplicação provisória de interdições de direitos poderá ser determinada pelo juiz, de ofício, ou a requerimento do Ministério Público, do querelante, do assistente, do ofendido, ou de seu representante legal, ainda que este não se tenha constituído como assistente:

I – durante a instrução criminal após a apresentação da defesa ou do prazo concedido para esse fim;

II – na sentença de pronúncia;

III – na decisão confirmatória da pronúncia ou na que, em grau de recurso, pronunciar o réu;

IV – na sentença condenatória recorrível.

§ 1º No caso do n. I, havendo requerimento de aplicação da medida, o réu ou seu defensor será ouvido no prazo de 2 (dois) dias.

§ 2º Decretada a medida, serão feitas as comunicações necessárias para a sua execução, na forma do disposto no Capítulo III do Título II do Livro IV.

Art. 374. Não caberá recurso do despacho ou da parte da sentença que decretar ou denegar a aplicação provisória de interdições de direitos, mas estas poderão ser substituídas ou revogadas:

Veja art. 597, CPP.

I – se aplicadas no curso da instrução criminal, durante esta ou pelas sentenças a que se referem os ns. II, III e IV do artigo anterior;

II – se aplicadas na sentença de pronúncia, pela decisão que, em grau de recurso, a confirmar, total ou parcialmente, ou pela sentença condenatória recorrível;

III – se aplicadas na decisão a que se refere o n. III do artigo anterior, pela sentença condenatória recorrível.

Art. 375. O despacho que aplicar, provisoriamente, substituir ou revogar interdição de direito, será fundamentado.

Art. 376. A decisão que impronunciar ou absolver o réu fará cessar a aplicação provisória da interdição anteriormente determinada.

Art. 377. Transitando em julgado a sentença condenatória, serão executadas somente as interdições nela aplicadas ou que derivarem da imposição da pena principal.

Art. 378. A aplicação provisória de medida de segurança obedecerá ao disposto nos artigos anteriores, com as modificações seguintes:

Veja art. 597, CPP.

I – o juiz poderá aplicar, provisoriamente, a medida de segurança, de ofício, ou a requerimento do Ministério Público;

II – a aplicação poderá ser determinada ainda no curso do inquérito, mediante representação da autoridade policial;

III – a aplicação provisória de medida de segurança, a substituição ou a revogação da anteriormente aplicada poderão ser determinadas, também, na sentença absolutória;

IV – decretada a medida, atender-se-á ao disposto no Título V do Livro IV, no que for aplicável.

Art. 379. Transitando em julgado a sentença, observar-se-á, quanto à execução das medidas de segurança definitivamente aplicadas, o disposto no Título V do Livro IV.

Art. 380. A aplicação provisória de medida de segurança obstará a concessão de fiança, e tornará sem efeito a anteriormente concedida.

TÍTULO XII
DA SENTENÇA

Art. 381. A sentença conterá:

I – os nomes das partes ou, quando não possível, as indicações necessárias para identificá-las;

II – a exposição sucinta da acusação e da defesa;

III – a indicação dos motivos de fato e de direito em que se fundar a decisão;

Veja art. 59, CP.

IV – a indicação dos artigos de lei aplicados;

V – o dispositivo;

VI – a data e a assinatura do juiz.

Art. 382. Qualquer das partes poderá, no prazo de 2 (dois) dias, pedir ao juiz que declare a sentença, sempre que nela houver obscuridade, ambiguidade, contradição ou omissão.

Veja Súmula n. 710, STF.

Art. 383. O juiz, sem modificar a descrição do fato contida na denúncia ou queixa, poderá atribuir-lhe definição jurídica diversa, ainda que, em consequência, tenha de aplicar pena mais grave.

Caput com redação dada e parágrafos acrescentados pela Lei n. 11.719, de 20.06.2008.

Veja art. 617, CPP.

Veja Súmulas ns. 696 e 723, STF.

Veja Súmulas ns. 243 e 337, STJ.

§ 1º Se, em consequência de definição jurídica diversa, houver possibilidade de proposta de suspensão condicional do processo, o juiz procederá de acordo com o disposto na lei.

Veja art. 384, § 3º, CPP.

Veja Súmulas ns. 696 e 723, STF.

Veja Súmula n. 243, STJ.

§ 2º Tratando-se de infração da competência de outro juízo, a este serão encaminhados os autos.

Veja art. 384, § 3º, CPP.

Art. 384. Encerrada a instrução probatória, se entender cabível nova definição jurídica do fato, em consequência de prova existente nos autos de elemento ou circunstância da infração penal não contida na acusação, o Ministério Público deverá aditar a denúncia ou queixa, no prazo de 5 (cinco) dias, se em virtude desta houver sido instaurado o processo em crime de ação pública, reduzindo-se a termo o aditamento, quando feito oralmente.

Caput com redação dada pela Lei n. 11.719, de 20.06.2008.

Veja § 3º deste artigo e art. 411, § 3º, CPP.

§ 1º Não procedendo o órgão do Ministério Público ao aditamento, aplica-se o art. 28 deste Código.

Antigo parágrafo único renumerado e com redação dada pela Lei n. 11.719, de 20.06.2008.

Veja arts. 384, *caput* e § 3º, 411, § 3º, e 418, CPP.

§ 2º Ouvido o defensor do acusado no prazo de 5 (cinco) dias e admitido o aditamento, o juiz, a requerimento de qualquer das partes, designará dia e hora para continuação da audiência, com inquirição de testemunhas, novo interrogatório do acusado, realização de debates e julgamento.

Parágrafo acrescentado pela Lei n. 11.719, de 20.06.2008.

§ 3º Aplicam-se as disposições dos §§ 1º e 2º do art. 383 ao *caput* deste artigo.

Parágrafo acrescentado pela Lei n. 11.719, de 20.06.2008.

§ 4º Havendo aditamento, cada parte poderá arrolar até 3 (três) testemunhas, no prazo de 5 (cinco) dias, ficando o juiz, na sentença, adstrito aos termos do aditamento.

Parágrafo acrescentado pela Lei n. 11.719, de 20.06.2008.

§ 5º Não recebido o aditamento, o processo prosseguirá.

Parágrafo acrescentado pela Lei n. 11.719, de 20.06.2008.

Veja Súmula n. 453, STF.

Art. 385. Nos crimes de ação pública, o juiz poderá proferir sentença condenatória, ainda que o Ministério Público tenha opinado pela absolvição, bem como reconhecer agravantes, embora nenhuma tenha sido alegada.

Art. 386. O juiz absolverá o réu, mencionando a causa na parte dispositiva, desde que reconheça:

Veja art. 617, CPP.

Veja art. 21, § 4º, Lei n. 8.429, de 02.06.1992.

I – estar provada a inexistência do fato;

II – não haver prova da existência do fato;

III – não constituir o fato infração penal;

IV – estar provado que o réu não concorreu para a infração penal;

Inciso acrescentado pela Lei n. 11.690, de 09.06.2008.

V – não existir prova de ter o réu concorrido para a infração penal;

Antigo inciso IV renumerado pela Lei n. 11.690, de 09.06.2008.

Veja art. 5º, LVI, CF.

VI – existirem circunstâncias que excluam o crime ou isentem o réu de pena (arts. 20, 21, 22, 23, 26 e § 1º do art. 28, todos do Código Penal), ou mesmo se houver fundada dúvida sobre sua existência;

Inciso com redação dada pela Lei n. 11.690, de 09.06.2008.

Veja arts. 96 a 99, CP.

VII – não existir prova suficiente para a condenação.

Antigo inciso VI renumerado pela Lei n. 11.690, de 09.06.2008.

Veja art. 5º, LVI, CF.

Parágrafo único. Na sentença absolutória, o juiz:

I – mandará, se for o caso, pôr o réu em liberdade;

II – ordenará a cessação das medidas cautelares e provisoriamente aplicadas;

Inciso com redação dada pela Lei n. 11.690, de 09.06.2008.

III – aplicará medida de segurança, se cabível.

Veja Súmulas ns. 422 e 525, STF.

Art. 387. O juiz, ao proferir sentença condenatória:

Veja arts. 492, I, *d*, e 617, CPP.

Veja arts. 26, parágrafo único, 91, I, e 98, CP.

I – mencionará as circunstâncias agravantes ou atenuantes definidas no Código Penal, e cuja existência reconhecer;

Veja arts. 61 a 67, CP.

Veja Súmulas ns. 442 e 443, STF.

II – mencionará as outras circunstâncias apuradas e tudo o mais que deva ser levado em conta na aplicação da pena, de acordo com o disposto nos arts. 59 e 60 do Decreto-lei n. 2.848, de 7 de dezembro de 1940 – Código Penal;

Inciso com redação dada pela Lei n. 11.719, de 20.06.2008.

Veja Súmula n. 716, STF.

Veja Súmulas ns. 241, 440 e 444, STJ.

III – aplicará as penas de acordo com essas conclusões;

Inciso com redação dada pela Lei n. 11.719, de 20.06.2008.

Veja art. 59, CP.

IV – fixará valor mínimo para reparação dos danos causados pela infração, considerando os prejuízos sofridos pelo ofendido;

Inciso com redação dada pela Lei n. 11.719, de 20.06.2008.

Veja arts. 63, parágrafo único, 64 e 492, I, CPP.

V – atenderá, quanto à aplicação provisória de interdições de direitos e medidas de segurança, ao disposto no Título XI deste Livro;

Veja arts. 147, 171 e 172, LEP, que prejudicaram os arts. 373 a 380 do Título XI.

VI – determinará se a sentença deverá ser publicada na íntegra ou em resumo e designará o jornal em que será feita a publicação (art. 73, § 1º, do Código Penal).

Inciso prejudicado por não haver dispositivo na redação atual da Parte Geral que corresponda ao antigo art. 73, § 1º, CP.

§ 1º O juiz decidirá, fundamentadamente, sobre a manutenção ou, se for o caso, a imposição de prisão preventiva ou de outra medida cautelar, sem prejuízo do conhecimento de apelação que vier a ser interposta.

Antigo parágrafo único renumerado pela Lei n. 12.736, de 30.11.2012.

Veja art. 5º, LVII, CF.

Veja Súmula n. 347, STJ.

§ 2º O tempo de prisão provisória, de prisão administrativa ou de internação, no Brasil ou no estrangeiro, será computado para fins de determinação do regime inicial de pena privativa de liberdade.

Parágrafo acrescentado pela Lei n. 12.736, de 30.11.2012.

Art. 388. A sentença poderá ser datilografada e neste caso o juiz a rubricará em todas as folhas.

Art. 389. A sentença será publicada em mão do escrivão, que lavrará nos autos o respectivo termo, registrando-a em livro especialmente destinado a esse fim.

Art. 390. O escrivão, dentro de 3 (três) dias após a publicação, e sob pena de suspensão de 5 (cinco) dias, dará conhecimento da sentença ao órgão do Ministério Público.

Art. 391. O querelante ou o assistente será intimado da sentença, pessoalmente ou na pessoa de seu advogado. Se nenhum deles for encontrado no lugar da sede do juízo, a intimação será feita mediante edital com o prazo de 10 (dez) dias, afixado no lugar de costume.

Art. 392. A intimação da sentença será feita:

Veja Súmulas ns. 310 e 710, STF.

I – ao réu, pessoalmente, se estiver preso;

II – ao réu, pessoalmente, ou ao defensor por ele constituído, quando se livrar solto, ou, sendo afiançável a infração, tiver prestado fiança;

III – ao defensor constituído pelo réu, se este, afiançável, ou não, a infração, expedido o mandado de prisão, não tiver sido encontrado, e assim o certificar o oficial de justiça;

IV – mediante edital, nos casos do n. II, se o réu e o defensor que houver constituído não forem encontrados, e assim o certificar o oficial de justiça;

V – mediante edital, nos casos do n. III, se o defensor que o réu houver constituído também não for encontrado, e assim o certificar o oficial de justiça;

VI – mediante edital, se o réu, não tendo constituído defensor, não for encontrado, e assim o certificar o oficial de justiça.

§ 1º O prazo do edital será de 90 (noventa) dias, se tiver sido imposta pena privativa de liberdade por tempo igual ou superior a 1 (um) ano, e de 60 (sessenta) dias, nos outros casos.

§ 2º O prazo para apelação correrá após o término do fixado no edital, salvo se, no curso deste, for feita a intimação por qualquer das outras formas estabelecidas neste artigo.

Art. 393. (*Revogado pela Lei n. 12.403, de 04.05.2011.*)

LIVRO II
DOS PROCESSOS EM ESPÉCIE

TÍTULO I
DO PROCESSO COMUM

CAPÍTULO I
DA INSTRUÇÃO CRIMINAL

Veja art. 363, § 4º, CPP.

Art. 394. O procedimento será comum ou especial.

Caput com redação dada e parágrafos e incisos acrescentados pela Lei n. 11.719, de 20.06.2008.

§ 1º O procedimento comum será ordinário, sumário ou sumaríssimo:

I – ordinário, quando tiver por objeto crime cuja sanção máxima cominada for igual ou superior a 4 (quatro) anos de pena privativa de liberdade;

II – sumário, quando tiver por objeto crime cuja sanção máxima cominada seja inferior a 4 (quatro) anos de pena privativa de liberdade;

III – sumaríssimo, para as infrações penais de menor potencial ofensivo, na forma da lei.

Veja art. 538, CPP.

Veja arts. 61 e 77 a 83, Lei n. 9.099, de 26.09.1995.

Veja Súmula n. 428, STJ.

§ 2º Aplica-se a todos os processos o procedimento comum, salvo disposições em contrário deste Código ou de lei especial.

§ 3º Nos processos de competência do Tribunal do Júri, o procedimento observará as disposições estabelecidas nos arts. 406 a 497 deste Código.

§ 4º As disposições dos arts. 395 a 398 deste Código aplicam-se a todos os procedimentos penais de primeiro grau, ainda que não regulados neste Código.

O art. 398 foi revogado pela Lei n. 11.719, de 20.06.2008.

§ 5º Aplicam-se subsidiariamente aos procedimentos especial, sumário e sumaríssimo as disposições do procedimento ordinário.

Art. 394-A. Os processos que apurem a prática de crime hediondo terão prioridade de tramitação em todas as instâncias.

Artigo acrescentado pela Lei n. 13.285, de 10.05.2016.

Art. 395. A denúncia ou queixa será rejeitada quando:

Caput com redação dada e incisos acrescentados pela Lei n. 11.719, de 20.06.2008.

Veja art. 394, § 4º, CPP.

I – for manifestamente inepta;

II – faltar pressuposto processual ou condição para o exercício da ação penal; ou

III – faltar justa causa para o exercício da ação penal.

Veja Súmulas ns. 524, 707 e 709, STF.

Parágrafo único. (*Revogado pela Lei n. 11.719, de 20.06.2008.*)

Não constava parágrafo único na redação anterior do artigo.

Art. 396. Nos procedimentos ordinário e sumário, oferecida a denúncia ou queixa, o juiz, se não a rejeitar liminarmente, recebê-la-á e ordenará a citação do acusado para responder à acusação, por escrito, no prazo de 10 (dez) dias.

Caput com redação dada pela Lei n. 11.719, de 20.06.2008.

Parágrafo único. No caso de citação por edital, o prazo para a defesa começará a fluir a partir do comparecimento pessoal do acusado ou do defensor constituído.

Parágrafo com redação dada pela Lei n. 11.719, de 20.06.2008.

Art. 396-A. Na resposta, o acusado poderá arguir preliminares e alegar tudo o que interesse à sua defesa, oferecer documentos e justificações, especificar as provas pretendidas e arrolar testemunhas, qualificando-as e requerendo sua intimação, quando necessário.

Artigo acrescentado pela Lei n. 11.719, de 20.06.2008.

Veja arts. 394, § 4º, e 397, CPP.

§ 1º A exceção será processada em apartado, nos termos dos arts. 95 a 112 deste Código.

§ 2º Não apresentada a resposta no prazo legal, ou se o acusado, citado, não constituir defensor, o juiz nomeará defensor para oferecê-la, concedendo-lhe vista dos autos por 10 (dez) dias.

Art. 397. Após o cumprimento do disposto no art. 396-A, e parágrafos, deste Código, o juiz deverá absolver sumariamente o acusado quando verificar:

Caput com redação dada pela Lei n. 11.719, de 20.06.2008.

Veja art. 394, § 4º, CPP.

I – a existência manifesta de causa excludente da ilicitude do fato;

Inciso acrescentado pela Lei n. 11.719, de 20.06.2008.

Veja arts. 23 a 25, CP.

II – a existência manifesta de causa excludente da culpabilidade do agente, salvo inimputabilidade;

Inciso acrescentado pela Lei n. 11.719, de 20.06.2008.

Veja arts. 23 a 25, CP.

III – que o fato narrado evidentemente não constitui crime; ou

Inciso acrescentado pela Lei n. 11.719, de 20.06.2008.

Veja art. 5º, XXXIX, da CF.

IV – extinta a punibilidade do agente.

Inciso acrescentado pela Lei n. 11.719, de 20.06.2008.

Veja art. 107, CP.

Art. 398. *(Revogado pela Lei n. 11.719, de 20.06.2008.)*

Art. 399. Recebida a denúncia ou queixa, o juiz designará dia e hora para a audiência, ordenando a intimação do acusado, de seu defensor, do Ministério Público e, se for o caso, do querelante e do assistente.

Caput com redação dada pela Lei n. 11.719, de 20.06.2008.

Veja arts. 3º-B, XIV, e 3º-C, CPP.

§ 1º O acusado preso será requisitado para comparecer ao interrogatório, devendo o poder público providenciar sua apresentação.

Parágrafo acrescentado pela Lei n. 11.719, de 20.06.2008.

Veja arts. 260 e 564, III, *e*, CPP.

§ 2º O juiz que presidiu a instrução deverá proferir a sentença.

Parágrafo acrescentado pela Lei n. 11.719, de 20.06.2008.

Veja art. 5º, LIII, CF.

Art. 400. Na audiência de instrução e julgamento, a ser realizada no prazo máximo de 60 (sessenta) dias, proceder-se-á à tomada de declarações do ofendido, à inquirição das testemunhas arroladas pela acusação e pela defesa, nesta ordem, ressalvado o disposto no art. 222 deste Código, bem como aos esclarecimentos dos peritos, às acareações e ao reconhecimento de pessoas e coisas, interrogando-se, em seguida, o acusado.

Caput com redação dada pela Lei n. 11.719, de 20.06.2008.

Veja arts. 185, § 4º, e 533, CPP.

§ 1º As provas serão produzidas numa só audiência, podendo o juiz indeferir as consideradas irrelevantes, impertinentes ou protelatórias.

Parágrafo acrescentado pela Lei n. 11.719, de 20.06.2008.

§ 2º Os esclarecimentos dos peritos dependerão de prévio requerimento das partes.

Parágrafo acrescentado pela Lei n. 11.719, de 20.06.2008.

Veja art. 278, CPP.

Art. 400-A. Na audiência de instrução e julgamento, e, em especial, nas que apurem crimes contra a dignidade sexual, todas as partes e demais sujeitos processuais presentes no ato deverão zelar pela integridade física e psicológica da vítima, sob pena de responsabilização civil, penal e administrativa, cabendo ao juiz garantir o cumprimento do disposto neste artigo, vedadas:

Artigo acrescentado pela Lei n. 14.245, de 22.11.2021.

I – a manifestação sobre circunstâncias ou elementos alheios aos fatos objeto de apuração nos autos;

II – a utilização de linguagem, de informações ou de material que ofendam a dignidade da vítima ou de testemunhas.

Art. 401. Na instrução poderão ser inquiridas até 8 (oito) testemunhas arroladas pela acusação e 8 (oito) pela defesa.

Caput com redação dada pela Lei n. 11.719, de 20.06.2008.

§ 1º Nesse número não se compreendem as que não prestem compromisso e as referidas.

Antigo parágrafo único renumerado e com redação dada pela Lei n. 11.719, de 20.06.2008.

Veja art. 208, CPP.

§ 2º A parte poderá desistir da inquirição de qualquer das testemunhas arroladas, ressalvado o disposto no art. 209 deste Código.

Parágrafo acrescentado pela Lei n. 11.719, de 20.06.2008.

Art. 402. Produzidas as provas, ao final da audiência, o Ministério Público, o querelante e o assistente e, a seguir, o acusado poderão requerer diligências cuja necessidade se origine de circunstâncias ou fatos apurados na instrução.

Artigo com redação dada pela Lei n. 11.719, de 20.06.2008.

Art. 403. Não havendo requerimento de diligências, ou sendo indeferido, serão oferecidas alegações finais orais por 20 (vinte) minutos, respectivamente, pela acusação e pela defesa, prorrogáveis por mais 10 (dez), proferindo o juiz, a seguir, sentença.

Caput com redação dada e parágrafos acrescentados pela Lei n. 11.719, de 20.06.2008.

§ 1º Havendo mais de um acusado, o tempo previsto para a defesa de cada um será individual.

§ 2º Ao assistente do Ministério Público, após a manifestação desse, serão concedidos 10 (dez) minutos, prorrogando-se por igual período o tempo de manifestação da defesa.

§ 3º O juiz poderá, considerada a complexidade do caso ou o número de acusados, conceder às partes o prazo de 5 (cinco) dias sucessivamente para a apresentação de memoriais. Nesse caso, terá o prazo de 10 (dez) dias para proferir a sentença.

Art. 404. Ordenado diligência considerada imprescindível, de ofício ou a requerimento da parte, a audiência será concluída sem as alegações finais.

Caput com redação dada pela Lei n. 11.719, de 20.06.2008.

Parágrafo único. Realizada, em seguida, a diligência determinada, as partes apresentarão, no prazo sucessivo de 5 (cinco) dias, suas alegações finais, por memorial, e, no prazo de 10 (dez) dias, o juiz proferirá a sentença.

Parágrafo acrescentado pela Lei n. 11.719, de 20.06.2008.

Art. 405. Do ocorrido em audiência será lavrado termo em livro próprio, assinado pelo juiz e pelas partes, contendo breve resumo dos fatos relevantes nela ocorridos.

Caput com redação dada pela Lei n. 11.719, de 20.06.2008.

§ 1º Sempre que possível, o registro dos depoimentos do investigado, indiciado, ofendido e testemunhas será feito pelos meios ou recursos de gravação magnética, estenotipia, digital ou técnica similar, inclusive audiovisual, destinada a obter maior fidelidade das informações.

Parágrafo acrescentado pela Lei n. 11.719, de 20.06.2008.

§ 2º No caso de registro por meio audiovisual, será encaminhado às partes cópia do registro original, sem necessidade de transcrição.

Parágrafo acrescentado pela Lei n. 11.719, de 20.06.2008.

CAPÍTULO II
DO PROCEDIMENTO RELATIVO AOS PROCESSOS DA COMPETÊNCIA DO TRIBUNAL DO JÚRI

Capítulo com denominação dada pela Lei n. 11.689, de 09.06.2008.

Veja arts. 74, § 1º, e 394, § 3º, CPP.

Veja art. 5º, XXXVIII, CF.

Veja arts. 121 a 128, CP.

Veja Súmulas ns. 156, 162, 206, 603, 712, 713 e 721, STF.

Seção I
Da Acusação e da Instrução Preliminar

Seção com denominação dada pela Lei n. 11.689, de 09.06.2008.

Art. 406. O juiz, ao receber a denúncia ou a queixa, ordenará a citação do acusado para responder a acusação, por escrito, no prazo de 10 (dez) dias.

Caput com redação dada pela Lei n. 11.689, de 09.06.2008.

§ 1º O prazo previsto no *caput* deste artigo será contado a partir do efetivo cumprimento do mandado ou do comparecimento, em juízo, do acusado ou de defensor constituído, no caso de citação inválida ou por edital.

Parágrafo com redação dada pela Lei n. 11.689, de 09.06.2008.

Veja Súmula n. 710, STF.

§ 2º A acusação deverá arrolar testemunhas, até o máximo de 8 (oito), na denúncia ou na queixa.

Parágrafo com redação dada pela Lei n. 11.689, de 09.06.2008.

§ 3º Na resposta, o acusado poderá arguir preliminares e alegar tudo que interesse a sua defesa, oferecer documentos e justificações, especificar as provas pretendidas e arrolar testemunhas, até o máximo de 8 (oito), qualificando-as e requerendo sua intimação, quando necessário.

Parágrafo acrescentado pela Lei n. 11.689, de 09.06.2008.

Art. 407. As exceções serão processadas em apartado, nos termos dos arts. 95 a 112 deste Código.

Artigo com redação dada pela Lei n. 11.689, de 09.06.2008.

Art. 408. Não apresentada a resposta no prazo legal, o juiz nomeará defensor para oferecê-la em até 10 (dez) dias, concedendo-lhe vista dos autos.

Artigo com redação dada pela Lei n. 11.689, de 09.06.2008.

Art. 409. Apresentada a defesa, o juiz ouvirá o Ministério Público ou o querelante sobre preliminares e documentos, em 5 (cinco) dias.

Artigo com redação dada pela Lei n. 11.689, de 09.06.2008.

Art. 410. O juiz determinará a inquirição das testemunhas e a realização das diligências requeridas pelas partes, no prazo máximo de 10 (dez) dias.

Artigo com redação dada pela Lei n. 11.689, de 09.06.2008.

Art. 411. Na audiência de instrução, proceder-se-á à tomada de declarações do ofendido, se possível, à inquirição das testemunhas arroladas pela acusação e pela defesa, nesta ordem, bem como aos esclarecimentos dos peritos, às acareações e ao reconhecimento de pessoas e coisas, interrogando-se, em seguida, o acusado e procedendo-se o debate.

Caput com redação dada pela Lei n. 11.689, de 09.06.2008.

Veja § 8º deste artigo e art. 185, § 4º, CPP.

§ 1º Os esclarecimentos dos peritos dependerão de prévio requerimento e de deferimento pelo juiz.

Parágrafo acrescentado pela Lei n. 11.689, de 09.06.2008.

§ 2º As provas serão produzidas em uma só audiência, podendo o juiz indeferir as consideradas irrelevantes, impertinentes ou protelatórias.

Parágrafo acrescentado pela Lei n. 11.689, de 09.06.2008.

§ 3º Encerrada a instrução probatória, observar-se-á, se for o caso, o disposto no art. 384 deste Código.

Parágrafo acrescentado pela Lei n. 11.689, de 09.06.2008.

§ 4º As alegações serão orais, concedendo-se a palavra, respectivamente, à acusação e à defesa, pelo prazo de 20 (vinte) minutos, prorrogáveis por mais 10 (dez).

Parágrafo acrescentado pela Lei n. 11.689, de 09.06.2008.

§ 5º Havendo mais de 1 (um) acusado, o tempo previsto para a acusação e a defesa de cada um deles será individual.

Parágrafo acrescentado pela Lei n. 11.689, de 09.06.2008.

§ 6º Ao assistente do Ministério Público, após a manifestação deste, serão concedidos 10 (dez) minutos, prorrogando-se por igual período o tempo de manifestação da defesa.

Parágrafo acrescentado pela Lei n. 11.689, de 09.06.2008.

§ 7º Nenhum ato será adiado, salvo quando imprescindível à prova faltante, determinando o juiz a condução coercitiva de quem deva comparecer.

Parágrafo acrescentado pela Lei n. 11.689, de 09.06.2008.

§ 8º A testemunha que comparecer será inquirida, independentemente da suspensão da audiência, observada em qualquer caso a ordem estabelecida no *caput* deste artigo.

Parágrafo acrescentado pela Lei n. 11.689, de 09.06.2008.

§ 9º Encerrados os debates, o juiz proferirá a sua decisão, ou o fará em 10 (dez) dias, ordenando que os autos para isso lhe sejam conclusos.

Parágrafo acrescentado pela Lei n. 11.689, de 09.06.2008.

Art. 412. O procedimento será concluído no prazo máximo de 90 (noventa) dias.

Artigo com redação dada pela Lei n. 11.689, de 09.06.2008.

Veja art. 5º, LXXVIII, CF.

Seção II
Da Pronúncia, da Impronúncia e da Absolvição Sumária

Seção com denominação dada pela Lei n. 11.689, de 09.06.2008.

Art. 413. O juiz, fundamentadamente, pronunciará o acusado, se convencido da materialidade do fato e da existência de indícios suficientes de autoria ou de participação.

Caput com redação dada pela Lei n. 11.689, de 09.06.2008.

Veja Súmula n. 191, STJ.

§ 1º A fundamentação da pronúncia limitar-se-á à indicação da materialidade do fato e da existência de indícios suficientes de autoria ou de participação, devendo o juiz declarar o dispositivo legal em que julgar incurso o acusado e especificar as circunstâncias qualificadoras e as causas de aumento de pena.

Parágrafo renumerado e com redação dada pela Lei n. 11.689, de 09.06.2008.

§ 2º Se o crime for afiançável, o juiz arbitrará o valor da fiança para a concessão ou manutenção da liberdade provisória.

Parágrafo acrescentado pela Lei n. 11.689, de 09.06.2008.

§ 3º O juiz decidirá, motivadamente, no caso de manutenção, revogação ou substituição da prisão ou medida restritiva de liberdade anteriormente decretada e, tratando-se de acusado solto, sobre a necessidade da decretação da prisão ou imposição de quaisquer das medidas previstas no Título IX do Livro I deste Código.

Parágrafo acrescentado pela Lei n. 11.689, de 09.06.2008.

Veja Súmula n. 21, STJ.

Art. 414. Não se convencendo da materialidade do fato ou da existência de indícios suficientes de autoria ou de participação, o juiz, fundamentadamente, impronunciará o acusado.

Caput com redação dada pela Lei n. 11.689, de 09.06.2008.

Parágrafo único. Enquanto não ocorrer a extinção da punibilidade, poderá ser formulada nova denúncia ou queixa se houver prova nova.

Parágrafo acrescentado pela Lei n. 11.689, de 09.06.2008.

Veja Súmula n. 524, STF.

Art. 415. O juiz, fundamentadamente, absolverá desde logo o acusado, quando:

Caput e incisos com redação dada pela Lei n. 11.689, de 09.06.2008.

I – provada a inexistência do fato;

II – provado não ser ele autor ou partícipe do fato;

III – o fato não constituir infração penal;

IV – demonstrada causa de isenção de pena ou de exclusão do crime.

Veja parágrafo único deste artigo.

Veja art. 26, *caput*, CP.

Parágrafo único. Não se aplica o disposto no inciso IV do *caput* deste artigo ao caso de inimputabilidade prevista no *caput* do art. 26 do Decreto-lei n. 2.848, de 7 de dezembro de 1940 – Código Penal, salvo quando esta for a única tese defensiva.

Parágrafo renumerado e com redação dada pela Lei n. 11.689, de 09.06.2008.

Art. 416. Contra a sentença de impronúncia ou de absolvição sumária caberá apelação.

Artigo com redação dada pela Lei n. 11.689, de 09.06.2008.

Art. 417. Se houver indícios de autoria ou de participação de outras pessoas não incluídas na acusação, o juiz, ao pronunciar ou impronunciar o acusado, determinará o retorno dos autos ao Ministério Público, por 15 (quinze) dias, aplicável, no que couber, o art. 80 deste Código.

Artigo com redação dada pela Lei n. 11.689, de 09.06.2008.

Art. 418. O juiz poderá dar ao fato definição jurídica diversa da constante da acusação, embora o acusado fique sujeito a pena mais grave.

Artigo com redação dada pela Lei n. 11.689, de 09.06.2008.

Veja art. 384, CPP.

Art. 419. Quando o juiz se convencer, em discordância com a acusação, da existência de crime diverso dos referidos no § 1º do art. 74 deste Código e não for competente para o julgamento, remeterá os autos ao juiz que o seja.

Caput com redação dada pela Lei n. 11.689, de 09.06.2008.

Veja Súmula n. 603, STF.

Parágrafo único. Remetidos os autos do processo a outro juiz, à disposição deste ficará o acusado preso.

Parágrafo acrescentado pela Lei n. 11.689, de 09.06.2008.

Art. 420. A intimação da decisão de pronúncia será feita:

Caput com redação dada pela Lei n. 11.689, de 09.06.2008.

Veja art. 431, CPP.

I – pessoalmente ao acusado, ao defensor nomeado e ao Ministério Público;

Inciso acrescentado pela Lei n. 11.689, de 09.06.2008.

II – ao defensor constituído, ao querelante e ao assistente do Ministério Público, na forma do disposto no § 1º do art. 370 deste Código.

Inciso acrescentado pela Lei n. 11.689, de 09.06.2008.

Parágrafo único. Será intimado por edital o acusado solto que não for encontrado.

Parágrafo acrescentado pela Lei n. 11.689, de 09.06.2008.

Art. 421. Preclusa a decisão de pronúncia, os autos serão encaminhados ao juiz presidente do Tribunal do Júri.

Caput com redação dada pela Lei n. 11.689, de 09.06.2008.

§ 1º Ainda que preclusa a decisão de pronúncia, havendo circunstância superveniente que altere a classificação do crime, o juiz ordenará a remessa dos autos ao Ministério Público.

Parágrafo renumerado e com redação dada pela Lei n. 11.689, de 09.06.2008.

§ 2º Em seguida, os autos serão conclusos ao juiz para decisão.

Parágrafo acrescentado pela Lei n. 11.689, de 09.06.2008.

Seção III
Da Preparação do Processo para Julgamento em Plenário

Seção com denominação dada pela Lei n. 11.689, de 09.06.2008.

Art. 422. Ao receber os autos, o presidente do Tribunal do Júri determinará a intimação do órgão do Ministério Público ou do querelante, no caso de queixa, e do defensor, para, no prazo de 5 (cinco) dias, apresentarem rol de testemunhas que irão depor em plenário, até o máximo de 5 (cinco), oportunidade em que poderão juntar documentos e requerer diligência.

Artigo com redação dada pela Lei n. 11.689, de 09.06.2008.

Veja art. 461, CPP.

Art. 423. Deliberando sobre os requerimentos de provas a serem produzidas ou exibidas no plenário do júri, e adotadas as providências devidas, o juiz presidente:

Caput com redação dada pela Lei n. 11.689, de 09.06.2008.

I – ordenará as diligências necessárias para sanar qualquer nulidade ou esclarecer fato que interesse ao julgamento da causa;

Inciso acrescentado pela Lei n. 11.689, de 09.06.2008.

II – fará relatório sucinto do processo, determinando sua inclusão em pauta da reunião do Tribunal do Júri.

Inciso acrescentado pela Lei n. 11.689, de 09.06.2008.

Art. 424. Quando a lei local de organização judiciária não atribuir ao presidente do Tribunal do Júri o preparo para julgamento, o juiz competente remeter-lhe-á os autos do processo preparado até 5 (cinco) dias antes do sorteio a que se refere o art. 433 deste Código.

Caput com redação dada pela Lei n. 11.689, de 09.06.2008.

Parágrafo único. Deverão ser remetidos, também, os processos preparados até o encerramento da reunião, para a realização de julgamento.

Parágrafo com redação dada pela Lei n. 11.689, de 09.06.2008.

Seção IV
Do Alistamento dos Jurados

Seção com denominação dada pela Lei n. 11.689, de 09.06.2008.

Art. 425. Anualmente, serão alistados pelo presidente do Tribunal do Júri de 800 (oitocentos) a 1.500 (um mil e quinhentos) jurados nas comarcas de mais de 1.000.000 (um milhão) de habitantes, de 300 (trezentos) a 700 (setecentos) nas comarcas de mais de 100.000 (cem mil) habitantes e de 80 (oitenta) a 400 (quatrocentos) nas comarcas de menor população.

Caput com redação dada pela Lei n. 11.689, de 09.06.2008.

§ 1º Nas comarcas onde for necessário, poderá ser aumentado o número de jurados e, ainda, organizada lista de suplentes, depositadas as cédulas em urna especial, com as cautelas mencionadas na parte final do § 3º do art. 426 deste Código.

Parágrafo renumerado e com redação dada pela Lei n. 11.689, de 09.06.2008.

§ 2º O juiz presidente requisitará às autoridades locais, associações de classe e de bairro, entidades associativas e culturais, instituições de ensino em geral, universidades, sindicatos, repartições públicas e outros núcleos comunitários a indicação de pessoas que reúnam as condições para exercer a função de jurado.

Parágrafo acrescentado pela Lei n. 11.689, de 09.06.2008.

Art. 426. A lista geral dos jurados, com indicação das respectivas profissões, será publicada pela imprensa até o dia 10 de outubro de cada ano e divulgada em editais afixados à porta do Tribunal do Júri.

Caput com redação dada pela Lei n. 11.689, de 09.06.2008.

§ 1º A lista poderá ser alterada, de ofício ou mediante reclamação de qualquer do povo ao juiz presidente até o dia 10 de novembro, data de sua publicação definitiva.

Parágrafo acrescentado pela Lei n. 11.689, de 09.06.2008.

§ 2º Juntamente com a lista, serão transcritos os arts. 436 a 446 deste Código.

Parágrafo acrescentado pela Lei n. 11.689, de 09.06.2008.

§ 3º Os nomes e endereços dos alistados, em cartões iguais, após serem verificados na presença do Ministério Público, de advogado indicado pela Seção local da Ordem dos Advogados do Brasil e de defensor indicado pelas Defensorias Públicas competentes, permanecerão guardados em urna fechada a chave, sob a responsabilidade do juiz presidente.

Parágrafo acrescentado pela Lei n. 11.689, de 09.06.2008.

Veja art. 425, § 1º, CPP.

§ 4º O jurado que tiver integrado o Conselho de Sentença nos 12 (doze) meses que antecederem à publicação da lista geral fica dela excluído.

Parágrafo acrescentado pela Lei n. 11.689, de 09.06.2008.

§ 5º Anualmente, a lista geral de jurados será, obrigatoriamente, completada.

Parágrafo acrescentado pela Lei n. 11.689, de 09.06.2008.

Seção V
Do Desaforamento

Seção com denominação dada pela Lei n. 11.689, de 09.06.2008.

Art. 427. Se o interesse da ordem pública o reclamar ou houver dúvida sobre a imparcialidade do júri ou a segurança pessoal do acusado, o Tribunal, a requerimento do Ministério Público, do assistente, do querelante ou do acusado ou mediante representação do juiz competente, poderá determinar o desaforamento do julgamento para outra comarca da mesma região, onde não existam aqueles motivos, preferindo-se as mais próximas.

Caput com redação dada pela Lei n. 11.689, de 09.06.2008.

Veja Súmula n. 712, STF.

§ 1º O pedido de desaforamento será distribuído imediatamente e terá preferência de julgamento na Câmara ou Turma competente.

Parágrafo renumerado e com redação dada pela Lei n. 11.689, de 09.06.2008.

§ 2º Sendo relevantes os motivos alegados, o relator poderá determinar, fundamentadamente, a suspensão do julgamento pelo júri.

Parágrafo acrescentado pela Lei n. 11.689, de 09.06.2008.

§ 3º Será ouvido o juiz presidente, quando a medida não tiver sido por ele solicitada.

Parágrafo acrescentado pela Lei n. 11.689, de 09.06.2008.

§ 4º Na pendência de recurso contra a decisão de pronúncia ou quando efetivado o julgamento, não se admitirá o pedido de desaforamento, salvo, nesta última hipótese, quanto a fato ocorrido durante ou após a realização de julgamento anulado.

Parágrafo acrescentado pela Lei n. 11.689, de 09.06.2008.

Art. 428. O desaforamento também poderá ser determinado, em razão do comprovado excesso de serviço, ouvidos o juiz presidente e a parte contrária, se o julgamento não puder ser realizado no prazo de 6 (seis) meses, contado do trânsito em julgado da decisão de pronúncia.

Caput com redação dada pela Lei n. 11.689, de 09.06.2008.

Veja Súmula n. 712, STF.

§ 1º Para a contagem do prazo referido neste artigo, não se computará o tempo de adiamentos, diligências ou incidentes de interesse da defesa.

Parágrafo acrescentado pela Lei n. 11.689, de 09.06.2008.

Veja Súmula n. 64, STJ.

§ 2º Não havendo excesso de serviço ou existência de processos aguardando julgamento em quantidade que ultrapasse a possibilidade de apreciação pelo Tribunal do Júri, nas reuniões periódicas previstas para o exercício, o acusado poderá requerer ao Tribunal que determine a imediata realização do julgamento.

Parágrafo acrescentado pela Lei n. 11.689, de 09.06.2008.

Veja Súmula n. 21, STJ.

Seção VI
Da Organização da Pauta

Seção acrescentada pela Lei n. 11.689, de 09.06.2008.

Art. 429. Salvo motivo relevante que autorize alteração na ordem dos julgamentos, terão preferência:

Caput com redação dada pela Lei n. 11.689, de 09.06.2008.

Veja art. 469, § 2º, CPP.

I – os acusados presos;

Inciso acrescentado pela Lei n. 11.689, de 09.06.2008.

II – dentre os acusados presos, aqueles que estiverem há mais tempo na prisão;

Inciso acrescentado pela Lei n. 11.689, de 09.06.2008.

III – em igualdade de condições, os precedentemente pronunciados.

Inciso acrescentado pela Lei n. 11.689, de 09.06.2008.

Veja art. 469, § 2º, CPP.

§ 1º Antes do dia designado para o primeiro julgamento da reunião periódica, será afixada na porta do edifício do Tribunal do Júri a lista dos processos a serem julgados, obedecida a ordem prevista no *caput* deste artigo.

Parágrafo com redação dada pela Lei n. 11.689, de 09.06.2008.

§ 2º O juiz presidente reservará datas na mesma reunião periódica para a inclusão de processo que tiver o julgamento adiado.

Parágrafo com redação dada pela Lei n. 11.689, de 09.06.2008.

Art. 430. O assistente somente será admitido se tiver requerido sua habilitação até 5 (cinco) dias antes da data da sessão na qual pretenda atuar.

Artigo com redação dada pela Lei n. 11.689, de 09.06.2008.

Art. 431. Estando o processo em ordem, o juiz presidente mandará intimar as partes, o ofendido, se for possível, as testemunhas e os peritos, quando houver requerimento, para a sessão de instrução e julgamento, observando, no que couber, o disposto no art. 420 deste Código.

Artigo com redação dada pela Lei n. 11.689, de 09.06.2008.

Seção VII
Do Sorteio e da Convocação dos Jurados

Seção acrescentada pela Lei n. 11.689, de 09.06.2008.

Art. 432. Em seguida à organização da pauta, o juiz presidente determinará a intimação do Ministério Público, da Ordem dos Advogados do Brasil e da Defensoria Pública para acompanharem, em dia e hora designados, o sorteio dos jurados que atuarão na reunião periódica.

Artigo com redação dada pela Lei n. 11.689, de 09.06.2008.

Art. 433. O sorteio, presidido pelo juiz, far-se-á a portas abertas, cabendo-lhe retirar as cédulas até completar o número de 25 (vinte e cinco) jurados, para a reunião periódica ou extraordinária.

Caput com redação dada pela Lei n. 11.689, de 09.06.2008.

Veja art. 424, *caput*, CPP.

§ 1º O sorteio será realizado entre o 15º (décimo quinto) e o 10º (décimo) dia útil antecedente à instalação da reunião.

Parágrafo acrescentado pela Lei n. 11.689, de 09.06.2008.

§ 2º A audiência de sorteio não será adiada pelo não comparecimento das partes.

Parágrafo acrescentado pela Lei n. 11.689, de 09.06.2008.

§ 3º O jurado não sorteado poderá ter o seu nome novamente incluído para as reuniões futuras.

Parágrafo acrescentado pela Lei n. 11.689, de 09.06.2008.

Art. 434. Os jurados sorteados serão convocados pelo correio ou por qualquer outro meio hábil para comparecer no dia e hora designados para a reunião, sob as penas da lei.

Caput com redação dada pela Lei n. 11.689, de 09.06.2008.

Veja art. 465, CPP.

Parágrafo único. No mesmo expediente de convocação serão transcritos os arts. 436 a 446 deste Código.

Parágrafo acrescentado pela Lei n. 11.689, de 09.06.2008.

Art. 435. Serão afixados na porta do edifício do Tribunal do Júri a relação dos jurados convocados, os nomes do acusado e dos procuradores das partes, além do dia, hora e local das sessões de instrução e julgamento.

Artigo com redação dada pela Lei n. 11.689, de 09.06.2008.

Veja art. 465, CPP.

Seção VIII
Da Função do Jurado

Seção acrescentada pela Lei n. 11.689, de 09.06.2008.

Veja arts. 426, § 2º, e 434, parágrafo único, CPP.

Art. 436. O serviço do júri é obrigatório. O alistamento compreenderá os cidadãos maiores de 18 (dezoito) anos de notória idoneidade.

Caput com redação dada pela Lei n. 11.689, de 09.06.2008.

§ 1º Nenhum cidadão poderá ser excluído dos trabalhos do júri ou deixar de ser alistado em razão de cor ou etnia, raça, credo, sexo, profissão, classe social ou econômica, origem ou grau de instrução.

Parágrafo renumerado e com redação dada pela Lei n. 11.689, de 09.06.2008.

§ 2º A recusa injustificada ao serviço do júri acarretará multa no valor de 1 (um) a 10 (dez) salários mínimos, a critério do juiz, de acordo com a condição econômica do jurado.

Parágrafo acrescentado pela Lei n. 11.689, de 09.06.2008.

Veja arts. 458 e 466, § 1º, CPP.

Art. 437. Estão isentos do serviço do júri:

Caput com redação dada pela Lei n. 11.689, de 09.06.2008.

I – o Presidente da República e os Ministros de Estado;

Inciso acrescentado pela Lei n. 11.689, de 09.06.2008.

II – os Governadores e seus respectivos Secretários;

Inciso acrescentado pela Lei n. 11.689, de 09.06.2008.

III – os membros do Congresso Nacional, das Assembleias Legislativas e das Câmaras Distrital e Municipais;

Inciso acrescentado pela Lei n. 11.689, de 09.06.2008.

IV – os Prefeitos Municipais;

Inciso acrescentado pela Lei n. 11.689, de 09.06.2008.

V – os Magistrados e membros do Ministério Público e da Defensoria Pública;

Inciso acrescentado pela Lei n. 11.689, de 09.06.2008.

VI – os servidores do Poder Judiciário, do Ministério Público e da Defensoria Pública;

Inciso acrescentado pela Lei n. 11.689, de 09.06.2008.

VII – as autoridades e os servidores da polícia e da segurança pública;

Inciso acrescentado pela Lei n. 11.689, de 09.06.2008.

VIII – os militares em serviço ativo;

Inciso acrescentado pela Lei n. 11.689, de 09.06.2008.

IX – os cidadãos maiores de 70 (setenta) anos que requeiram sua dispensa;

Inciso acrescentado pela Lei n. 11.689, de 09.06.2008.

X – aqueles que o requererem, demonstrando justo impedimento.

Inciso acrescentado pela Lei n. 11.689, de 09.06.2008.

Art. 438. A recusa ao serviço do júri fundada em convicção religiosa, filosófica ou política importará no dever de prestar serviço alternativo, sob pena de suspensão dos direitos políticos, enquanto não prestar o serviço imposto.

Caput com redação dada pela Lei n. 11.689, de 09.06.2008.

§ 1º Entende-se por serviço alternativo o exercício de atividades de caráter administrativo, assistencial, filantrópico ou mesmo produtivo, no Poder Judiciário, na Defensoria Pública, no Ministério Público ou em entidade conveniada para esses fins.

Parágrafo acrescentado pela Lei n. 11.689, de 09.06.2008.

§ 2º O juiz fixará o serviço alternativo atendendo aos princípios da proporcionalidade e da razoabilidade.

Parágrafo acrescentado pela Lei n. 11.689, de 09.06.2008.

Art. 439. O exercício efetivo da função de jurado constituirá serviço público relevante e estabelecerá presunção de idoneidade moral.

Artigo com redação dada pela Lei n. 12.403, de 04.05.2011.

Veja art. 440, CPP.

Art. 440. Constitui também direito do jurado, na condição do art. 439 deste Código, preferência, em igualdade de condições, nas licitações públicas e no provimento, mediante concurso, de cargo ou função pública, bem como nos casos de promoção funcional ou remoção voluntária.

Artigo com redação dada pela Lei n. 11.689, de 09.06.2008.

Art. 441. Nenhum desconto será feito nos vencimentos ou salário do jurado sorteado que comparecer à sessão do júri.

Artigo com redação dada pela Lei n. 11.689, de 09.06.2008.

Veja art. 459, CPP.

Art. 442. Ao jurado que, sem causa legítima, deixar de comparecer no dia marcado para a sessão ou retirar-se antes de ser dispensado pelo presidente será aplicada multa de 1 (um) a 10 (dez) salários mínimos, a critério do juiz, de acordo com a sua condição econômica.

Artigo com redação dada pela Lei n. 11.689, de 09.06.2008.

Art. 443. Somente será aceita escusa fundada em motivo relevante devidamente comprovado e apresentada, ressalvadas as hipóteses de força maior, até o momento da chamada dos jurados.

Artigo com redação dada pela Lei n. 11.689, de 09.06.2008.

Art. 444. O jurado somente será dispensado por decisão motivada do juiz presidente, consignada na ata dos trabalhos.

Artigo com redação dada pela Lei n. 11.689, de 09.06.2008.

Art. 445. O jurado, no exercício da função ou a pretexto de exercê-la, será responsável criminalmente nos mesmos termos em que o são os juízes togados.

Artigo com redação dada pela Lei n. 11.689, de 09.06.2008.

Veja art. 446, CPP.

Art. 446. Aos suplentes, quando convocados, serão aplicáveis os dispositivos referentes às dispensas, faltas e escusas e à equiparação de responsabilidade penal prevista no art. 445 deste Código.

Artigo com redação dada pela Lei n. 11.689, de 09.06.2008.

Seção IX
Da Composição do Tribunal do Júri e da Formação do Conselho de Sentença

Seção acrescentada pela Lei n. 11.689, de 09.06.2008.

Art. 447. O Tribunal do Júri é composto por 1 (um) juiz togado, seu presidente e por 25 (vinte e cinco) jurados que serão sorteados dentre os alistados, 7 (sete) dos quais constituirão o Conselho de Sentença em cada sessão de julgamento.

Artigo com redação dada pela Lei n. 11.689, de 09.06.2008.

Art. 448. São impedidos de servir no mesmo Conselho:

Caput com redação dada pela Lei n. 11.689, de 09.06.2008.

Veja art. 466, CPP.

I – marido e mulher;

Inciso acrescentado pela Lei n. 11.689, de 09.06.2008.

II – ascendente e descendente;

Inciso acrescentado pela Lei n. 11.689, de 09.06.2008.

III – sogro e genro ou nora;

Inciso acrescentado pela Lei n. 11.689, de 09.06.2008.

IV – irmãos e cunhados, durante o cunhadio;

Inciso acrescentado pela Lei n. 11.689, de 09.06.2008.

V – tio e sobrinho;

Inciso acrescentado pela Lei n. 11.689, de 09.06.2008.

VI – padrasto, madrasta ou enteado.

Inciso acrescentado pela Lei n. 11.689, de 09.06.2008.

§ 1º O mesmo impedimento ocorrerá em relação às pessoas que mantenham união estável reconhecida como entidade familiar.

Parágrafo renumerado e com redação dada pela Lei n. 11.689, de 09.06.2008.

§ 2º Aplicar-se-á aos jurados o disposto sobre os impedimentos, a suspeição e as incompatibilidades dos juízes togados.

Parágrafo acrescentado pela Lei n. 11.689, de 09.06.2008.

Art. 449. Não poderá servir o jurado que:

Caput com redação dada pela Lei n. 11.689, de 09.06.2008.

Veja art. 466, CPP.

I – tiver funcionado em julgamento anterior do mesmo processo, independentemente da causa determinante do julgamento posterior;

Inciso acrescentado pela Lei n. 11.689, de 09.06.2008.

II – no caso do concurso de pessoas, houver integrado o Conselho de Sentença que julgou o outro acusado;

Inciso acrescentado pela Lei n. 11.689, de 09.06.2008.

III – tiver manifestado prévia disposição para condenar ou absolver o acusado.

Inciso acrescentado pela Lei n. 11.689, de 09.06.2008.

Art. 450. Dos impedidos entre si por parentesco ou relação de convivência, servirá o que houver sido sorteado em primeiro lugar.

Artigo com redação dada pela Lei n. 11.689, de 09.06.2008.

Art. 451. Os jurados excluídos por impedimento, suspeição ou incompatibilidade serão considerados para a constituição do número legal exigível para a realização da sessão.

Artigo com redação dada pela Lei n. 11.689, de 09.06.2008.

Veja art. 463, § 2º, CPP.

Art. 452. O mesmo Conselho de Sentença poderá conhecer de mais de um processo, no mesmo dia, se as partes o aceitarem, hipótese em que seus integrantes deverão prestar novo compromisso.

Artigo com redação dada pela Lei n. 11.689, de 09.06.2008.

Seção X
Da Reunião e das Sessões do Tribunal do Júri

Seção acrescentada pela Lei n. 11.689, de 09.06.2008.

Art. 453. O Tribunal do Júri reunir-se-á para as sessões de instrução e julgamento nos períodos e na forma estabelecida pela lei local de organização judiciária.

Artigo com redação dada pela Lei n. 11.689, de 09.06.2008.

Art. 454. Até o momento de abertura dos trabalhos da sessão, o juiz presidente decidirá os casos de isenção e dispensa de jurados e o pedido de adiamento de julgamento, mandando consignar em ata as deliberações.

Artigo com redação dada pela Lei n. 11.689, de 09.06.2008.

Art. 455. Se o Ministério Público não comparecer, o juiz presidente adiará o julgamento para o primeiro dia desimpedido da mesma reunião, cientificadas as partes e as testemunhas.

Caput com redação dada pela Lei n. 11.689, de 09.06.2008.

Parágrafo único. Se a ausência não for justificada, o fato será imediatamente comunicado ao Procurador-Geral de Justiça com a data designada para a nova sessão.

Parágrafo renumerado e com redação dada pela Lei n. 11.689, de 09.06.2008.

Art. 456. Se a falta, sem escusa legítima, for do advogado do acusado, e se outro não for por este constituído, o fato será imediatamente comunicado ao presidente da seccional da Ordem dos Advogados do Brasil, com a data designada para a nova sessão.

Caput com redação dada pela Lei n. 11.689, de 09.06.2008.

§ 1º Não havendo escusa legítima, o julgamento será adiado somente uma vez, devendo o acusado ser julgado quando chamado novamente.

Parágrafo acrescentado pela Lei n. 11.689, de 09.06.2008.

§ 2º Na hipótese do § 1º deste artigo, o juiz intimará a Defensoria Pública para o novo julgamento, que será adiado para o primeiro dia desimpedido, observado o prazo mínimo de 10 (dez) dias.

Parágrafo acrescentado pela Lei n. 11.689, de 09.06.2008.

Veja Súmula n. 523, STF.

Art. 457. O julgamento não será adiado pelo não comparecimento do acusado solto, do assistente ou do advogado do querelante, que tiver sido regularmente intimado.

Caput com redação dada pela Lei n. 11.689, de 09.06.2008.

§ 1º Os pedidos de adiamento e as justificações de não comparecimento deverão ser, salvo comprovado motivo de força maior, previamente submetidos à apreciação do juiz presidente do Tribunal do Júri.

Parágrafo acrescentado pela Lei n. 11.689, de 09.06.2008.

§ 2º Se o acusado preso não for conduzido, o julgamento será adiado para o primeiro dia desimpedido da mesma reunião, salvo se houver pedido de dispensa de comparecimento subscrito por ele e seu defensor.

Parágrafo acrescentado pela Lei n. 11.689, de 09.06.2008.

Art. 458. Se a testemunha, sem justa causa, deixar de comparecer, o juiz presidente, sem prejuízo da ação penal pela desobediência, aplicar-lhe-á a multa prevista no § 2º do art. 436 deste Código.

Artigo com redação dada pela Lei n. 11.689, de 09.06.2008.

Art. 459. Aplicar-se-á às testemunhas a serviço do Tribunal do Júri o disposto no art. 441 deste Código.

Artigo com redação dada pela Lei n. 11.689, de 09.06.2008.

Art. 460. Antes de constituído o Conselho de Sentença, as testemunhas serão recolhidas a lugar onde umas não possam ouvir os depoimentos das outras.

Artigo com redação dada pela Lei n. 11.689, de 09.06.2008.

Art. 461. O julgamento não será adiado se a testemunha deixar de comparecer, salvo se uma das partes tiver requerido a sua intimação por mandado, na oportunidade de que trata o art. 422 deste Código, declarando não prescindir do depoimento e indicando a sua localização.

Caput com redação dada pela Lei n. 11.689, de 09.06.2008.

§ 1º Se, intimada, a testemunha não comparecer, o juiz presidente suspenderá os trabalhos e mandará conduzi-la ou adiará o julgamento para o primeiro dia desimpedido, ordenando a sua condução.

Parágrafo renumerado e com redação dada pela Lei n. 11.689, de 09.06.2008.

§ 2º O julgamento será realizado mesmo na hipótese de a testemunha não ser encontrada no local indicado, se assim for certificado por oficial de justiça.

Parágrafo acrescentado pela Lei n. 11.689, de 09.06.2008.

Art. 462. Realizadas as diligências referidas nos arts. 454 a 461 deste Código, o juiz presidente verificará se a urna contém as cédulas dos 25 (vinte e cinco) jurados sorteados, mandando que o escrivão proceda à chamada deles.

Artigo com redação dada pela Lei n. 11.689, de 09.06.2008.

Art. 463. Comparecendo, pelo menos, 15 (quinze) jurados, o juiz presidente declarará instalados os trabalhos, anunciando o processo que será submetido a julgamento.

Caput com redação dada pela Lei n. 11.689, de 09.06.2008.

§ 1º O oficial de justiça fará o pregão, certificando a diligência nos autos.

Parágrafo acrescentado pela Lei n. 11.689, de 09.06.2008.

§ 2º Os jurados excluídos por impedimento ou suspeição serão computados para a constituição do número legal.

Parágrafo acrescentado pela Lei n. 11.689, de 09.06.2008.

Veja art. 451, CPP.

Art. 464. Não havendo o número referido no art. 463 deste Código, proceder-se-á ao sorteio de tantos suplentes quantos necessários, e designar-se-á nova data para a sessão do júri.

Artigo com redação dada pela Lei n. 11.689, de 09.06.2008.

Veja art. 471, CPP.

Art. 465. Os nomes dos suplentes serão consignados em ata, remetendo-se o expediente de convocação, com observância do disposto nos arts. 434 e 435 deste Código.

Artigo com redação dada pela Lei n. 11.689, de 09.06.2008.

Art. 466. Antes do sorteio dos membros do Conselho de Sentença, o juiz presidente esclarecerá sobre os impedimentos, a suspeição e as incompatibilidades constantes dos arts. 448 e 449 deste Código.

Caput com redação dada pela Lei n. 11.689, de 09.06.2008.

§ 1º O juiz presidente também advertirá os jurados de que, uma vez sorteados, não poderão comunicar-se entre si e com outrem, nem manifestar sua opinião sobre o processo, sob pena de exclusão do Conselho e multa, na forma do § 2º do art. 436 deste Código.

Parágrafo com redação dada pela Lei n. 11.689, de 09.06.2008.

§ 2º A incomunicabilidade será certificada nos autos pelo oficial de justiça.

Parágrafo com redação dada pela Lei n. 11.689, de 09.06.2008.

Art. 467. Verificando que se encontram na urna as cédulas relativas aos jurados presentes, o juiz presidente sorteará 7 (sete) dentre eles para a formação do Conselho de Sentença.

Artigo com redação dada pela Lei n. 11.689, de 09.06.2008.

Art. 468. À medida que as cédulas forem sendo retiradas da urna, o juiz presidente as lerá, e a defesa e, depois dela, o Ministério Público poderão recusar os jurados sorteados, até 3 (três) cada parte, sem motivar a recusa.

Caput com redação dada pela Lei n. 11.689, de 09.06.2008.

Parágrafo único. O jurado recusado imotivadamente por qualquer das partes será excluído daquela sessão de instrução e julgamento, prosseguindo-se o sorteio para a composição do Conselho de Sentença com os jurados remanescentes.

Parágrafo acrescentado pela Lei n. 11.689, de 09.06.2008.

Art. 469. Se forem 2 (dois) ou mais os acusados, as recusas poderão ser feitas por um só defensor.

Caput com redação dada pela Lei n. 11.689, de 09.06.2008.

§ 1º A separação dos julgamentos somente ocorrerá se, em razão das recusas, não for obtido o número mínimo de 7 (sete) jurados para compor o Conselho de Sentença.

Parágrafo acrescentado pela Lei n. 11.689, de 09.06.2008.

§ 2º Determinada a separação dos julgamentos, será julgado em primeiro lugar o acusado a quem foi atribuída a autoria do fato ou, em caso de coautoria, aplicar-se-á o critério de preferência disposto no art. 429 deste Código.

Parágrafo acrescentado pela Lei n. 11.689, de 09.06.2008.

Art. 470. Desacolhida a arguição de impedimento, de suspeição ou de incompatibilidade contra o juiz presidente do Tribunal do Júri, órgão do Ministério Público, jurado ou qualquer funcionário, o julgamento não será suspenso, devendo, entretanto, constar da ata o seu fundamento e a decisão.

Artigo com redação dada pela Lei n. 11.689, de 09.06.2008.

Art. 471. Se, em consequência do impedimento, suspeição, incompatibilidade, dispensa ou recusa, não houver número para a formação do Conselho, o julgamento será adiado para o primeiro dia desimpedido, após sorteados os suplentes, com observância do disposto no art. 464 deste Código.

Artigo com redação dada pela Lei n. 11.689, de 09.06.2008.

Art. 472. Formado o Conselho de Sentença, o presidente, levantando-se, e, com ele, todos os presentes, fará aos jurados a seguinte exortação:

Em nome da lei, concito-vos a examinar esta causa com imparcialidade e a proferir a vossa decisão de acordo com a vossa consciência e os ditames da justiça.

Os jurados, nominalmente chamados pelo presidente, responderão:

Assim o prometo.

Caput com redação dada pela Lei n. 11.689, de 09.06.2008.

Parágrafo único. O jurado, em seguida, receberá cópias da pronúncia ou, se for o caso, das decisões posteriores que julgaram admissível a acusação e do relatório do processo.

Parágrafo acrescentado pela Lei n. 11.689, de 09.06.2008.

Seção XI
Da Instrução em Plenário

Seção acrescentada pela Lei n. 11.689, de 09.06.2008.

Art. 473. Prestado o compromisso pelos jurados, será iniciada a instrução plenária quando o juiz presidente, o Ministério Público, o assistente, o querelante e o defensor do acusado tomarão, sucessiva e diretamente, as declarações do ofendido, se possível, e inquirirão as testemunhas arroladas pela acusação.

Caput com redação dada pela Lei n. 11.689, de 09.06.2008.

§ 1º Para a inquirição das testemunhas arroladas pela defesa, o defensor do acusado formulará as perguntas antes do Ministério Público e do assistente, mantidos no mais a ordem e os critérios estabelecidos neste artigo.

Parágrafo acrescentado pela Lei n. 11.689, de 09.06.2008.

§ 2º Os jurados poderão formular perguntas ao ofendido e às testemunhas, por intermédio do juiz presidente.

Parágrafo acrescentado pela Lei n. 11.689, de 09.06.2008.

§ 3º As partes e os jurados poderão requerer acareações, reconhecimento de pessoas e coisas e esclarecimento dos peritos, bem como a leitura de peças que se refiram, exclusivamente, às provas colhidas por carta precatória e às provas cautelares, antecipadas ou não repetíveis.

Parágrafo acrescentado pela Lei n. 11.689, de 09.06.2008.

Art. 474. A seguir será o acusado interrogado, se estiver presente, na forma estabelecida no Capítulo III do Título VII do Livro I deste Código, com as alterações introduzidas nesta Seção.

Caput com redação dada pela Lei n. 11.689, de 09.06.2008.

§ 1º O Ministério Público, o assistente, o querelante e o defensor, nessa ordem, poderão formular, diretamente, perguntas ao acusado.

Parágrafo com redação dada pela Lei n. 11.689, de 09.06.2008.

§ 2º Os jurados formularão perguntas por intermédio do juiz presidente.

Parágrafo com redação dada pela Lei n. 11.689, de 09.06.2008.

§ 3º Não se permitirá o uso de algemas no acusado durante o período em que permanecer no plenário do júri, salvo se absolutamente necessário à ordem dos trabalhos, à segurança das testemunhas ou à garantia da integridade física dos presentes.

Parágrafo acrescentado pela Lei n. 11.689, de 09.06.2008.

Art. 474-A. Durante a instrução em plenário, todas as partes e demais sujeitos processuais presentes no ato deverão respeitar a dignidade da vítima, sob pena de responsabilização civil, penal e administrativa, cabendo ao juiz presidente garantir o cumprimento do disposto neste artigo, vedadas:

Artigo acrescentado pela Lei n. 14.245, de 22.11.2021.

I – a manifestação sobre circunstâncias ou elementos alheios aos fatos objeto de apuração nos autos;

II – a utilização de linguagem, de informações ou de material que ofendam a dignidade da vítima ou de testemunhas.

Art. 475. O registro dos depoimentos e do interrogatório será feito pelos meios ou recursos de gravação magnética, eletrônica, estenotipia ou técnica similar, destinada a obter maior fidelidade e celeridade na colheita da prova.

Caput com redação dada pela Lei n. 11.689, de 09.06.2008.

Parágrafo único. A transcrição do registro, após feita a degravação, constará dos autos.

Parágrafo acrescentado pela Lei n. 11.689, de 09.06.2008.

Seção XII
Dos Debates

Seção acrescentada pela Lei n. 11.689, de 09.06.2008.

Art. 476. Encerrada a instrução, será concedida a palavra ao Ministério Público, que fará a acusação, nos limites da pronúncia ou das decisões posteriores que julgaram admissível a acusação, sustentando, se for o caso, a existência de circunstância agravante.

Caput com redação dada pela Lei n. 11.689, de 09.06.2008.

§ 1º O assistente falará depois do Ministério Público.

Parágrafo renumerado e com redação dada pela Lei n. 11.689, de 09.06.2008.

§ 2º Tratando-se de ação penal de iniciativa privada, falará em primeiro lugar o querelante e, em seguida, o Ministério Público, salvo se este houver retomado a titularidade da ação, na forma do art. 29 deste Código.

Parágrafo acrescentado pela Lei n. 11.689, de 09.06.2008.

§ 3º Finda a acusação, terá a palavra a defesa.

Parágrafo acrescentado pela Lei n. 11.689, de 09.06.2008.

§ 4º A acusação poderá replicar e a defesa treplicar, sendo admitida a reinquirição de testemunha já ouvida em plenário.

Parágrafo acrescentado pela Lei n. 11.689, de 09.06.2008.

Art. 477. O tempo destinado à acusação e à defesa será de uma hora e meia para cada, e de uma hora para a réplica e outro tanto para a tréplica.

Caput com redação dada pela Lei n. 11.689, de 09.06.2008.

§ 1º Havendo mais de um acusador ou mais de um defensor, combinarão entre si a distribuição do tempo, que, na falta de acordo, será dividido pelo juiz presidente, de forma a não exceder o determinado neste artigo.

Parágrafo acrescentado pela Lei n. 11.689, de 09.06.2008.

§ 2º Havendo mais de 1 (um) acusado, o tempo para a acusação e a defesa será acrescido de 1 (uma) hora e elevado ao dobro o da réplica e da tréplica, observado o disposto no § 1º deste artigo.

Parágrafo acrescentado pela Lei n. 11.689, de 09.06.2008.

Art. 478. Durante os debates as partes não poderão, sob pena de nulidade, fazer referências:

Caput com redação dada pela Lei n. 11.689, de 09.06.2008.

I – à decisão de pronúncia, às decisões posteriores que julgaram admissível a acusação ou à determinação do uso de algemas como argumento de autoridade que beneficiem ou prejudiquem o acusado;

Inciso acrescentado pela Lei n. 11.689, de 09.06.2008.

II – ao silêncio do acusado ou à ausência de interrogatório por falta de requerimento, em seu prejuízo.

Inciso acrescentado pela Lei n. 11.689, de 09.06.2008.

Art. 479. Durante o julgamento não será permitida a leitura de documento ou a exibição de objeto que não tiver sido juntado aos autos com a antecedência mínima de 3 (três) dias úteis, dando-se ciência à outra parte.

Caput com redação dada pela Lei n. 11.689, de 09.06.2008.

Parágrafo único. Compreende-se na proibição deste artigo a leitura de jornais ou qualquer outro escrito, bem como a exibição de vídeos, gravações, fotografias, laudos, quadros, croqui ou qualquer outro meio assemelhado, cujo conteúdo versar sobre a matéria de fato submetida à apreciação e julgamento dos jurados.

Parágrafo acrescentado pela Lei n. 11.689, de 09.06.2008.

Art. 480. A acusação, a defesa e os jurados poderão, a qualquer momento e por intermédio do juiz presidente, pedir ao orador que indique a folha dos autos onde se encontra a peça por ele lida ou citada, facultando-se, ainda, aos jurados solicitar-lhe, pelo mesmo meio, o esclarecimento de fato por ele alegado.

Caput com redação dada pela Lei n. 11.689, de 09.06.2008.

§ 1º Concluídos os debates, o presidente indagará dos jurados se estão habilitados a julgar ou se necessitam de outros esclarecimentos.

Parágrafo acrescentado pela Lei n. 11.689, de 09.06.2008.

§ 2º Se houver dúvida sobre questão de fato, o presidente prestará esclarecimentos à vista dos autos.

Parágrafo acrescentado pela Lei n. 11.689, de 09.06.2008.

§ 3º Os jurados, nesta fase do procedimento, terão acesso aos autos e aos instrumentos do crime se solicitarem ao juiz presidente.

Parágrafo acrescentado pela Lei n. 11.689, de 09.06.2008.

Art. 481. Se a verificação de qualquer fato, reconhecida como essencial para o julgamento da causa, não puder ser realizada imediatamente, o juiz presidente dissolverá o Conselho, ordenando a realização das diligências entendidas necessárias.

Caput com redação dada pela Lei n. 11.689, de 09.06.2008.

Parágrafo único. Se a diligência consistir na produção de prova pericial, o juiz presidente, desde logo, nomeará perito e formulará quesitos, facultando às partes também formulá-los e indicar assistentes técnicos, no prazo de 5 (cinco) dias.

Parágrafo com redação dada pela Lei n. 11.689, de 09.06.2008.

Seção XIII
Do Questionário e sua Votação

Seção acrescentada pela Lei n. 11.689, de 09.06.2008.

Art. 482. O Conselho de Sentença será questionado sobre matéria de fato e se o acusado deve ser absolvido.

Caput com redação dada pela Lei n. 11.689, de 09.06.2008.

Parágrafo único. Os quesitos serão redigidos em proposições afirmativas, simples e distintas, de modo que cada um deles possa ser respondido com suficiente clareza e necessária precisão. Na sua elaboração, o presidente levará em conta os termos da pronúncia ou das decisões posteriores que julgaram admissível a acusação, do interrogatório e das alegações das partes.

Parágrafo acrescentado pela Lei n. 11.689, de 09.06.2008.

Art. 483. Os quesitos serão formulados na seguinte ordem, indagando sobre:

Caput com redação dada pela Lei n. 11.689, de 09.06.2008.

Veja Súmulas ns. 156 e 162, STF.

I – a materialidade do fato;

Inciso acrescentado pela Lei n. 11.689, de 09.06.2008.

Veja §§ 1º e 2º deste artigo.

II – a autoria ou participação;

Inciso acrescentado pela Lei n. 11.689, de 09.06.2008.

Veja §§ 1º e 2º deste artigo.

III – se o acusado deve ser absolvido;

Inciso acrescentado pela Lei n. 11.689, de 09.06.2008.

IV – se existe causa de diminuição de pena alegada pela defesa;

Inciso acrescentado pela Lei n. 11.689, de 09.06.2008.

V – se existe circunstância qualificadora ou causa de aumento de pena reconhecidas na pronúncia ou em decisões posteriores que julgaram admissível a acusação.

Inciso acrescentado pela Lei n. 11.689, de 09.06.2008.

§ 1º A resposta negativa, de mais de 3 (três) jurados, a qualquer dos quesitos referidos nos incisos I e II do *caput* deste artigo encerra a votação e implica a absolvição do acusado.

Parágrafo acrescentado pela Lei n. 11.689, de 09.06.2008.

Veja art. 5º, XXXVIII, *b*, CF.

§ 2º Respondidos afirmativamente por mais de 3 (três) jurados os quesitos relativos aos incisos I e II do *caput* deste artigo será formulado quesito com a seguinte redação:

O jurado absolve o acusado?

Parágrafo acrescentado pela Lei n. 11.689, de 09.06.2008.

Veja art. 5º, XXXVIII, *b*, CF.

§ 3º Decidindo os jurados pela condenação, o julgamento prossegue, devendo ser formulados quesitos sobre:

Parágrafo acrescentado pela Lei n. 11.689, de 09.06.2008.

I – causa de diminuição de pena alegada pela defesa;

Inciso acrescentado pela Lei n. 11.689, de 09.06.2008.

II – circunstância qualificadora ou causa de aumento de pena, reconhecidas na pronúncia ou em decisões posteriores que julgaram admissível a acusação.

Inciso acrescentado pela Lei n. 11.689, de 09.06.2008.

§ 4º Sustentada a desclassificação da infração para outra de competência do juiz singular, será formulado quesito a respeito, para ser respondido após o 2º (segundo) ou 3º (terceiro) quesito, conforme o caso.

Parágrafo acrescentado pela Lei n. 11.689, de 09.06.2008.

§ 5º Sustentada a tese de ocorrência do crime na sua forma tentada ou havendo divergência sobre a tipificação do delito, sendo este da competência do Tribunal do Júri, o juiz formulará quesito acerca destas questões, para ser respondido após o segundo quesito.

Parágrafo acrescentado pela Lei n. 11.689, de 09.06.2008.

§ 6º Havendo mais de um crime ou mais de um acusado, os quesitos serão formulados em séries distintas.

Parágrafo acrescentado pela Lei n. 11.689, de 09.06.2008.

Art. 484. A seguir, o presidente lerá os quesitos e indagará das partes se têm requerimento ou reclamação a fazer, devendo qualquer deles, bem como a decisão, constar da ata.

Caput com redação dada pela Lei n. 11.689, de 09.06.2008.

Parágrafo único. Ainda em plenário, o juiz presidente explicará aos jurados o significado de cada quesito.

Parágrafo com redação dada pela Lei n. 11.689, de 09.06.2008.

Art. 485. Não havendo dúvida a ser esclarecida, o juiz presidente, os jurados, o Ministério Público, o assistente, o querelante, o defensor do acusado, o escrivão e o oficial de justiça dirigir-se-ão à sala especial a fim de ser procedida a votação.

Caput com redação dada pela Lei n. 11.689, de 09.06.2008.

§ 1º Na falta de sala especial, o juiz presidente determinará que o público se retire, permanecendo somente as pessoas mencionadas no *caput* deste artigo.

Parágrafo acrescentado pela Lei n. 11.689, de 09.06.2008.

§ 2º O juiz presidente advertirá as partes de que não será permitida qualquer intervenção que possa perturbar a livre manifestação do Conselho e fará retirar da sala quem se portar inconvenientemente.

Parágrafo acrescentado pela Lei n. 11.689, de 09.06.2008.

Art. 486. Antes de proceder-se à votação de cada quesito, o juiz presidente mandará distribuir aos jurados pequenas cédulas, feitas de papel opaco e facilmente dobráveis, contendo 7 (sete) delas a palavra *sim*, 7 (sete) a palavra *não*.

Artigo com redação dada pela Lei n. 11.689, de 09.06.2008.

Art. 487. Para assegurar o sigilo do voto, o oficial de justiça recolherá em urnas separadas as cédulas correspondentes aos votos e as não utilizadas.

Artigo com redação dada pela Lei n. 11.689, de 09.06.2008.

Veja art. 5º, XXXVIII, *b*, CF.

Art. 488. Após a resposta, verificados os votos e as cédulas não utilizadas, o presidente determinará que o escrivão registre no termo a votação de cada quesito, bem como o resultado do julgamento.

Caput com redação dada pela Lei n. 11.689, de 09.06.2008.

Veja art. 491, CPP.

Parágrafo único. Do termo também constará a conferência das cédulas não utilizadas.

Parágrafo acrescentado pela Lei n. 11.689, de 09.06.2008.

Art. 489. As decisões do Tribunal do Júri serão tomadas por maioria de votos.

Artigo com redação dada pela Lei n. 11.689, de 09.06.2008.

Art. 490. Se a resposta a qualquer dos quesitos estiver em contradição com outra ou outras já dadas, o presidente, explicando aos jurados em que consiste a contradição, submeterá novamente à votação os quesitos a que se referirem tais respostas.

Caput com redação dada pela Lei n. 11.689, de 09.06.2008.

Parágrafo único. Se, pela resposta dada a um dos quesitos, o presidente verificar que ficam prejudicados os seguintes, assim o declarará, dando por finda a votação.

Parágrafo acrescentado pela Lei n. 11.689, de 09.06.2008.

Art. 491. Encerrada a votação, será o termo a que se refere o art. 488 deste Código assinado pelo presidente, pelos jurados e pelas partes.

Artigo com redação dada pela Lei n. 11.689, de 09.06.2008.

Seção XIV
Da Sentença

Seção acrescentada pela Lei n. 11.689, de 09.06.2008.

Art. 492. Em seguida, o presidente proferirá sentença que:

Caput com redação dada pela Lei n. 11.689, de 09.06.2008.

I – no caso de condenação:

Inciso com redação dada e alíneas acrescentadas pela Lei n. 11.689, de 09.06.2008.

a) fixará a pena-base;

b) considerará as circunstâncias agravantes ou atenuantes alegadas nos debates;

c) imporá os aumentos ou diminuições da pena, em atenção às causas admitidas pelo júri;

d) observará as demais disposições do art. 387 deste Código;

e) mandará o acusado recolher-se ou recomendá-lo-á à prisão em que se encontra, se presentes os requisitos da prisão preventiva, ou, no caso de condenação a uma pena igual ou superior a 15 (quinze) anos de reclusão, determinará a execução provisória das penas, com expedição do mandado de prisão, se for o caso, sem prejuízo do conhecimento de recursos que vierem a ser interpostos;

f) estabelecerá os efeitos genéricos e específicos da condenação;

II – no caso de absolvição:

Inciso e alíneas com redação dada pela Lei n. 11.689, de 09.06.2008.

a) mandará colocar em liberdade o acusado se por outro motivo não estiver preso;

b) revogará as medidas restritivas provisoriamente decretadas;

c) imporá, se for o caso, a medida de segurança cabível.

§ 1º Se houver desclassificação da infração para outra, de competência do juiz singular, ao presidente do Tribunal do Júri caberá proferir sentença em seguida, aplicando-se, quando o delito resultante da nova tipificação for considerado pela lei como infração penal de menor potencial ofensivo, o disposto nos arts. 69 e seguintes da Lei n. 9.099, de 26 de setembro de 1995.

Parágrafo com redação dada pela Lei n. 11.689, de 09.06.2008.

§ 2º Em caso de desclassificação, o crime conexo que não seja doloso contra a vida será julgado pelo juiz presidente do Tribunal do Júri, aplicando-se, no que couber, o disposto no § 1º deste artigo.

Parágrafo com redação dada pela Lei n. 11.689, de 09.06.2008.

§ 3º O presidente poderá, excepcionalmente, deixar de autorizar a execução provisória das penas de que trata a alínea e do inciso I do *caput* deste artigo, se houver questão substancial cuja resolução pelo tribunal ao qual competir o julgamento possa plausivelmente levar à revisão da condenação.

Parágrafo acrescentado pela Lei n. 13.964, de 24.12.2019.

§ 4º A apelação interposta contra decisão condenatória do Tribunal do Júri a uma pena igual ou superior a 15 (quinze) anos de reclusão não terá efeito suspensivo.

Parágrafo acrescentado pela Lei n. 13.964, de 24.12.2019.

§ 5º Excepcionalmente, poderá o tribunal atribuir efeito suspensivo à apelação de que trata o § 4º deste artigo, quando verificado cumulativamente que o recurso:

Parágrafo e incisos acrescentados pela Lei n. 13.964, de 24.12.2019.

I – não tem propósito meramente protelatório; e

II – levanta questão substancial e que pode resultar em absolvição, anulação da sentença, novo julgamento ou redução da pena para patamar inferior a 15 (quinze) anos de reclusão.

§ 6º O pedido de concessão de efeito suspensivo poderá ser feito incidentemente na apelação ou por meio de petição em separado dirigida diretamente ao relator, instruída com cópias da sentença condenatória, das razões da apelação e de prova da tempestividade, das contrarrazões e das demais peças necessárias à compreensão da controvérsia.

Parágrafo acrescentado pela Lei n. 13.964, de 24.12.2019.

Art. 493. A sentença será lida em plenário pelo presidente antes de encerrada a sessão de instrução e julgamento.

Artigo com redação dada pela Lei n. 11.689, de 09.06.2008.

Seção XV
Da Ata dos Trabalhos

Seção acrescentada pela Lei n. 11.689, de 09.06.2008.

Art. 494. De cada sessão de julgamento o escrivão lavrará ata, assinada pelo presidente e pelas partes.

Artigo com redação dada pela Lei n. 11.689, de 09.06.2008.

Art. 495. A ata descreverá fielmente todas as ocorrências, mencionando obrigatoriamente:

Caput com redação dada pela Lei n. 11.689, de 09.06.2008.

I – a data e a hora da instalação dos trabalhos;

Inciso com redação dada pela Lei n. 11.689, de 09.06.2008.

II – o magistrado que presidiu a sessão e os jurados presentes;

Inciso com redação dada pela Lei n. 11.689, de 09.06.2008.

III – os jurados que deixaram de comparecer, com escusa ou sem ela, e as sanções aplicadas;

Inciso com redação dada pela Lei n. 11.689, de 09.06.2008.

IV – o ofício ou requerimento de isenção ou dispensa;

Inciso com redação dada pela Lei n. 11.689, de 09.06.2008.

V – o sorteio dos jurados suplentes;

Inciso com redação dada pela Lei n. 11.689, de 09.06.2008.

VI – o adiamento da sessão, se houver ocorrido, com a indicação do motivo;

Inciso com redação dada pela Lei n. 11.689, de 09.06.2008.

VII – a abertura da sessão e a presença do Ministério Público, do querelante e do assistente, se houver, e a do defensor do acusado;

Inciso com redação dada pela Lei n. 11.689, de 09.06.2008.

VIII – o pregão e a sanção imposta, no caso de não comparecimento;

Inciso com redação dada pela Lei n. 11.689, de 09.06.2008.

IX – as testemunhas dispensadas de depor;

Inciso com redação dada pela Lei n. 11.689, de 09.06.2008.

X – o recolhimento das testemunhas a lugar de onde umas não pudessem ouvir o depoimento das outras;

Inciso com redação dada pela Lei n. 11.689, de 09.06.2008.

XI – a verificação das cédulas pelo juiz presidente;

Inciso com redação dada pela Lei n. 11.689, de 09.06.2008.

XII – a formação do Conselho de Sentença, com o registro dos nomes dos jurados sorteados e recusas;

Inciso com redação dada pela Lei n. 11.689, de 09.06.2008.

XIII – o compromisso e o interrogatório, com simples referência ao termo;

Inciso com redação dada pela Lei n. 11.689, de 09.06.2008.

XIV – os debates e as alegações das partes com os respectivos fundamentos;

Inciso com redação dada pela Lei n. 11.689, de 09.06.2008.

XV – os incidentes;

Inciso com redação dada pela Lei n. 11.689, de 09.06.2008.

XVI – o julgamento da causa;

Inciso com redação dada pela Lei n. 11.689, de 09.06.2008.

XVII – a publicidade dos atos da instrução plenária, das diligências e da sentença.

Inciso com redação dada pela Lei n. 11.689, de 09.06.2008.

Art. 496. A falta da ata sujeitará o responsável a sanções administrativa e penal.

Artigo com redação dada pela Lei n. 11.689, de 09.06.2008.

Seção XVI
Das Atribuições do Presidente do Tribunal do Júri

Seção acrescentada pela Lei n. 11.689, de 09.06.2008.

Art. 497. São atribuições do juiz presidente do Tribunal do Júri, além de outras expressamente referidas neste Código:

Caput com redação dada pela Lei n. 11.689, de 09.06.2008.

Veja Súmula n. 523, STF.

I – regular a polícia das sessões e prender os desobedientes;

Inciso com redação dada pela Lei n. 11.689, de 09.06.2008.

II – requisitar o auxílio da força pública, que ficará sob sua exclusiva autoridade;

Inciso com redação dada pela Lei n. 11.689, de 09.06.2008.

III – dirigir os debates, intervindo em caso de abuso, excesso de linguagem ou mediante requerimento de uma das partes;

Inciso com redação dada pela Lei n. 11.689, de 09.06.2008.

IV – resolver as questões incidentes que não dependam de pronunciamento do júri;

Inciso com redação dada pela Lei n. 11.689, de 09.06.2008.

V – nomear defensor ao acusado, quando considerá-lo indefeso, podendo, neste caso, dissolver o Conselho e designar novo dia para o julgamento, com a nomeação ou a constituição de novo defensor;

Inciso com redação dada pela Lei n. 11.689, de 09.06.2008.

VI – mandar retirar da sala o acusado que dificultar a realização do julgamento, o qual prosseguirá sem a sua presença;

Inciso com redação dada pela Lei n. 11.689, de 09.06.2008.

VII – suspender a sessão pelo tempo indispensável à realização das diligências requeridas ou entendidas necessárias, mantida a incomunicabilidade dos jurados;

Inciso com redação dada pela Lei n. 11.689, de 09.06.2008.

VIII – interromper a sessão por tempo razoável, para proferir sentença e para repouso ou refeição dos jurados;

Inciso com redação dada pela Lei n. 11.689, de 09.06.2008.

IX – decidir, de ofício, ouvidos o Ministério Público e a defesa, ou a requerimento de qualquer destes, a arguição de extinção de punibilidade;

Inciso com redação dada pela Lei n. 11.689, de 09.06.2008.

Veja art. 107, IV, CP.

X – resolver as questões de direito suscitadas no curso do julgamento;

Inciso com redação dada pela Lei n. 11.689, de 09.06.2008.

XI – determinar, de ofício ou a requerimento das partes ou de qualquer jurado, as diligências destinadas a sanar nulidade ou a suprir falta que prejudique o esclarecimento da verdade;

Inciso com redação dada pela Lei n. 11.689, de 09.06.2008.

XII – regulamentar, durante os debates, a intervenção de uma das partes, quando a outra estiver com a palavra, podendo conceder até 3 (três) minutos para cada aparte requerido, que serão acrescidos ao tempo desta última.

Inciso acrescentado pela Lei n. 11.689, de 09.06.2008.

CAPÍTULO III
DO PROCESSO E DO JULGAMENTO
DOS CRIMES DA COMPETÊNCIA DO JUIZ SINGULAR

Arts. 498 a 502. *(Revogados pela Lei n. 11.719, de 20.06.2008.)*

TÍTULO II
DOS PROCESSOS ESPECIAIS

CAPÍTULO I
DO PROCESSO E DO JULGAMENTO DOS CRIMES DE FALÊNCIA

Arts. 503 a 512. *(Revogados pela Lei n. 11.101, de 09.02.2005.)*

Veja arts. 183 a 188, Lei n. 11.101, de 09.02.2005 (Lei de Falências e Recuperação de Empresas).

CAPÍTULO II
DO PROCESSO E DO JULGAMENTO DOS CRIMES DE RESPONSABILIDADE DOS FUNCIONÁRIOS PÚBLICOS

Veja arts. 312 a 327 e 359-A a 359-H, CP.

Art. 513. Nos crimes de responsabilidade dos funcionários públicos, cujo processo e julgamento competirão aos juízes de direito, a queixa ou a denúncia será instruída com documentos ou justificação que façam presumir a existência do delito ou com declaração fundamentada da impossibilidade de apresentação de qualquer dessas provas.

Art. 514. Nos crimes afiançáveis, estando a denúncia ou queixa em devida forma, o juiz mandará autuá-la e ordenará a notificação do acusado, para responder por escrito, dentro do prazo de 15 (quinze) dias.

Veja Súmula n. 330, STJ.

Parágrafo único. Se não for conhecida a residência do acusado, ou este se achar fora da jurisdição do juiz, ser-lhe-á nomeado defensor, a quem caberá apresentar a resposta preliminar.

Art. 515. No caso previsto no artigo anterior, durante o prazo concedido para a resposta, os autos permanecerão em cartório, onde poderão ser examinados pelo acusado ou por seu defensor.

Parágrafo único. A resposta poderá ser instruída com documentos e justificações.

Art. 516. O juiz rejeitará a queixa ou denúncia, em despacho fundamentado, se convencido, pela resposta do acusado ou do seu defensor, da inexistência do crime ou da improcedência da ação.

Art. 517. Recebida a denúncia ou a queixa, será o acusado citado, na forma estabelecida no Capítulo I do Título X do Livro I.

Art. 518. Na instrução criminal e nos demais termos do processo, observar-se-á o disposto nos Capítulos I e III, Título I, deste Livro.

Os arts. 498 a 502 do Capítulo III foram revogados pela Lei n. 11.719, de 20.06.2008.

CAPÍTULO III
DO PROCESSO E DO JULGAMENTO DOS CRIMES DE CALÚNIA E INJÚRIA, DE COMPETÊNCIA DO JUIZ SINGULAR

Veja arts. 138 a 145 e 359-I a 359-T, CP.

Veja CE.

Art. 519. No processo por crime de calúnia ou injúria, para o qual não haja outra forma estabelecida em lei especial, observar-se-á o disposto nos Capítulos I e III, Título I, deste Livro, com as modificações constantes dos artigos seguintes.

Art. 520. Antes de receber a queixa, o juiz oferecerá às partes oportunidade para se reconciliarem, fazendo-as comparecer em juízo e ouvindo-as, separadamente, sem a presença dos seus advogados, não se lavrando termo.

Art. 521. Se depois de ouvir o querelante e o querelado, o juiz achar provável a reconciliação, promoverá entendimento entre eles, na sua presença.

Art. 522. No caso de reconciliação, depois de assinado pelo querelante o termo da desistência, a queixa será arquivada.

Art. 523. Quando for oferecida a exceção da verdade ou da notoriedade do fato imputado, o querelante poderá contestar a exceção no prazo de 2 (dois) dias, podendo ser inquiridas as testemunhas arroladas na queixa, ou outras indicadas naquele prazo, em substituição às primeiras, ou para completar o máximo legal.

Veja arts. 138, § 3º, e 139, parágrafo único, CP.

CAPÍTULO IV
DO PROCESSO E DO JULGAMENTO DOS CRIMES CONTRA A PROPRIEDADE IMATERIAL

Art. 524. No processo e julgamento dos crimes contra a propriedade imaterial, observar-se-á o disposto nos Capítulos I e III do Título I deste Livro, com as modificações constantes dos artigos seguintes.

Veja art. 530-A, CPP.

Veja arts. 183 a 210, Lei n. 9.279, de 14.05.1996.

Art. 525. No caso de haver o crime deixado vestígio, a queixa ou a denúncia não será recebida se não for instruída com o exame pericial dos objetos que constituam o corpo de delito.

Veja art. 530-A, CPP.

Art. 526. Sem a prova de direito à ação, não será recebida a queixa, nem ordenada qualquer diligência preliminarmente requerida pelo ofendido.

Veja art. 530-A, CPP.

Art. 527. A diligência de busca ou de apreensão será realizada por dois peritos nomeados pelo juiz, que verificarão a existência de fundamento para a apreensão, e quer esta se realize, quer não, o laudo pericial será apresentado dentro de 3 (três) dias após o encerramento da diligência.

Veja art. 530-A, CPP.

Parágrafo único. O requerente da diligência poderá impugnar o laudo contrário à apreensão, e o juiz ordenará que esta se efetue, se reconhecer a improcedência das razões aduzidas pelos peritos.

Art. 528. Encerradas as diligências, os autos serão conclusos ao juiz para homologação do laudo.

Veja art. 530-A, CPP.

Art. 529. Nos crimes de ação privativa do ofendido, não será admitida queixa com fundamento em apreensão e em perícia, se decorrido o prazo de 30 (trinta) dias, após a homologação do laudo.

Veja art. 530-A, CPP.

Parágrafo único. Será dada vista ao Ministério Público dos autos de busca e apreensão requeridas pelo ofendido, se o crime for de ação pública e não tiver sido oferecida queixa no prazo fixado neste artigo.

Art. 530. Se ocorrer prisão em flagrante e o réu não for posto em liberdade, o prazo a que se refere o artigo anterior será de 8 (oito) dias.

Art. 530-A. O disposto nos arts. 524 a 530 será aplicável aos crimes em que se proceda mediante queixa.

Artigo acrescentado pela Lei n. 10.695, de 01.07.2003.

Art. 530-B. Nos casos das infrações previstas nos §§ 1º, 2º e 3º do art. 184 do Código Penal, a autoridade policial procederá à apreensão dos bens ilicitamente produzidos ou reproduzidos, em sua totalidade, juntamente com os equipamentos, suportes e materiais que possibilitaram a sua existência, desde que estes se destinem precipuamente à prática do ilícito.

Artigo acrescentado pela Lei n. 10.695, de 01.07.2003.

Veja art. 530-I, CPP.

Art. 530-C. Na ocasião da apreensão será lavrado termo, assinado por 2 (duas) ou mais testemunhas, com a descrição de todos os bens apreendidos e informações sobre suas origens, o qual deverá integrar o inquérito policial ou o processo.

Artigo acrescentado pela Lei n. 10.695, de 01.07.2003.

Veja art. 530-I, CPP.

Art. 530-D. Subsequente à apreensão, será realizada, por perito oficial, ou, na falta deste, por pessoa tecnicamente habilitada, perícia sobre todos os bens apreendidos e elaborado o laudo que deverá integrar o inquérito policial ou o processo.

Artigo acrescentado pela Lei n. 10.695, de 01.07.2003.

Veja art. 530-I, CPP.

Art. 530-E. Os titulares de direito de autor e os que lhe são conexos serão os fiéis depositários de todos os bens apreendidos, devendo colocá-los à disposição do juiz quando do ajuizamento da ação.

Artigo acrescentado pela Lei n. 10.695, de 01.07.2003.

Veja art. 530-I, CPP.

Art. 530-F. Ressalvada a possibilidade de se preservar o corpo de delito, o juiz poderá determinar, a requerimento da vítima, a destruição da produção ou reprodução apreendida quando não houver impugnação quanto à sua ilicitude ou quando a ação penal não puder ser iniciada por falta de determinação de quem seja o autor do ilícito.

Artigo acrescentado pela Lei n. 10.695, de 01.07.2003.

Veja art. 530-I, CPP.

Art. 530-G. O juiz, ao prolatar a sentença condenatória, poderá determinar a destruição dos bens ilicitamente produzidos ou reproduzidos e o perdimento dos equipamentos apreendidos, desde que precipuamente destinados à produção e reprodução dos bens, em favor da Fazenda Nacional, que deverá destruí-los ou doá-los aos Estados, Municípios e Distrito Federal, a instituições públicas de ensino e pesquisa ou de assistência social, bem como incorporá-los, por economia ou interesse público, ao patrimônio da União, que não poderão retorná-los aos canais de comércio.

Artigo acrescentado pela Lei n. 10.695, de 01.07.2003.

Veja art. 530-I, CPP.

Art. 530-H. As associações de titulares de direitos de autor e os que lhes são conexos poderão, em seu próprio nome, funcionar como assistente da acusação nos crimes previstos no art. 184 do Código Penal, quando praticado em detrimento de qualquer de seus associados.

Artigo acrescentado pela Lei n. 10.695, de 01.07.2003.

Veja art. 530-I, CPP.

Art. 530-I. Nos crimes em que caiba ação penal pública incondicionada ou condicionada, observar-se-ão as normas constantes dos arts. 530-B, 530-C, 530-D, 530-E, 530-F, 530-G e 530-H.

Artigo acrescentado pela Lei n. 10.695, de 01.07.2003.

CAPÍTULO V
DO PROCESSO SUMÁRIO

Veja art. 17, LCP.

Art. 531. Na audiência de instrução e julgamento, a ser realizada no prazo máximo de 30 (trinta) dias, proceder-se-á à tomada de declarações do ofendido, se possível, à inquirição das testemunhas arroladas pela acusação e pela defesa, nesta ordem, ressalvado o disposto no art. 222 deste Código, bem como aos esclarecimentos dos peritos, às acareações e ao reconhecimento de pessoas e coisas, interrogando-se, em seguida, o acusado e procedendo-se, finalmente, ao debate.

Artigo com redação dada pela Lei n. 11.719, de 20.06.2008.

Veja arts. 185, § 4º, e 536, CPP.

Veja arts. 60 e 61, Lei n. 9.099, de 26.09.1995.

Art. 532. Na instrução, poderão ser inquiridas até 5 (cinco) testemunhas arroladas pela acusação e 5 (cinco) pela defesa.

Artigo com redação dada pela Lei n. 11.719, de 20.06.2008.

Art. 533. Aplica-se ao procedimento sumário o disposto nos parágrafos do art. 400 deste Código.

Caput com redação dada pela Lei n. 11.719, de 20.06.2008.

§§ 1º a 4º *(Revogados pela Lei n. 11.719, de 20.06.2008.)*

Art. 534. As alegações finais serão orais, concedendo-se a palavra, respectivamente, à acusação e à defesa, pelo prazo de 20 (vinte) minutos, prorrogáveis por mais 10 (dez), proferindo o juiz, a seguir, sentença.

Caput com redação dada pela Lei n. 11.719, de 20.06.2008.

§ 1º Havendo mais de um acusado, o tempo previsto para a defesa de cada um será individual.

Parágrafo acrescentado pela Lei n. 11.719, de 20.06.2008.

§ 2º Ao assistente do Ministério Público, após a manifestação deste, serão concedidos 10 (dez) minutos, prorrogando-se por igual período o tempo de manifestação da defesa.

Parágrafo acrescentado pela Lei n. 11.719, de 20.06.2008.

Art. 535. Nenhum ato será adiado, salvo quando imprescindível a prova faltante, determinando o juiz a condução coercitiva de quem deva comparecer.

Caput com redação dada pela Lei n. 11.719, de 20.06.2008.

§§ 1º e 2º *(Revogados pela Lei n. 11.719, de 20.06.2008.)*

Art. 536. A testemunha que comparecer será inquirida, independentemente da suspensão da audiência, observada em qualquer caso a ordem estabelecida no art. 531 deste Código.

Artigo com redação dada pela Lei n. 11.719, de 20.06.2008.

Art. 537. *(Revogado pela Lei n. 11.719, de 20.06.2008.)*

Art. 538. Nas infrações penais de menor potencial ofensivo, quando o juizado especial criminal encaminhar ao juízo comum as peças existentes para a adoção de outro procedimento, observar-se-á o procedimento sumário previsto neste Capítulo.

Caput com redação dada pela Lei n. 11.719, de 20.06.2008.

§§ 1º a 4º *(Revogados pela Lei n. 11.719, de 20.06.2008.)*

Arts. 539 e 540. *(Revogado pela Lei n. 11.719, de 20.06.2008.)*

CAPÍTULO VI
DO PROCESSO DE RESTAURAÇÃO DE AUTOS EXTRAVIADOS OU DESTRUÍDOS

Art. 541. Os autos originais de processo penal extraviados ou destruídos, em primeira ou segunda instância, serão restaurados.

§ 1º Se existir e for exibida cópia autêntica ou certidão do processo, será uma ou outra considerada como original.

§ 2º Na falta de cópia autêntica ou certidão do processo, o juiz mandará, de ofício, ou a requerimento de qualquer das partes, que:

a) o escrivão certifique o estado do processo, segundo a sua lembrança, e reproduza o que houver a respeito em seus protocolos e registros;

b) sejam requisitadas cópias do que constar a respeito no Instituto Médico-Legal, no Instituto de Identificação e Estatística ou em estabelecimentos congêneres, repartições públicas, penitenciárias ou cadeias;

c) as partes sejam citadas pessoalmente, ou, se não forem encontradas, por edital, com o prazo de 10 (dez) dias, para o processo de restauração dos autos.

§ 3º Proceder-se-á à restauração na primeira instância, ainda que os autos se tenham extraviado na segunda.

Art. 542. No dia designado, as partes serão ouvidas, mencionando-se em termo circunstanciado os pontos em que estiverem acordes e a exibição e a conferência das certidões e mais reproduções do processo apresentadas e conferidas.

Art. 543. O juiz determinará as diligências necessárias para a restauração, observando-se o seguinte:

I – caso ainda não tenha sido proferida a sentença, reinquirir-se-ão as testemunhas, podendo ser substituídas as que tiverem falecido ou se encontrarem em lugar não sabido;

II – os exames periciais, quando possível, serão repetidos, e de preferência pelos mesmos peritos;

III – a prova documental será reproduzida por meio de cópia autêntica ou, quando impossível, por meio de testemunhas;

IV – poderão também ser inquiridas sobre os atos do processo, que deverá ser restaurado, as autoridades, os serventuários, os peritos e mais pessoas que tenham nele funcionado;

V – o Ministério Público e as partes poderão oferecer testemunhas e produzir documentos, para provar o teor do processo extraviado ou destruído.

Art. 544. Realizadas as diligências que, salvo motivo de força maior, deverão concluir-se dentro de 20 (vinte) dias, serão os autos conclusos para julgamento.

Parágrafo único. No curso do processo, e depois de subirem os autos conclusos para sentença, o juiz poderá, dentro em 5 (cinco) dias, requisitar de autoridades ou de repartições todos os esclarecimentos para a restauração.

Art. 545. Os selos e as taxas judiciárias, já pagos nos autos originais, não serão novamente cobrados.

Art. 546. Os causadores de extravio de autos responderão pelas custas, em dobro, sem prejuízo da responsabilidade criminal.

Art. 547. Julgada a restauração, os autos respectivos valerão pelos originais.

Parágrafo único. Se no curso da restauração aparecerem os autos originais, nestes continuará o processo, apensos a eles os autos da restauração.

Art. 548. Até à decisão que julgue restaurados os autos, a sentença condenatória em execução continuará a produzir efeito, desde que conste da respectiva guia arquivada na cadeia ou na penitenciária, onde o réu estiver cumprindo a pena, ou de registro que torne a sua existência inequívoca.

CAPÍTULO VII
DO PROCESSO DE APLICAÇÃO DE MEDIDA DE SEGURANÇA POR FATO NÃO CRIMINOSO

Veja arts. 96 a 99, CP.

Art. 549. Se a autoridade policial tiver conhecimento de fato que, embora não constituindo infração penal, possa determinar a aplicação de medida de segurança (Código Penal, arts. 14 e 27), deverá proceder a inquérito, a fim de apurá-lo e averiguar todos os elementos que possam interessar à verificação da periculosidade do agente.

Após a Reforma Penal de 1984 não se aplica mais medida de segurança ao autor do chamado quase-crime.

As referências atuais dos antigos arts. 14 e 27 são os arts. 17 e 31, CP.

Veja art. 96, CP.

Art. 550. O processo será promovido pelo Ministério Público, mediante requerimento que conterá a exposição sucinta do fato, as suas circunstâncias e todos os elementos em que se fundar o pedido.

Art. 551. O juiz, ao deferir o requerimento, ordenará a intimação do interessado para comparecer em juízo, a fim de ser interrogado.

Art. 552. Após o interrogatório ou dentro do prazo de 2 (dois) dias, o interessado ou seu defensor poderá oferecer alegações.

Parágrafo único. O juiz nomeará defensor ao interessado que não o tiver.

Art. 553. O Ministério Público, ao fazer o requerimento inicial, e a defesa, no prazo estabelecido no artigo anterior, poderão requerer exames, diligências e arrolar até três testemunhas.

Art. 554. Após o prazo de defesa ou a realização dos exames e diligências ordenados pelo juiz, de ofício ou a requerimento das partes, será marcada audiência, em que, inquiridas as testemunhas e produzidas alegações orais pelo órgão do Ministério Público e pelo defensor, dentro de 10 (dez) minutos para cada um, o juiz proferirá sentença.

Parágrafo único. Se o juiz não se julgar habilitado a proferir a decisão, designará, desde logo, outra audiência, que se realizará dentro de 5 (cinco) dias, para publicar a sentença.

Art. 555. Quando, instaurado processo por infração penal, o juiz, absolvendo ou impronunciando o réu, reconhecer a existência de qualquer dos fatos previstos no art. 14 ou no art. 27 do Código Penal, aplicar-lhe-á, se for caso, medida de segurança.

Após a Reforma Penal de 1984 não se aplica mais medida de segurança ao autor do chamado quase-crime.

As referências atuais dos antigos arts. 14 e 27 são os arts. 17 e 31, CP.

Veja art. 549, CPP.

Veja art. 96, CP.

TÍTULO III
DOS PROCESSOS DE COMPETÊNCIA DO SUPREMO TRIBUNAL FEDERAL E DOS TRIBUNAIS DE APELAÇÃO

Título revogado pela Lei n. 8.658, de 26.05.1993.

CAPÍTULO I
DA INSTRUÇÃO

Arts. 556 a 560. *(Revogados pela Lei n. 8.658, de 26.05.1993.)*

CAPÍTULO II
DO JULGAMENTO

Arts. 561 e 562. *(Revogados pela Lei n. 8.658, de 26.05.1993.)*

LIVRO III
DAS NULIDADES E DOS RECURSOS EM GERAL

TÍTULO I
DAS NULIDADES

Art. 563. Nenhum ato será declarado nulo, se da nulidade não resultar prejuízo para a acusação ou para a defesa.

Veja Súmula n. 523, STF.

Art. 564. A nulidade ocorrerá nos seguintes casos:

I – por incompetência, suspeição ou suborno do juiz;

II – por ilegitimidade de parte;

III – por falta das fórmulas ou dos termos seguintes:

Veja art. 603, CPP.

a) a denúncia ou a queixa e a representação e, nos processos de contravenções penais, a portaria ou o auto de prisão em flagrante;

b) o exame do corpo de delito nos crimes que deixam vestígios, ressalvado o disposto no art. 167;

c) a nomeação de defensor ao réu presente, que o não tiver, ou ao ausente, e de curador ao menor de 21 (vinte e um) anos;

Veja art. 5º, *caput*, CC.

Veja Súmulas ns. 352, 523 e 708, STF.

d) a intervenção do Ministério Público em todos os termos da ação por ele intentada e nos da intentada pela parte ofendida, quando se tratar de crime de ação pública;

Veja art. 572, CPP.

e) a citação do réu para ver-se processar, o seu interrogatório, quando presente, e os prazos concedidos à acusação e à defesa;

Veja art. 572, CPP.

Veja Súmulas ns. 707 e 708, STF.

f) a sentença de pronúncia, o libelo e a entrega da respectiva cópia, com o rol de testemunhas, nos processos perante o Tribunal do Júri;

Veja Lei n. 11.689, de 09.06.2008, que alterou o procedimento referente à competência do Tribunal do Júri e extinguiu o libelo.

g) a intimação do réu para a sessão de julgamento, pelo Tribunal do Júri, quando a lei não permitir o julgamento à revelia;

Veja art. 572, CPP.

Veja Súmula n. 712, STF.

h) a intimação das testemunhas arroladas no libelo e na contrariedade, nos termos estabelecidos pela lei;

Veja art. 572, CPP.

i) a presença pelo menos de 15 (quinze) jurados para a constituição do júri;

j) o sorteio dos jurados do conselho de sentença em número legal e sua incomunicabilidade;

k) os quesitos e as respectivas respostas;

Veja Súmulas ns. 156 e 162, STF.

l) a acusação e a defesa, na sessão de julgamento;

m) a sentença;

n) o recurso de ofício, nos casos em que a lei o tenha estabelecido;

Veja Súmula n. 423, STF.

o) a intimação, nas condições estabelecidas pela lei, para ciência de sentenças e despachos de que caiba recurso;

p) no Supremo Tribunal Federal e nos Tribunais de Apelação, o *quorum* legal para o julgamento;

A expressão "Tribunais de Apelação" foi atualizada para "Tribunais de Justiça".

IV – por omissão de formalidade que constitua elemento essencial do ato;

Veja art. 572, CPP.

V – em decorrência de decisão carente de fundamentação.

Inciso acrescentado pela Lei n. 13.964, de 24.12.2019.

Parágrafo único. Ocorrerá ainda a nulidade, por deficiência dos quesitos ou das suas respostas, e contradição entre estas.

Parágrafo acrescentado pela Lei n. 263, de 23.02.1948.

Veja Súmulas ns. 156 e 162, STF.

Art. 565. Nenhuma das partes poderá arguir nulidade a que haja dado causa, ou para que tenha concorrido, ou referente a formalidade cuja observância só à parte contrária interesse.

Art. 566. Não será declarada a nulidade de ato processual que não houver influído na apuração da verdade substancial ou na decisão da causa.

Veja Súmulas ns. 352 e 366, STF.

Art. 567. A incompetência do juízo anula somente os atos decisórios, devendo o processo, quando for declarada a nulidade, ser remetido ao juiz competente.

Art. 568. A nulidade por ilegitimidade do representante da parte poderá ser a todo tempo sanada, mediante ratificação dos atos processuais.

Art. 569. As omissões da denúncia ou da queixa, da representação, ou, nos processos das contravenções penais, da portaria ou do auto de prisão em flagrante, poderão ser supridas a todo o tempo, antes da sentença final.

Art. 570. A falta ou a nulidade da citação, da intimação ou notificação estará sanada, desde que o interessado compareça, antes de o ato consumar-se, embora declare que o faz para o único fim de argui-la. O juiz ordenará, todavia, a suspensão ou o adiamento do ato, quando reconhecer que a irregularidade poderá prejudicar direito da parte.

Art. 571. As nulidades deverão ser arguidas:

Veja Súmula n. 155, STF.

I – as da instrução criminal dos processos da competência do júri, nos prazos a que se refere o art. 406;

Veja art. 411, CPP.

II – as da instrução criminal dos processos de competência do juiz singular e dos processos especiais, salvo os dos Capítulos V e VII do Título II do Livro II, nos prazos a que se refere o art. 500;

O art. 500 foi revogado pela Lei n. 11.719, de 20.06.2008.

Veja art. 400, CPP.

III – as do processo sumário, no prazo a que se refere o art. 537, ou, se verificadas depois desse prazo, logo depois de aberta a audiência e apregoadas as partes;

O art. 537 foi revogado pela Lei n. 11.719, de 20.06.2008.

Veja art. 531, CPP.

Veja Lei n. 9.099, de 26.09.1995.

IV – as do processo regulado no Capítulo VII do Título II do Livro II, logo depois de aberta a audiência;

V – as ocorridas posteriormente à pronúncia, logo depois de anunciado o julgamento e apregoadas as partes (art. 447);

O art. 477 teve sua redação alterada pela Lei n. 11.689, de 09.06.2008. A referência atual é o art. 454.

VI – as de instrução criminal dos processos de competência do Supremo Tribunal Federal e dos Tribunais de Apelação, nos prazos a que se refere o art. 500;

A expressão "Tribunais de Apelação" foi atualizada para "Tribunais de Justiça".

O art. 500 foi revogado pela Lei n. 11.719, de 20.06.2008.

Veja arts. 400 e 610, CPP.

Veja art. 102, CF.

VII – se verificadas após a decisão da primeira instância, nas razões de recurso ou logo depois de anunciado o julgamento do recurso e apregoadas as partes;

VIII – as do julgamento em plenário, em audiência ou em sessão do tribunal, logo depois de ocorrerem.

Art. 572. As nulidades previstas no art. 564, III, *d* e *e*, segunda parte, *g* e *h*, e IV, considerar-se-ão sanadas:

I – se não forem arguidas, em tempo oportuno, de acordo com o disposto no artigo anterior;

II – se, praticado por outra forma, o ato tiver atingido o seu fim;

Veja Súmula n. 366, STF.

III – se a parte, ainda que tacitamente, tiver aceito os seus efeitos.

Art. 573. Os atos, cuja nulidade não tiver sido sanada, na forma dos artigos anteriores, serão renovados ou retificados.

§ 1º A nulidade de um ato, uma vez declarada, causará a dos atos que dele diretamente dependam ou sejam consequência.

§ 2º O juiz que pronunciar a nulidade declarará os atos a que ela se estende.

TÍTULO II
DOS RECURSOS EM GERAL

CAPÍTULO I
DISPOSIÇÕES GERAIS

Art. 574. Os recursos serão voluntários, excetuando-se os seguintes casos, em que deverão ser interpostos, de ofício, pelo juiz:

I – da sentença que conceder *habeas corpus*;

Veja Súmula n. 344, STF.

II – da que absolver desde logo o réu com fundamento na existência de circunstância que exclua o crime ou isente o réu de pena, nos termos do art. 411.

O art. 411 teve sua redação alterada pela Lei n. 11.689, de 09.06.2008. As referências atuais são os arts. 415 e 416.

Art. 575. Não serão prejudicados os recursos que, por erro, falta ou omissão dos funcionários, não tiverem seguimento ou não forem apresentados dentro do prazo.

Veja Súmulas ns. 320, 428 e 705, STF.

Art. 576. O Ministério Público não poderá desistir de recurso que haja interposto.

Veja arts. 17 e 42, CPP.

Art. 577. O recurso poderá ser interposto pelo Ministério Público, ou pelo querelante, ou pelo réu, seu procurador ou seu defensor.

Veja Súmulas ns. 210 e 448, STF.

Parágrafo único. Não se admitirá, entretanto, recurso da parte que não tiver interesse na reforma ou modificação da decisão.

Art. 578. O recurso será interposto por petição ou por termo nos autos, assinado pelo recorrente ou por seu representante.

Veja Súmulas ns. 160 e 428, STF.

§ 1º Não sabendo ou não podendo o réu assinar o nome, o termo será assinado por alguém, a seu rogo, na presença de duas testemunhas.

§ 2º A petição de interposição de recurso, com o despacho do juiz, será, até o dia seguinte ao último do prazo, entregue ao escrivão, que certificará no termo da juntada a data da entrega.

§ 3º Interposto por termo o recurso, o escrivão, sob pena de suspensão por 10 (dez) a 30 (trinta) dias, fará conclusos os autos ao juiz, até o dia seguinte ao último do prazo.

Art. 579. Salvo a hipótese de má-fé, a parte não será prejudicada pela interposição de um recurso por outro.

Parágrafo único. Se o juiz, desde logo, reconhecer a impropriedade do recurso interposto pela parte, mandará processá-lo de acordo com o rito do recurso cabível.

Art. 580. No caso de concurso de agentes (Código Penal, art. 25), a decisão do recurso interposto por um dos réus, se fundado em motivos que não sejam de caráter exclusivamente pessoal, aproveitará aos outros.

A referência atual do antigo art. 25 é o art. 29, CP.

CAPÍTULO II
DO RECURSO EM SENTIDO ESTRITO

Art. 581. Caberá recurso, no sentido estrito, da decisão, despacho ou sentença:

Veja art. 593, § 4º, CPP.

Veja Súmula n. 604, STJ.

I – que não receber a denúncia ou a queixa;

Veja art. 583, II, CPP.

Veja Súmula n. 707, STF.

II – que concluir pela incompetência do juízo;

III – que julgar procedentes as exceções, salvo a de suspeição;

Veja art. 583, II, CPP.

IV – que pronunciar o réu;

Inciso com redação dada pela Lei n. 11.689, de 09.06.2008.

Veja art. 583, II, CPP.

V – que conceder, negar, arbitrar, cassar ou julgar inidônea a fiança, indeferir requerimento de prisão preventiva ou revogá-la, conceder liberdade provisória ou relaxar a prisão em flagrante;

Inciso com redação dada pela Lei n. 7.780, de 22.06.1989.

Veja art. 582, CPP.

Veja art. 2º, Lei n. 7.960, de 21.12.1989 (prisão temporária).

VI – *(Revogado pela Lei n. 11.689, de 09.06.2008.)*

VII – que julgar quebrada a fiança ou perdido o seu valor;

VIII – que decretar a prescrição ou julgar, por outro modo, extinta a punibilidade;

Veja arts. 583, II, e 584, § 1º, CPP.

Veja arts. 107 a 120, CP.

IX – que indeferir o pedido de reconhecimento da prescrição ou de outra causa extintiva da punibilidade;

Veja arts. 107 a 120, CP.

X – que conceder ou negar a ordem de *habeas corpus*;

Veja arts. 582 e 583, II, CPP.

XI – que conceder, negar ou revogar a suspensão condicional da pena;

XII – que conceder, negar ou revogar livramento condicional;

Veja arts. 131 a 146 e 197, LEP.

XIII – que anular o processo da instrução criminal, no todo ou em parte;

XIV – que incluir jurado na lista geral ou desta o excluir;

Veja arts. 582 e 586, parágrafo único, CPP.

XV – que denegar a apelação ou a julgar deserta;

Veja art. 584, CPP.

XVI – que ordenar a suspensão do processo, em virtude de questão prejudicial;

XVII – que decidir sobre a unificação de penas;

Veja art. 584, CPP.

XVIII – que decidir o incidente de falsidade;

XIX – que decretar medida de segurança, depois de transitar a sentença em julgado;

Veja arts. 96 a 99, CP.

Veja arts. 171 a 179 e 197, LEP.

XX – que impuser medida de segurança por transgressão de outra;

Veja arts. 96 a 99, CP.

Veja arts. 171 a 179 e 197, LEP.

XXI – que mantiver ou substituir a medida de segurança, nos casos do art. 774;

Veja arts. 96 a 99, CP.

Veja arts. 171 a 179 e 197, LEP.

XXII – que revogar a medida de segurança;

Veja arts. 96 a 99, CP.

Veja arts. 171 a 179 e 197, LEP.

XXIII – que deixar de revogar a medida de segurança, nos casos em que a lei admita a revogação;

Veja arts. 96 a 99, CP.

Veja arts. 171 a 179 e 197, LEP.

XXIV – que converter a multa em detenção ou em prisão simples;

Veja art. 584, CPP.

Veja art. 51, CP.

XXV – que recusar homologação à proposta de acordo de não persecução penal, previsto no art. 28-A desta Lei.

Inciso acrescentado pela Lei n. 13.964, de 24.12.2019.

Art. 582. Os recursos serão sempre para o Tribunal de Apelação, salvo nos casos dos ns. V, X e XIV.

A expressão "Tribunais de Apelação" foi atualizada para "Tribunais de Justiça".

Parágrafo único. O recurso, no caso do n. XIV, será para o presidente do Tribunal de Apelação.

Art. 583. Subirão nos próprios autos os recursos:

I – quando interpostos de ofício;

II – nos casos do art. 581, I, III, IV, VI, VIII e X;

O inciso VI do art. 581 foi revogado.

III – quando o recurso não prejudicar o andamento do processo.

Parágrafo único. O recurso da pronúncia subirá em traslado, quando, havendo dois ou mais réus, qualquer deles se conformar com a decisão ou todos não tiverem sido ainda intimados da pronúncia.

Art. 584. Os recursos terão efeito suspensivo nos casos de perda da fiança, de concessão de livramento condicional e dos ns. XV, XVII e XXIV do art. 581.

Veja Súmula n. 604, STJ.

§ 1º Ao recurso interposto de sentença de impronúncia ou no caso do n. VIII do art. 581, aplicar-se-á o disposto nos arts. 596 e 598.

Veja art. 271, CPP.

§ 2º O recurso da pronúncia suspenderá tão somente o julgamento.

§ 3º O recurso do despacho que julgar quebrada a fiança suspenderá unicamente o efeito de perda da metade do seu valor.

Art. 585. O réu não poderá recorrer da pronúncia senão depois de preso, salvo se prestar fiança, nos casos em que a lei a admitir.

Art. 586. O recurso voluntário poderá ser interposto no prazo de 5 (cinco) dias.

Parágrafo único. No caso do art. 581, XIV, o prazo será de 20 (vinte) dias, contado da data da publicação definitiva da lista de jurados.

Art. 587. Quando o recurso houver de subir por instrumento, a parte indicará, no respectivo termo, ou em requerimento avulso, as peças dos autos de que pretenda traslado.

Parágrafo único. O traslado será extraído, conferido e concertado no prazo de 5 (cinco) dias, e dele constarão sempre a decisão recorrida, a certidão de sua intimação, se por outra forma não for possível verificar-se a oportunidade do recurso, e o termo de interposição.

Art. 588. Dentro de 2 (dois) dias, contados da interposição do recurso, ou do dia em que o escrivão, extraído o traslado, o fizer com vista ao recorrente, este oferecerá as razões e, em seguida, será aberta vista ao recorrido por igual prazo.

Veja art. 643, CPP.

Veja Súmula n. 707, STF.

Parágrafo único. Se o recorrido for o réu, será intimado do prazo na pessoa do defensor.

Art. 589. Com a resposta do recorrido ou sem ela, será o recurso concluso ao juiz, que, dentro de 2 (dois) dias, reformará ou sustentará o seu despacho, mandando instruir o recurso com os traslados que lhe parecerem necessários.

Veja art. 643, CPP.

Parágrafo único. Se o juiz reformar o despacho recorrido, a parte contrária, por simples petição, poderá recorrer da nova decisão, se couber recurso, não sendo mais lícito ao juiz modificá-la. Neste caso, independentemente de novos arrazoados, subirá o recurso nos próprios autos ou em traslado.

Art. 590. Quando for impossível ao escrivão extrair o traslado no prazo da lei, poderá o juiz prorrogá-lo até o dobro.

Veja art. 643, CPP.

Art. 591. Os recursos serão apresentados ao juiz ou tribunal *ad quem*, dentro de 5 (cinco) dias da publicação da resposta do juiz *a quo*, ou entregues ao Correio dentro do mesmo prazo.

Veja art. 643, CPP.

Art. 592. Publicada a decisão do juiz ou do tribunal *ad quem*, deverão os autos ser devolvidos, dentro de 5 (cinco) dias, ao juiz *a quo*.

Veja art. 643, CPP.

CAPÍTULO III
DA APELAÇÃO

Veja Súmulas ns. 320, 428 e 710, STF.

Art. 593. Caberá apelação no prazo de 5 (cinco) dias:

Caput com redação dada pela Lei n. 263, de 23.02.1948.

Veja Súmula n. 604, STJ.

I – das sentenças definitivas de condenação ou absolvição proferidas por juiz singular;

Inciso com redação dada pela Lei n. 263, de 23.02.1948.

II – das decisões definitivas, ou com força de definitivas, proferidas por juiz singular nos casos não previstos no Capítulo anterior;

Inciso com redação dada pela Lei n. 263, de 23.02.1948.

III – das decisões do Tribunal do Júri, quando:

Inciso com redação dada pela Lei n. 263, de 23.02.1948.

a) ocorrer nulidade posterior à pronúncia;

Alínea com redação dada pela Lei n. 263, de 23.02.1948.

b) for a sentença do juiz-presidente contrária à lei expressa ou à decisão dos jurados;

Alínea com redação dada pela Lei n. 263, de 23.02.1948.

c) houver erro ou injustiça no tocante à aplicação da pena ou da medida de segurança;

Alínea com redação dada pela Lei n. 263, de 23.02.1948.

d) for a decisão dos jurados manifestamente contrária à prova dos autos.

Alínea com redação dada pela Lei n. 263, de 23.02.1948.

§ 1º Se a sentença do juiz-presidente for contrária à lei expressa ou divergir das respostas dos jurados aos quesitos, o tribunal *ad quem* fará a devida retificação.

Parágrafo acrescentado pela Lei n. 263, de 23.02.1948.

§ 2º Interposta a apelação com fundamento no n. III, *c*, deste artigo, o tribunal *ad quem*, se lhe der provimento, retificará a aplicação da pena ou da medida de segurança.

Parágrafo acrescentado pela Lei n. 263, de 23.02.1948.

§ 3º Se a apelação se fundar no n. III, *d*, deste artigo, e o tribunal *ad quem* se convencer de que a decisão dos jurados é manifestamente contrária à prova dos autos, dar-lhe-á provimento para sujeitar o réu a novo julgamento; não se admite, porém, pelo mesmo motivo, segunda apelação.

Parágrafo acrescentado pela Lei n. 263, de 23.02.1948.

§ 4º Quando cabível a apelação, não poderá ser usado o recurso em sentido estrito, ainda que somente de parte da decisão se recorra.

Antigo parágrafo único renumerado pela Lei n. 263, de 23.02.1948.

Art. 594. *(Revogado pela Lei n. 11.719, de 20.06.2008.)*

Art. 595. *(Revogado pela Lei n. 12.403, de 04.05.2011.)*

Art. 596. A apelação da sentença absolutória não impedirá que o réu seja posto imediatamente em liberdade.

Caput com redação dada pela Lei n. 5.941, de 22.11.1973.

Veja art. 584, § 1º, CPP.

Parágrafo único. A apelação não suspenderá a execução da medida de segurança aplicada provisoriamente.

Parágrafo com redação dada pela Lei n. 5.941, de 22.11.1973, e tacitamente revogado pela Reforma Penal de 1984.

Veja arts. 96 a 99, CP.

Art. 597. A apelação de sentença condenatória terá efeito suspensivo, salvo o disposto no art. 393, a aplicação provisória de interdições de direitos e de medidas de segurança (arts. 374 e 378), e o caso de suspensão condicional de pena.

Veja Súmula n. 604, STJ.

Art. 598. Nos crimes de competência do Tribunal do Júri, ou do juiz singular, se da sentença não for interposta apelação pelo Ministério Público no prazo legal, o ofendido ou qualquer das pessoas enumeradas no art. 31, ainda que não se tenha habilitado como assistente, poderá interpor apelação, que não terá, porém, efeito suspensivo.

Veja arts. 271 e 584, § 1º, CPP.

Veja Súmulas ns. 210 e 713, STF.

Parágrafo único. O prazo para interposição desse recurso será de 15 (quinze) dias e correrá do dia em que terminar o do Ministério Público.

Art. 599. As apelações poderão ser interpostas quer em relação a todo o julgado, quer em relação a parte dele.

Veja Súmula n. 160, STF.

Art. 600. Assinado o termo de apelação, o apelante e, depois dele, o apelado terão o prazo de 8 (oito) dias cada um para oferecer razões, salvo nos processos de contravenção, em que o prazo será de 3 (três) dias.

§ 1º Se houver assistente, este arrazoará, no prazo de 3 (três) dias, após o Ministério Público.

§ 2º Se a ação penal for movida pela parte ofendida, o Ministério Público terá vista dos autos, no prazo do parágrafo anterior.

§ 3º Quando forem dois ou mais os apelantes ou apelados, os prazos serão comuns.

§ 4º Se o apelante declarar, na petição ou no termo, ao interpor a apelação, que deseja arrazoar na superior instância serão os autos remetidos ao tribunal *ad quem* onde será aberta vista às partes, observados os prazos legais, notificadas as partes pela publicação oficial.

Parágrafo acrescentado pela Lei n. 4.336, de 01.06.1964.

Art. 601. Findos os prazos para razões, os autos serão remetidos à instância superior, com as razões ou sem elas, no prazo de 5 (cinco) dias, salvo no caso do art. 603, segunda parte, em que o prazo será de 30 (trinta) dias.

§ 1º Se houver mais de um réu, e não houverem todos sido julgados, ou não tiverem todos apelado, caberá ao apelante promover extração do traslado dos autos, o qual deverá ser remetido à instância superior no prazo de 30 (trinta) dias, contado da data da entrega das últimas razões de apelação, ou do vencimento do prazo para a apresentação das do apelado.

§ 2º As despesas do traslado correrão por conta de quem o solicitar, salvo se o pedido for de réu pobre ou do Ministério Público.

Art. 602. Os autos serão, dentro dos prazos do artigo anterior, apresentados ao tribunal *ad quem* ou entregues ao Correio, sob registro.

Art. 603. A apelação subirá nos autos originais e, a não ser no Distrito Federal e nas comarcas que forem sede de Tribunal de Apelação, ficará em cartório traslado dos termos essenciais do processo referidos no art. 564, III.

Veja art. 601, CPP.

Arts. 604 a 606. *(Revogados pela Lei n. 263, de 23.02.1948.)*

CAPÍTULO IV
DO PROTESTO POR NOVO JÚRI

Art. 607. *(Revogado pela Lei n. 11.689, de 09.06.2008.)*

Art. 608. *(Revogado pela Lei n. 11.689, de 09.06.2008.)*

CAPÍTULO V
DO PROCESSO E DO JULGAMENTO DOS RECURSOS EM SENTIDO ESTRITO E DAS APELAÇÕES, NOS TRIBUNAIS DE APELAÇÃO

A expressão "Tribunais de Apelação" foi atualizada para "Tribunais de Justiça".

Art. 609. Os recursos, apelações e embargos serão julgados pelos Tribunais de Justiça, câmaras ou turmas criminais, de acordo com a competência estabelecida nas leis de organização judiciária.

Caput com redação dada pela Lei n. 1.720-B, de 03.11.1952.

Parágrafo único. Quando não for unânime a decisão de segunda instância, desfavorável ao réu, admitem-se embargos infringentes e de nulidade, que poderão ser opostos dentro de 10 (dez) dias, a contar da publicação de acórdão, na forma do art. 613. Se o desacordo for parcial, os embargos serão restritos à matéria objeto de divergência.

Parágrafo acrescentado pela Lei n. 1.720-B, de 03.11.1952.

Veja Súmula n. 293, STF.

Art. 610. Nos recursos em sentido estrito, com exceção do de *habeas corpus*, e nas apelações interpostas das sentenças em processo de contravenção ou de crime a que a lei comine pena de detenção, os autos irão imediatamente com vista ao procurador-geral pelo prazo de 5 (cinco) dias, e, em seguida, passarão, por igual prazo, ao relator, que pedirá designação de dia para o julgamento.

Veja arts. 613 e 614, CPP.

Parágrafo único. Anunciado o julgamento pelo presidente, e apregoadas as partes, com a presença destas ou à sua revelia, o relator fará a exposição do feito e, em seguida, o presidente concederá, pelo prazo de 10 (dez) minutos, a palavra aos advogados ou às partes que a solicitarem e ao procurador-geral, quando o requerer, por igual prazo.

Veja Leis ns. 9.099, de 26.09.1995, e 10.259, de 12.07.2011, que prejudicaram a aplicação deste dispositivo.

Art. 611. *(Revogado pelo DL n. 552, de 25.04.1969.)*

Art. 612. Os recursos de *habeas corpus*, designado o relator, serão julgados na primeira sessão.

Veja Súmula n. 431, STF.

Art. 613. As apelações interpostas das sentenças proferidas em processos por crime a que a lei comine pena de reclusão, deverão ser processadas e julgadas pela forma estabelecida no art. 610, com as seguintes modificações:

Veja arts. 609, parágrafo único, e 614, CPP.

I – exarado o relatório nos autos, passarão estes ao revisor, que terá igual prazo para o exame do processo e pedirá designação de dia para o julgamento;

II – os prazos serão ampliados ao dobro;

III – o tempo para os debates será de um quarto de hora.

Art. 614. No caso de impossibilidade de observância de qualquer dos prazos marcados nos arts. 610 e 613, os motivos da demora serão declarados nos autos.

Art. 615. O tribunal decidirá por maioria de votos.

§ 1º Havendo empate de votos no julgamento de recursos, se o presidente do tribunal, câmara ou turma, não tiver tomado parte na votação, proferirá o voto de desempate; no caso contrário, prevalecerá a decisão mais favorável ao réu.

§ 2º O acórdão será apresentado à conferência na primeira sessão seguinte à do julgamento, ou no prazo de duas sessões, pelo juiz incumbido de lavrá-lo.

Art. 616. No julgamento das apelações poderá o tribunal, câmara ou turma proceder a novo interrogatório do acusado, reinquirir testemunhas ou determinar outras diligências.

Art. 617. O tribunal, câmara ou turma atenderá nas suas decisões ao disposto nos arts. 383, 386 e 387, no que for aplicável, não podendo, porém, ser agravada a pena, quando somente o réu houver apelado da sentença.

Veja Súmulas ns. 160, 453 e 525, STF.

Art. 618. Os regimentos dos Tribunais de Apelação estabelecerão as normas complementares para o processo e julgamento dos recursos e apelações.

A expressão "Tribunais de Apelação" foi atualizada para "Tribunais de Justiça".

CAPÍTULO VI
DOS EMBARGOS

Art. 619. Aos acórdãos proferidos pelos Tribunais de Apelação, câmaras ou turmas, poderão ser opostos embargos de declaração, no prazo de 2 (dois) dias contado da sua publicação, quando houver na sentença ambiguidade, obscuridade, contradição ou omissão.

A expressão "Tribunais de Apelação" foi atualizada para "Tribunais de Justiça".

Veja Súmula n. 710, STF.

Art. 620. Os embargos de declaração serão deduzidos em requerimento de que constem os pontos em que o acórdão é ambíguo, obscuro, contraditório ou omisso.

§ 1º O requerimento será apresentado pelo relator e julgado, independentemente de revisão, na primeira sessão.

§ 2º Se não preenchidas as condições enumeradas neste artigo, o relator indeferirá desde logo o requerimento.

CAPÍTULO VII
DA REVISÃO

Art. 621. A revisão dos processos findos será admitida:

I – quando a sentença condenatória for contrária ao texto expresso da lei penal ou à evidência dos autos;

II – quando a sentença condenatória se fundar em depoimentos, exames ou documentos comprovadamente falsos;

III – quando, após a sentença, se descobrirem novas provas de inocência do condenado ou de circunstância que determine ou autorize diminuição especial da pena.

Veja Súmula n. 611, STF.

Art. 622. A revisão poderá ser requerida em qualquer tempo, antes da extinção da pena ou após.

Parágrafo único. Não será admissível a reiteração do pedido, salvo se fundado em novas provas.

Art. 623. A revisão poderá ser pedida pelo próprio réu ou por procurador legalmente habilitado ou, no caso de morte do réu, pelo cônjuge, ascendente, descendente ou irmão.

Veja arts. 127 e 133, CF.

Veja Súmula n. 393, STF.

Art. 624. As revisões criminais serão processadas e julgadas:

Caput com redação dada pelo DL n. 504, de 18.03.1969.

I – pelo Supremo Tribunal Federal, quanto às condenações por ele proferidas;

Inciso com redação dada pelo DL n. 504, de 18.03.1969.

II – pelo Tribunal Federal de Recursos, Tribunais de Justiça ou de Alçada, nos demais casos.

Inciso com redação dada pelo DL n. 504, de 18.03.1969.

O art. 27, ADCT, extinguiu o Tribunal Federal de Recursos. A EC n. 45, de 08.12.2004, extinguiu os Tribunais de Alçada, que passaram a integrar os Tribunais de Justiça.

§ 1º No Supremo Tribunal Federal e no Tribunal Federal de Recursos o processo e julgamento obedecerão ao que for estabelecido no respectivo regimento interno.

Parágrafo renumerado e com redação dada pelo DL n. 504, de 18.03.1969.

§ 2º Nos Tribunais de Justiça ou de Alçada, o julgamento será efetuado pelas câmaras ou turmas criminais, reunidas em sessão conjunta, quando houver mais de uma, e, no caso contrário, pelo tribunal pleno.

Parágrafo acrescentado pelo DL n. 504, de 18.03.1969.

§ 3º Nos tribunais onde houver quatro ou mais câmaras ou turmas criminais, poderão ser constituídos dois ou mais grupos de câmaras ou turmas para o julgamento de revisão, obedecido o que for estabelecido no respectivo regimento interno.

Parágrafo acrescentado pelo DL n. 504, de 18.03.1969.

Art. 625. O requerimento será distribuído a um relator e a um revisor, devendo funcionar como relator um desembargador que não tenha pronunciado decisão em qualquer fase do processo.

§ 1º O requerimento será instruído com a certidão de haver passado em julgado a sentença condenatória e com as peças necessárias à comprovação dos fatos arguidos.

§ 2º O relator poderá determinar que se apensem os autos originais, se daí não advier dificuldade à execução normal da sentença.

§ 3º Se o relator julgar insuficientemente instruído o pedido e inconveniente ao interesse da justiça que se apensem os autos originais, indeferi-lo-á *in limine*, dando recurso para as câmaras reunidas ou para o tribunal, conforme o caso (art. 624, parágrafo único).

A referência ao art. 624, parágrafo único, foi prejudicada pelas modificações do DL n. 504, de 18.03.1969.

§ 4º Interposto o recurso por petição e independentemente de termo, o relator apresentará o processo em mesa para o julgamento e o relatará, sem tomar parte na discussão.

§ 5º Se o requerimento não for indeferido *in limine*, abrir-se-á vista dos autos ao procurador-geral, que dará parecer no prazo de 10 (dez) dias. Em seguida, examinados os autos, sucessivamente, em igual prazo, pelo relator e revisor, julgar-se-á o pedido na sessão que o presidente designar.

Art. 626. Julgando procedente a revisão, o tribunal poderá alterar a classificação da infração, absolver o réu, modificar a pena ou anular o processo.

Veja Súmulas ns. 160 e 453, STF.

Parágrafo único. De qualquer maneira, não poderá ser agravada a pena imposta pela decisão revista.

Art. 627. A absolvição implicará o restabelecimento de todos os direitos perdidos em virtude da condenação, devendo o tribunal, se for caso, impor a medida de segurança cabível.

Veja arts. 96 a 99, CP.

Art. 628. Os regimentos internos dos Tribunais de Apelação estabelecerão as normas complementares para o processo e julgamento das revisões criminais.

A expressão "Tribunais de Apelação" foi atualizada para "Tribunais de Justiça".

Art. 629. À vista da certidão do acórdão que cassar a sentença condenatória, o juiz mandará juntá-la imediatamente aos autos, para inteiro cumprimento da decisão.

Art. 630. O tribunal, se o interessado o requerer, poderá reconhecer o direito a uma justa indenização pelos prejuízos sofridos.

§ 1º Por essa indenização, que será liquidada no juízo cível, responderá a União, se a condenação tiver sido proferida pela justiça do Distrito Federal ou de Território, ou o Estado, se o tiver sido pela respectiva justiça.

§ 2º A indenização não será devida:

a) se o erro ou a injustiça da condenação proceder de ato ou falta imputável ao próprio impetrante, como a confissão ou a ocultação de prova em seu poder;

b) se a acusação houver sido meramente privada.

Art. 631. Quando, no curso da revisão, falecer a pessoa, cuja condenação tiver de ser revista, o presidente do tribunal nomeará curador para a defesa.

CAPÍTULO VIII
DO RECURSO EXTRAORDINÁRIO

Arts. 632 a 636. *(Revogados pela Lei n. 3.396, de 02.06.1958.)*

Art. 637. O recurso extraordinário não tem efeito suspensivo, e uma vez arrazoados pelo recorrido os autos do traslado, os originais baixarão à primeira instância, para a execução da sentença.

Veja Súmula n. 267, STJ.

Art. 638. O recurso extraordinário e o recurso especial serão processados e julgados no Supremo Tribunal Federal e no Superior Tribunal de Justiça na forma estabelecida por leis especiais, pela lei processual civil e pelos respectivos regimentos internos.

Artigo com redação dada pela Lei n. 13.964, de 24.12.2019.

CAPÍTULO IX
DA CARTA TESTEMUNHÁVEL

Art. 639. Dar-se-á carta testemunhável:

I – da decisão que denegar o recurso;

II – da que, admitindo embora o recurso, obstar à sua expedição e seguimento para o juízo *ad quem*.

Art. 640. A carta testemunhável será requerida ao escrivão, ou ao secretário do tribunal, conforme o caso, nas 48 (quarenta e oito) horas seguintes ao despacho que denegar o recurso, indicando o requerente as peças do processo que deverão ser trasladadas.

Art. 641. O escrivão, ou o secretário do tribunal, dará recibo da petição à parte e, no prazo máximo de 5 (cinco) dias, no caso de recurso no sentido estrito, ou de 60 (sessenta) dias, no caso de recurso extraordinário, fará entrega da carta, devidamente conferida e concertada.

Art. 642. O escrivão, ou o secretário do tribunal, que se negar a dar o recibo, ou deixar de entregar, sob qualquer pretexto, o instrumento, será suspenso por 30 (trinta) dias. O juiz, ou o presidente do Tribunal de Apelação, em face de representação do testemunhante, imporá a pena e mandará que seja extraído o instrumento, sob a mesma sanção, pelo substituto do escrivão ou do secretário do tribunal. Se o testemunhante não for atendido, poderá reclamar ao presidente do tribunal *ad quem*, que avocará os autos, para o efeito do julgamento do recurso e imposição da pena.

A expressão "Tribunais de Apelação" foi atualizada para "Tribunais de Justiça".

Art. 643. Extraído e autuado o instrumento, observar-se-á o disposto nos arts. 588 a 592, no caso de recurso em sentido estrito, ou o processo estabelecido para o recurso extraordinário, se deste se tratar.

Art. 644. O tribunal, câmara ou turma a que competir o julgamento da carta, se desta tomar conhecimento, mandará processar o recurso, ou, se estiver suficientemente instruída, decidirá logo, *de meritis*.

Art. 645. O processo da carta testemunhável na instância superior seguirá o processo do recurso denegado.

Art. 646. A carta testemunhável não terá efeito suspensivo.

CAPÍTULO X
DO *HABEAS CORPUS* E SEU PROCESSO

Art. 647. Dar-se-á *habeas corpus* sempre que alguém sofrer ou se achar na iminência de sofrer violência ou coação ilegal na sua liberdade de ir e vir, salvo nos casos de punição disciplinar.

Veja art. 2º, § 7º, Lei n. 7.960, de 21.12.1989 (prisão temporária).

Veja Súmulas ns. 395, 693 e 694, STF.

Art. 648. A coação considerar-se-á ilegal:

I – quando não houver justa causa;

II – quando alguém estiver preso por mais tempo do que determina a lei;

Veja art. 2º, § 7º, Lei n. 7.960, de 21.12.1989 (prisão temporária).

III – quando quem ordenar a coação não tiver competência para fazê-lo;

IV – quando houver cessado o motivo que autorizou a coação;

V – quando não for alguém admitido a prestar fiança, nos casos em que a lei a autoriza;

VI – quando o processo for manifestamente nulo;

VII – quando extinta a punibilidade.

Veja arts. 107 a 120, CP.

Art. 649. O juiz ou o tribunal, dentro dos limites da sua jurisdição, fará passar imediatamente a ordem impetrada, nos casos em que tenha cabimento, seja qual for a autoridade coatora.

Veja Súmula n. 606, STF.

Art. 650. Competirá conhecer, originariamente, do pedido de *habeas corpus*:

I – ao Supremo Tribunal Federal, nos casos previstos no art. 101, I, *g*, da Constituição;

Refere-se à CF/37.

Veja art. 102, I, *d* e *i*, CF.

II – aos Tribunais de Apelação, sempre que os atos de violência ou coação forem atribuídos aos governadores ou interventores dos Estados ou Territórios e ao prefeito do Distrito Federal, ou a seus secretários, ou aos chefes de Polícia.

A expressão "Tribunais de Apelação" foi atualizada para "Tribunais de Justiça".

§ 1º A competência do juiz cessará sempre que a violência ou coação provier de autoridade judiciária de igual ou superior jurisdição.

§ 2º Não cabe o *habeas corpus* contra a prisão administrativa, atual ou iminente, dos responsáveis por dinheiro ou valor pertencente à Fazenda Pública, alcançados ou omissos em fazer o seu recolhimento nos prazos legais, salvo se o pedido for acompanhado de prova de quitação ou de depósito do alcance verificado, ou se a prisão exceder o prazo legal.

Veja art. 5º, LXI, CF.

Art. 651. A concessão do *habeas corpus* não obstará, nem porá termo ao processo, desde que este não esteja em conflito com os fundamentos daquela.

Art. 652. Se o *habeas corpus* for concedido em virtude de nulidade do processo, este será renovado.

Art. 653. Ordenada a soltura do paciente em virtude de *habeas corpus*, será condenada nas custas a autoridade que, por má-fé ou evidente abuso de poder, tiver determinado a coação.

Parágrafo único. Neste caso, será remetida ao Ministério Público cópia das peças necessárias para ser promovida a responsabilidade da autoridade.

Art. 654. O *habeas corpus* poderá ser impetrado por qualquer pessoa, em seu favor ou de outrem, bem como pelo Ministério Público.

§ 1º A petição de *habeas corpus* conterá:

Veja art. 662, CPP.

a) o nome da pessoa que sofre ou está ameaçada de sofrer violência ou coação e o de quem exercer a violência, coação ou ameaça;

b) a declaração da espécie de constrangimento ou, em caso de simples ameaça de coação, as razões em que funda o seu temor;

c) a assinatura do impetrante, ou de alguém a seu rogo, quando não souber ou não puder escrever, e a designação das respectivas residências.

§ 2º Os juízes e os tribunais têm competência para expedir de ofício ordem de *habeas corpus*, quando no curso de processo verificarem que alguém sofre ou está na iminência de sofrer coação ilegal.

Art. 655. O carcereiro ou o diretor da prisão, o escrivão, o oficial de justiça ou a autoridade judiciária ou policial que embaraçar ou procrastinar a expedição de ordem de *habeas corpus*, as informações sobre a causa da prisão, a condução e apresentação do paciente, ou a sua soltura, será multado na quantia de duzentos mil-réis a um conto de réis, sem prejuízo das penas em que incorrer. As multas serão impostas pelo juiz do tribunal que julgar o *habeas corpus*, salvo quando se tratar de autoridade judiciária, caso em que caberá ao Supremo Tribunal Federal ou ao Tribunal de Apelação impor as multas.

A expressão "Tribunais de Apelação" foi atualizada para "Tribunais de Justiça".

Art. 656. Recebida a petição de *habeas corpus*, o juiz, se julgar necessário, e estiver preso o paciente, mandará que este lhe seja imediatamente apresentado em dia e hora que designar.

Parágrafo único. Em caso de desobediência, será expedido mandado de prisão contra o detentor, que será processado na forma da lei, e o juiz providenciará para que o paciente seja tirado da prisão e apresentado em juízo.

Veja art. 330, CP.

Art. 657. Se o paciente estiver preso, nenhum motivo escusará a sua apresentação, salvo:

I – grave enfermidade do paciente;

II – não estar ele sob a guarda da pessoa a quem se atribui a detenção;

III – se o comparecimento não tiver sido determinado pelo juiz ou pelo tribunal.

Parágrafo único. O juiz poderá ir ao local em que o paciente se encontrar, se este não puder ser apresentado por motivo de doença.

Art. 658. O detentor declarará à ordem de quem o paciente estiver preso.

Art. 659. Se o juiz ou o tribunal verificar que já cessou a violência ou coação ilegal, julgará prejudicado o pedido.

Veja Súmula n. 695, STF.

Art. 660. Efetuadas as diligências, e interrogado o paciente, o juiz decidirá, fundamentadamente, dentro de 24 (vinte e quatro) horas.

§ 1º Se a decisão for favorável ao paciente, será logo posto em liberdade, salvo se por outro motivo dever ser mantido na prisão.

§ 2º Se os documentos que instruírem a petição evidenciarem a ilegalidade da coação, o juiz ou o tribunal ordenará que cesse imediatamente o constrangimento.

Veja Súmula n. 431, STF.

§ 3º Se a ilegalidade decorrer do fato de não ter sido o paciente admitido a prestar fiança, o juiz arbitrará o valor desta, que poderá ser prestada perante ele, remetendo, neste caso, à autoridade os respectivos autos, para serem anexados aos do inquérito policial ou aos do processo judicial.

§ 4º Se a ordem de *habeas corpus* for concedida para evitar ameaça de violência ou coação ilegal, dar-se-á ao paciente salvo-conduto assinado pelo juiz.

§ 5º Será *incontinenti* enviada cópia da decisão à autoridade que tiver ordenado a prisão ou tiver o paciente à sua disposição, a fim de juntar-se aos autos do processo.

§ 6º Quando o paciente estiver preso em lugar que não seja o da sede do juízo ou do tribunal que conceder a ordem, o alvará de soltura será expedido pelo telégrafo, se houver, observadas as formalidades estabelecidas no art. 289, parágrafo único, *in fine*, ou por via postal.

Art. 661. Em caso de competência originária do Tribunal de Apelação, a petição de *habeas corpus* será apresentada ao secretário, que a enviará imediatamente ao presidente do tribunal, ou da câmara criminal, ou da turma, que estiver reunida, ou primeiro tiver de reunir-se.

A expressão "Tribunais de Apelação" foi atualizada para "Tribunais de Justiça".

Art. 662. Se a petição contiver os requisitos do art. 654, § 1º, o presidente, se necessário, requisitará da autoridade indicada como coatora informações por escrito. Faltando, porém, qualquer daqueles requisitos, o presidente mandará preenchê-lo, logo que lhe for apresentada a petição.

Art. 663. As diligências do artigo anterior não serão ordenadas, se o presidente entender que o *habeas corpus* deva ser indeferido *in limine*. Nesse caso, levará a petição ao tribunal, câmara ou turma, para que delibere a respeito.

Veja Súmula n. 395, STF.

Art. 664. Recebidas as informações, ou dispensadas, o *habeas corpus* será julgado na primeira sessão, podendo, entretanto, adiar-se o julgamento para a sessão seguinte.

Veja Súmula n. 431, STF.

Parágrafo único. A decisão será tomada por maioria de votos. Havendo empate, se o presidente não tiver tomado parte na votação, proferirá voto de desempate; no caso contrário, prevalecerá a decisão mais favorável ao paciente.

Art. 665. O secretário do tribunal lavrará a ordem que, assinada pelo presidente do tribunal, câmara ou turma, será dirigida, por ofício ou telegrama, ao detentor, ao carcereiro ou autoridade que exercer ou ameaçar exercer o constrangimento.

Parágrafo único. A ordem transmitida por telegrama obedecerá ao disposto no art. 289, parágrafo único, *in fine*.

Art. 666. Os regimentos dos Tribunais de Apelação estabelecerão as normas complementares para o processo e julgamento do pedido de *habeas corpus* de sua competência originária.

A expressão "Tribunais de Apelação" foi atualizada para "Tribunais de Justiça".

Art. 667. No processo e julgamento do *habeas corpus* de competência originária do Supremo Tribunal Federal, bem como nos de recurso das decisões de última ou única instância, denegatórias de *habeas corpus*, observar-se-á, no que lhes for aplicável, o disposto nos artigos anteriores, devendo o regimento interno do tribunal estabelecer as regras complementares.

Veja Súmula n. 431, STF.

LIVRO IV
DA EXECUÇÃO

Veja a LEP, que prejudicou os artigos deste Livro.

TÍTULO I
DISPOSIÇÕES GERAIS

Art. 668. A execução, onde não houver juiz especial, incumbirá ao juiz da sentença, ou, se a decisão for do Tribunal do Júri, ao seu presidente.

Parágrafo único. Se a decisão for de tribunal superior, nos casos de sua competência originária, caberá ao respectivo presidente prover-lhe a execução.

Art. 669. Só depois de passar em julgado, será exequível a sentença, salvo:

Veja art. 105, LEP.

Veja Súmula n. 646, STJ.

I – quando condenatória, para o efeito de sujeitar o réu a prisão, ainda no caso de crime afiançável, enquanto não for prestada a fiança;

II – quando absolutória, para o fim de imediata soltura do réu, desde que não proferida em processo por crime a que a lei comine pena de reclusão, no máximo, por tempo igual ou superior a 8 (oito) anos.

Art. 670. No caso de decisão absolutória confirmada ou proferida em grau de apelação, incumbirá ao relator fazer expedir o alvará de soltura, de que dará imediatamente conhecimento ao juiz de primeira instância.

Art. 671. Os incidentes da execução serão resolvidos pelo respectivo juiz.

Art. 672. Computar-se-á na pena privativa da liberdade o tempo:

I – de prisão preventiva no Brasil ou no estrangeiro;

II – de prisão provisória no Brasil ou no estrangeiro;

III – de internação em hospital ou manicômio.

Art. 673. Verificado que o réu, pendente a apelação por ele interposta, já sofreu prisão por tempo igual ao da pena a que foi condenado, o relator do feito mandará pô-lo imediatamente em liberdade, sem prejuízo do julgamento do recurso, salvo se, no caso de crime a que a lei comine pena de reclusão, no máximo, por tempo igual ou superior a 8 (oito) anos, o querelante ou o Ministério Público também houver apelado da sentença condenatória.

TÍTULO II
DA EXECUÇÃO DAS PENAS EM ESPÉCIE

CAPÍTULO I
DAS PENAS PRIVATIVAS DE LIBERDADE

Veja arts. 105 a 146, LEP.

Art. 674. Transitando em julgado a sentença que impuser pena privativa de liberdade, se o réu já estiver preso, ou vier a ser preso, o juiz ordenará a expedição de carta de guia para o cumprimento da pena.

Parágrafo único. Na hipótese do art. 82, última parte, a expedição da carta de guia será ordenada pelo juiz competente para a soma ou unificação das penas.

Art. 675. No caso de ainda não ter sido expedido mandado de prisão, por tratar-se de infração penal em que o réu se livra solto ou por estar afiançado, o juiz, ou o presidente da câmara ou tribunal, se tiver havido recurso, fará expedir o mandado de prisão, logo que transite em julgado a sentença condenatória.

§ 1º No caso de reformada pela superior instância, em grau de recurso, a sentença absolutória, estando o réu solto, o presidente da câmara ou do tribunal fará, logo após a sessão de julgamento, remeter ao chefe de Polícia o mandado de prisão do condenado.

§ 2º Se o réu estiver em prisão especial, deverá, ressalvado o disposto na legislação relativa aos militares, ser expedida ordem para sua imediata remoção para prisão comum, até que se verifique a expedição de carta de guia para o cumprimento da pena.

Art. 676. A carta de guia, extraída pelo escrivão e assinada pelo juiz, que a rubricará em todas as folhas, será remetida ao diretor do estabelecimento em que tenha de ser cumprida a sentença condenatória, e conterá:

I – o nome do réu e a alcunha por que for conhecido;

II – a sua qualificação civil (naturalidade, filiação, idade, estado, profissão), instrução e, se constar, número do registro geral do Instituto de Identificação e Estatística ou de repartição congênere;

III – o teor integral da sentença condenatória e a data da terminação da pena.

Parágrafo único. Expedida carta de guia para cumprimento de uma pena, se o réu estiver cumprindo outra, só depois de terminada a execução desta será aquela executada. Retificar-se-á a carta de guia sempre que sobrevenha modificação quanto ao início da execução ou ao tempo de duração da pena.

Art. 677. Da carta de guia e seus aditamentos se remeterá cópia ao Conselho Penitenciário.

Art. 678. O diretor do estabelecimento, em que o réu tiver de cumprir a pena, passará recibo da carta de guia para juntar-se aos autos do processo.

Art. 679. As cartas de guia serão registradas em livro especial, segundo a ordem cronológica do recebimento, fazendo-se no curso da execução as anotações necessárias.

Art. 680. Computar-se-á no tempo da pena o período em que o condenado, por sentença irrecorrível, permanecer preso em estabelecimento diverso do destinado ao cumprimento dela.

Art. 681. Se impostas cumulativamente penas privativas da liberdade, será executada primeiro a de reclusão, depois a de detenção e por último a de prisão simples.

Art. 682. O sentenciado a que sobrevier doença mental, verificada por perícia médica, será internado em manicômio judiciário, ou, à falta, em outro estabelecimento adequado, onde lhe seja assegurada a custódia.

Veja art. 154, CPP.

§ 1º Em caso de urgência, o diretor do estabelecimento penal poderá determinar a remoção do sentenciado, comunicando imediatamente a providência ao juiz, que, em face da perícia médica, ratificará ou revogará a medida.

§ 2º Se a internação se prolongar até o término do prazo restante da pena e não houver sido imposta medida de segurança detentiva, o indivíduo terá o destino aconselhado pela sua enfermidade, feita a devida comunicação ao juiz de incapazes.

Art. 683. O diretor da prisão a que o réu tiver sido recolhido provisoriamente ou em cumprimento de pena comunicará imediatamente ao juiz o óbito, a fuga ou a soltura do detido ou sentenciado para que fique constando dos autos.

Parágrafo único. A certidão de óbito acompanhará a comunicação.

Art. 684. A recaptura do réu evadido não depende de prévia ordem judicial e poderá ser efetuada por qualquer pessoa.

Art. 685. Cumprida ou extinta a pena, o condenado será posto, imediatamente, em liberdade, mediante alvará do juiz, no qual se ressalvará a hipótese de dever o condenado continuar na prisão por outro motivo legal.

Parágrafo único. Se tiver sido imposta medida de segurança detentiva, o condenado será removido para estabelecimento adequado (art. 762).

Veja arts. 96 a 99, CP.

CAPÍTULO II
DAS PENAS PECUNIÁRIAS

Veja arts. 164 a 170, LEP.

Art. 686. A pena de multa será paga dentro em 10 (dez) dias após haver transitado em julgado a sentença que a impuser.

Parágrafo único. Se interposto recurso da sentença, esse prazo será contado do dia em que o juiz ordenar o cumprimento da decisão da superior instância.

Art. 687. O juiz poderá, desde que o condenado o requeira:

I – prorrogar o prazo do pagamento da multa até 3 (três) meses, se as circunstâncias justificarem essa prorrogação;

II – permitir, nas mesmas circunstâncias, que o pagamento se faça em parcelas mensais, no prazo que fixar, mediante caução real ou fidejussória, quando necessário.

Inciso com redação dada pela Lei n. 6.416, de 24.05.1977.

§ 1º O requerimento, tanto no caso do n. I, como no do n. II, será feito dentro do decêndio concedido para o pagamento da multa.

§ 2º A permissão para o pagamento em parcelas será revogada, se o juiz verificar que o condenado dela se vale para fraudar a execução da pena. Nesse caso, a caução resolver-se-á em valor monetário, devolvendo-se ao condenado o que exceder à satisfação da multa e das custas processuais.

Parágrafo com redação dada pela Lei n. 6.416, de 24.05.1977.

Art. 688. Findo o decêndio ou a prorrogação sem que o condenado efetue o pagamento, ou ocorrendo a hipótese prevista no § 2º do artigo anterior, observar-se-á o seguinte:

Veja art. 720, CPP.

I – possuindo o condenado bens sobre os quais possa recair a execução, será extraída certidão da sentença condenatória, a fim de que o Ministério Público proceda à cobrança judicial;

II – sendo o condenado insolvente, far-se-á a cobrança:

a) mediante desconto de quarta parte de sua remuneração (arts. 29, § 1º, e 37 do Código Penal), quando cumprir pena privativa da liberdade, cumulativamente imposta com a de multa;

As referências atuais dos antigos arts. 29, § 1º, e 37 são os arts. 34, § 1º, e 50, CP.

b) mediante desconto em seu vencimento ou salário, se, cumprida a pena privativa da liberdade, ou concedido o livramento condicional, a multa não houver sido resgatada;

c) mediante esse desconto, se a multa for a única pena imposta ou no caso de suspensão condicional da pena.

§ 1º O desconto, nos casos das letras *b* e *c*, será feito mediante ordem ao empregador, à repartição competente ou à administração da entidade paraestatal, e, antes de fixá-lo, o juiz requisitará informações e ordenará diligências, inclusive arbitramento, quando necessário, para observância do art. 37, § 3º, do Código Penal.

A referência atual do antigo art. 37, § 3º, é o art. 50, § 2º, CP.

§ 2º Sob pena de desobediência e sem prejuízo da execução a que ficará sujeito, o empregador será intimado a recolher mensalmente, até o dia fixado pelo juiz, a importância correspondente ao desconto, em selo penitenciário, que será inutilizado nos autos pelo juiz.

Veja art. 330, CP.

§ 3º Se o condenado for funcionário estadual ou municipal ou empregado de entidade paraestatal, a importância do desconto será, semestralmente, recolhida ao Tesouro Nacional, delegacia fiscal ou coletoria federal, como receita do selo penitenciário.

§ 4º As quantias descontadas em folha de pagamento de funcionário federal constituirão renda do selo penitenciário.

Art. 689. A multa será convertida, à razão de dez mil-réis por dia, em detenção ou prisão simples, no caso de crime ou de contravenção:

I – se o condenado solvente frustrar o pagamento da multa;

II – se não forem pagas pelo condenado solvente as parcelas mensais autorizadas sem garantia.

Inciso com redação dada pela Lei n. 6.416, de 24.05.1977.

§ 1º Se o juiz reconhecer desde logo a existência de causa para a conversão, a ela procederá de ofício ou a requerimento do Ministério Público, independentemente de audiência do condenado; caso contrário, depois de ouvir o condenado, se encontrado no lugar da sede do juízo, poderá admitir a apresentação de prova pelas partes, inclusive testemunhal, no prazo de 3 (três) dias.

§ 2º O juiz, desde que transite em julgado a decisão, ordenará a expedição de mandado de prisão ou aditamento à carta de guia, conforme esteja o condenado solto ou em cumprimento de pena privativa da liberdade.

§ 3º Na hipótese do inciso II deste artigo, a conversão será feita pelo valor das parcelas não pagas.

Parágrafo acrescentado pela Lei n. 6.416, de 24.05.1977.

Veja art. 51, CP.

Art. 690. O juiz tornará sem efeito a conversão, expedindo alvará de soltura ou cassando a ordem de prisão, se o condenado, em qualquer tempo:

I – pagar a multa;

II – prestar caução real ou fidejussória que lhe assegure o pagamento.

Parágrafo único. No caso do n. II, antes de homologada a caução, será ouvido o Ministério Público dentro do prazo de 2 (dois) dias.

Veja art. 51, CP.

CAPÍTULO III
DAS PENAS ACESSÓRIAS

A nova Parte Geral do Código Penal extinguiu as penas acessórias.

Veja art. 373, § 2º, CPP.

Art. 691. O juiz dará à autoridade administrativa competente conhecimento da sentença transitada em julgado, que impuser ou de que resultar a perda da função pública ou a incapacidade temporária para investidura em função pública ou para exercício de profissão ou atividade.

Art. 692. No caso de incapacidade temporária ou permanente para o exercício do pátrio poder, da tutela ou da curatela, o juiz providenciará para que sejam acautelados, no juízo competente, a pessoa e os bens do menor ou do interdito.

De acordo com o CC/2002 e o ECA, a expressão "pátrio poder" foi atualizada para "poder familiar".

Art. 693. A incapacidade permanente ou temporária para o exercício da autoridade marital ou do pátrio poder será averbada no registro civil.

De acordo com o CC/2002 e o ECA, a expressão "pátrio poder" foi atualizada para "poder familiar".

Art. 694. As penas acessórias consistentes em interdições de direitos serão comunicadas ao Instituto de Identificação e Estatística ou estabelecimento congênere, figurarão na folha de antecedentes do condenado e serão mencionadas no rol de culpados.

Art. 695. Iniciada a execução das interdições temporárias (art. 72, *a* e *b*, do Código Penal), o juiz, de ofício, a requerimento do Ministério Público ou do condenado, fixará o seu termo final, completando as providências determinadas nos artigos anteriores.

Não há dispositivo na redação atual da Parte Geral que corresponda ao antigo art. 72, *a* e *b*, CP.

TÍTULO III
DOS INCIDENTES DA EXECUÇÃO

CAPÍTULO I
DA SUSPENSÃO CONDICIONAL DA PENA

Veja arts. 77 a 82, CP.

Veja arts. 156 a 163, LEP.

Art. 696. O juiz poderá suspender, por tempo não inferior a 2 (dois) nem superior a 6 (seis) anos, a execução das penas de reclusão e de detenção que não excedam a 2 (dois) anos, ou, por tempo não inferior a 1 (um) nem superior a 3 (três) anos, a execução da pena de prisão simples, desde que o sentenciado:

Caput com redação dada pela Lei n. 6.416, de 24.05.1977.

I – não haja sofrido, no País ou no estrangeiro, condenação irrecorrível por outro crime a pena privativa da liberdade, salvo o disposto no parágrafo único do art. 46 do Código Penal;

Inciso com redação dada pela Lei n. 6.416, de 24.05.1977.

A referência atual do antigo art. 46, parágrafo único, é o art. 64, I, CP.

II – os antecedentes e a personalidade do sentenciado, os motivos e as circunstâncias do crime autorizem a presunção de que não tornará a delinquir.

Parágrafo único. Processado o beneficiário por outro crime ou contravenção, considerar-se-á prorrogado o prazo da suspensão da pena até o julgamento definitivo.

Art. 697. O juiz ou tribunal, na decisão que aplicar pena privativa da liberdade não superior a 2 (dois) anos, deverá pronunciar-se, motivadamente, sobre a suspensão condicional, quer a conceda quer a denegue.

Artigo com redação dada pela Lei n. 6.416, de 24.05.1977.

Art. 698. Concedida a suspensão, o juiz especificará as condições a que fica sujeito o condenado, pelo prazo previsto, começando este a correr da audiência em que se der conhecimento da sentença ao beneficiário e lhe for entregue documento similar ao descrito no art. 724.

Caput com redação dada pela Lei n. 6.416, de 24.05.1977.

Veja art. 718, CPP.

§ 1º As condições serão adequadas ao delito e à personalidade do condenado.

Parágrafo acrescentado pela Lei n. 6.416, de 24.05.1977.

Veja art. 718, CPP.

§ 2º Poderão ser impostas, além das estabelecidas no art. 767, como normas de conduta e obrigações, as seguintes condições:

Parágrafo acrescentado pela Lei n. 6.416, de 24.05.1977.

Veja art. 718, CPP.

I – frequentar curso de habilitação profissional ou de instrução escolar;

Inciso acrescentado pela Lei n. 6.416, de 24.05.1977.

II – prestar serviços em favor da comunidade;

Inciso acrescentado pela Lei n. 6.416, de 24.05.1977.

III – atender aos encargos de família;

Inciso acrescentado pela Lei n. 6.416, de 24.05.1977.

IV – submeter-se a tratamento de desintoxicação.

Inciso acrescentado pela Lei n. 6.416, de 24.05.1977.

§ 3º O juiz poderá fixar, a qualquer tempo, de ofício ou a requerimento do Ministério Público, outras condições além das especificadas na sentença e das referidas no parágrafo anterior, desde que as circunstâncias o aconselhem.

Parágrafo acrescentado pela Lei n. 6.416, de 24.05.1977.

§ 4º A fiscalização do cumprimento das condições deverá ser regulada, nos Estados, Territórios e Distrito Federal, por normas supletivas e atribuída a serviço social penitenciário, patronato, conselho de comunidade ou entidades similares, inspecionadas pelo Conselho Penitenciário, pelo Ministério Público ou ambos, devendo o juiz da execução na comarca suprir, por ato, a falta das normas supletivas.

Parágrafo acrescentado pela Lei n. 6.416, de 24.05.1977.

§ 5º O beneficiário deverá comparecer periodicamente à entidade fiscalizadora, para comprovar a observância das condições a que está sujeito, comunicando, também, a sua ocupação, os salários ou proventos de que vive, as economias que conseguiu realizar e as dificuldades materiais ou sociais que enfrenta.

Parágrafo acrescentado pela Lei n. 6.416, de 24.05.1977.

Veja art. 718, CPP.

§ 6º A entidade fiscalizadora deverá comunicar imediatamente ao órgão de inspeção, para os fins legais (arts. 730 e 731), qualquer fato capaz de acarretar a revogação do benefício, a prorrogação do prazo ou a modificação das condições.

Parágrafo acrescentado pela Lei n. 6.416, de 24.05.1977.

§ 7º Se for permitido ao beneficiário mudar-se, será feita comunicação ao juiz e à entidade fiscalizadora do local da nova residência, aos quais deverá apresentar-se imediatamente.

Parágrafo acrescentado pela Lei n. 6.416, de 24.05.1977.

Art. 699. No caso de condenação pelo Tribunal do Júri, a suspensão condicional da pena competirá ao seu presidente.

Art. 700. A suspensão não compreende a multa, as penas acessórias, os efeitos da condenação nem as custas.

Art. 701. O juiz, ao conceder a suspensão, fixará, tendo em conta as condições econômicas ou profissionais do réu, o prazo para o pagamento, integral ou em prestações, das custas do processo e taxa penitenciária.

Art. 702. Em caso de coautoria, a suspensão poderá ser concedida a uns e negada a outros réus.

Art. 703. O juiz que conceder a suspensão lerá ao réu, em audiência, a sentença respectiva, e o advertirá das consequências de nova infração penal e da transgressão das obrigações impostas.

Veja art. 705, CPP.

Art. 704. Quando for concedida a suspensão pela superior instância, a esta caberá estabelecer-lhe as condições, podendo a audiência ser presidida por qualquer membro do tribunal ou câmara, pelo juiz do processo ou por outro designado pelo presidente do tribunal ou câmara.

Art. 705. Se, intimado pessoalmente ou por edital com prazo de 20 (vinte) dias, o réu não comparecer à audiência a que se refere o art. 703, a suspensão ficará sem efeito e será executada imediatamente a pena, salvo prova de justo impedimento, caso em que será marcada nova audiência.

Art. 706. A suspensão também ficará sem efeito se, em virtude de recurso, for aumentada a pena de modo que exclua a concessão do benefício.

Artigo com redação dada pela Lei n. 6.416, de 24.05.1977.

Art. 707. A suspensão será revogada se o beneficiário:

Caput com redação dada pela Lei n. 6.416, de 24.05.1977.

I – é condenado, por sentença irrecorrível, a pena privativa da liberdade;

Inciso com redação dada pela Lei n. 6.416, de 24.05.1977.

II – frustra, embora solvente, o pagamento da multa, ou não efetua, sem motivo justificado, a reparação do dano.

Inciso com redação dada pela Lei n. 6.416, de 24.05.1977.

Parágrafo único. O juiz poderá revogar a suspensão, se o beneficiário deixa de cumprir qualquer das obrigações constantes da sentença, de observar proibições inerentes à pena acessória, ou é irrecorrivelmente condenado a pena que não seja privativa da liberdade; se não a revogar, deverá advertir o beneficiário, ou exacerbar as condições ou, ainda, prorrogar o período da suspensão até o máximo, se esse limite não foi o fixado.

Parágrafo com redação dada pela Lei n. 6.416, de 24.05.1977.

Art. 708. Expirado o prazo de suspensão ou a prorrogação, sem que tenha ocorrido motivo de revogação, a pena privativa de liberdade será declarada extinta.

Parágrafo único. O juiz, quando julgar necessário, requisitará, antes do julgamento, nova folha de antecedentes do beneficiário.

Art. 709. A condenação será inscrita, com a nota de suspensão, em livros especiais do Instituto de Identificação e Estatística, ou repartição congênere, averbando-se, mediante comunicação do juiz ou do tribunal, a revogação da suspensão ou a extinção da pena. Em caso de revogação, será feita a averbação definitiva no registro geral.

§ 1º Nos lugares onde não houver Instituto de Identificação e Estatística ou repartição congênere, o registro e a averbação serão feitos em livro próprio no juízo ou no tribunal.

§ 2º O registro será secreto, salvo para efeito de informações requisitadas por autoridade judiciária, no caso de novo processo.

§ 3º Não se aplicará o disposto no § 2º, quando houver sido imposta ou resultar de condenação pena acessória consistente em interdição de direitos.

CAPÍTULO II
DO LIVRAMENTO CONDICIONAL

Veja arts. 83 a 90, CP.

Veja arts. 131 a 146, LEP.

Art. 710. O livramento condicional poderá ser concedido ao condenado a pena privativa da liberdade igual ou superior a 2 (dois) anos, desde que se verifiquem as condições seguintes:

Caput com redação dada pela Lei n. 6.416, de 24.05.1977.

I – cumprimento de mais da metade da pena, ou mais de três quartos, se reincidente o sentenciado;

Inciso com redação dada pela Lei n. 6.416, de 24.05.1977.

Veja art. 717, CPP.

II – ausência ou cessação de periculosidade;

III – bom comportamento durante a vida carcerária;

IV – aptidão para prover à própria subsistência mediante trabalho honesto;

V – reparação do dano causado pela infração, salvo impossibilidade de fazê-lo.

Inciso com redação dada pela Lei n. 6.416, de 24.05.1977.

Art. 711. As penas que correspondem a infrações diversas podem somar-se, para efeito do livramento.

Artigo com redação dada pela Lei n. 6.416, de 24.05.1977.

Art. 712. O livramento condicional poderá ser concedido mediante requerimento do sentenciado, de seu cônjuge ou de parente em linha reta, ou por proposta do diretor do estabelecimento penal, ou por iniciativa do Conselho Penitenciário.

Caput com redação dada pelo DL n. 6.109, de 16.12.1943.

Parágrafo único. No caso do artigo anterior, a concessão do livramento competirá ao juiz da execução da pena que o condenado estiver cumprindo.

Art. 713. As condições de admissibilidade, conveniência e oportunidade da concessão do livramento serão verificadas pelo Conselho Penitenciário, a cujo parecer não ficará, entretanto, adstrito o juiz.

Art. 714. O diretor do estabelecimento penal remeterá ao Conselho Penitenciário minucioso relatório sobre:

I – o caráter do sentenciado, revelado pelos seus antecedentes e conduta na prisão;

II – o procedimento do liberando na prisão, sua aplicação ao trabalho e seu trato com os companheiros e funcionários do estabelecimento;

III – suas relações, quer com a família, quer com estranhos;

IV – seu grau de instrução e aptidão profissional, com a indicação dos serviços em que haja sido empregado e da especialização anterior ou adquirida na prisão;

V – sua situação financeira, e seus propósitos quanto ao seu futuro meio de vida, juntando o diretor, quando dada por pessoa idônea, promessa escrita de colocação do liberando, com indicação do serviço e do salário.

Parágrafo único. O relatório será, dentro do prazo de 15 (quinze) dias, remetido ao Conselho, com o prontuário do sentenciado, e, na falta, o Conselho opinará livremente, comunicando à autoridade competente a omissão do diretor da prisão.

Art. 715. Se tiver sido imposta medida de segurança detentiva, o livramento não poderá ser concedido sem que se verifique, mediante exame das condições do sentenciado, a cessação da periculosidade.

Veja arts. 96 a 99, CP.

Veja Lei n. 7.209, de 11.07.1984, que prejudicou o artigo.

Parágrafo único. Consistindo a medida de segurança em internação em casa de custódia e tratamento, proceder-se-á a exame mental do sentenciado.

Art. 716. A petição ou a proposta de livramento será remetida ao juiz ou ao tribunal por ofício do presidente do Conselho Penitenciário, com a cópia do respectivo parecer e do relatório do diretor da prisão.

§ 1º Para emitir parecer, o Conselho poderá determinar diligências e requisitar os autos do processo.

§ 2º O juiz ou o tribunal mandará juntar a petição ou a proposta, com o ofício ou documento que a acompanhar, aos autos do processo, e proferirá sua decisão, previamente ouvido o Ministério Público.

Art. 717. Na ausência da condição prevista no art. 710, I, o requerimento será liminarmente indeferido.

Artigo com redação dada pela Lei n. 6.416, de 24.05.1977.

Art. 718. Deferido o pedido, o juiz, ao especificar as condições a que ficará subordinado o livramento, atenderá ao disposto no art. 698, §§ 1º, 2º e 5º.

Caput com redação dada pela Lei n. 6.416, de 24.05.1977.

§ 1º Se for permitido ao liberado residir fora da jurisdição do juiz da execução, remeter-se-á cópia da sentença do livramento à autoridade judiciária do lugar para onde ele se houver transferido, e à entidade de observação cautelar e proteção.

Parágrafo com redação dada pela Lei n. 6.416, de 24.05.1977.

§ 2º O liberado será advertido da obrigação de apresentar-se imediatamente à autoridade judiciária e à entidade de observação cautelar e proteção.

Parágrafo com redação dada pela Lei n. 6.416, de 24.05.1977.

Art. 719. O livramento ficará também subordinado à obrigação de pagamento das custas do processo e da taxa penitenciária, salvo caso de insolvência comprovada.

Parágrafo único. O juiz poderá fixar o prazo para o pagamento integral ou em prestações, tendo em consideração as condições econômicas ou profissionais do liberado.

Art. 720. A forma de pagamento da multa, ainda não paga pelo liberando, será determinada de acordo com o disposto no art. 688.

Art. 721. Reformada a sentença denegatória do livramento, os autos baixarão ao juiz da primeira instância, a fim de que determine as condições que devam ser impostas ao liberando.

Art. 722. Concedido o livramento, será expedida carta de guia, com a cópia integral da sentença em duas vias, remetendo-se uma ao diretor do estabelecimento penal e outra ao presidente do Conselho Penitenciário.

Art. 723. A cerimônia do livramento condicional será realizada solenemente, em dia marcado pela autoridade que deva presidi-la, observando-se o seguinte:

I – a sentença será lida ao liberando, na presença dos demais presos, salvo motivo relevante, pelo presidente do Conselho Penitenciário, ou pelo seu representante junto ao estabelecimento penal, ou, na falta, pela autoridade judiciária local;

Veja art. 731, CPP.

II – o diretor do estabelecimento penal chamará a atenção do liberando para as condições impostas na sentença de livramento;

Veja art. 731, CPP.

III – o preso declarará se aceita as condições.

Veja art. 731, CPP.

§ 1º De tudo, em livro próprio, se lavrará termo, subscrito por quem presidir a cerimônia, e pelo liberando, ou alguém a seu rogo, se não souber ou não puder escrever.

Veja art. 731, CPP.

§ 2º Desse termo, se remeterá cópia ao juiz do processo.

Veja art. 731, CPP.

Art. 724. Ao sair da prisão o liberado, ser-lhe-á entregue, além do saldo do seu pecúlio e do que lhe pertencer, uma caderneta que exibirá à autoridade judiciária ou administrativa sempre que lhe for exigido. Essa caderneta conterá:

Veja art. 698, CPP.

I – a reprodução da ficha de identidade, ou o retrato do liberado, sua qualificação e sinais característicos;

II – o texto impresso dos artigos do presente capítulo;

III – as condições impostas ao liberado;

IV – a pena acessória a que esteja sujeito.

Inciso acrescentado pela Lei n. 6.416, de 24.05.1977.

§ 1º Na falta de caderneta, será entregue ao liberado um salvo-conduto, em que constem as condições do livramento e a pena acessória, podendo substituir-se a ficha de identidade ou o retrato do liberado pela descrição dos sinais que possam identificá-lo.

Parágrafo acrescentado pela Lei n. 6.416, de 24.05.1977.

§ 2º Na caderneta e no salvo-conduto deve haver espaço para consignar o cumprimento das condições referidas no art. 718.

Parágrafo acrescentado pela Lei n. 6.416, de 24.05.1977.

Art. 725. A observação cautelar e proteção realizadas por serviço social penitenciário, patronato, conselho de comunidade ou entidades similares, terá a finalidade de:

Caput com redação dada pela Lei n. 6.416, de 24.05.1977.

I – fazer observar o cumprimento da pena acessória, bem como das condições especificadas na sentença concessiva do benefício;

Inciso com redação dada pela Lei n. 6.416, de 24.05.1977.

II – proteger o beneficiário, orientando-o na execução de suas obrigações e auxiliando-o na obtenção de atividade laborativa.

Inciso com redação dada pela Lei n. 6.416, de 24.05.1977.

Parágrafo único. As entidades encarregadas de observação cautelar e proteção do liberado apresentarão relatório ao Conselho Penitenciário, para efeito da representação prevista nos arts. 730 e 731.

Parágrafo com redação dada pela Lei n. 6.416, de 24.05.1977.

Art. 726. Revogar-se-á o livramento condicional, se o liberado vier, por crime ou contravenção, a ser condenado por sentença irrecorrível a pena privativa de liberdade.

Art. 727. O juiz pode, também, revogar o livramento, se o liberado deixar de cumprir qualquer das obrigações constantes da sentença, de observar proibições inerentes à pena acessória ou for irrecorrivelmente condenado, por crime, à pena que não seja privativa da liberdade.

Caput com redação dada pela Lei n. 6.416, de 24.05.1977.

Parágrafo único. Se o juiz não revogar o livramento, deverá advertir o liberado ou exacerbar as condições.

Parágrafo acrescentado pela Lei n. 6.416, de 24.05.1977.

Art. 728. Se a revogação for motivada por infração penal anterior à vigência do livramento, computar-se-á no tempo da pena o período em que esteve solto o liberado, sendo permitida, para a concessão de novo livramento, a soma do tempo das duas penas.

Art. 729. No caso de revogação por outro motivo, não se computará na pena o tempo em que esteve solto o liberado, e tampouco se concederá, em relação à mesma pena, novo livramento.

Art. 730. A revogação do livramento será decretada mediante representação do Conselho Penitenciário, ou a requerimento do Ministério Público, ou de ofício, pelo juiz, que, antes, ouvirá o liberado, podendo ordenar diligências e permitir a produção de prova, no prazo de 5 (cinco) dias.

Artigo com redação dada pela Lei n. 6.416, de 24.05.1977.

Veja arts. 698, § 6º, e 725, parágrafo único, CPP.

Art. 731. O juiz, de ofício, a requerimento do Ministério Público, ou mediante representação do Conselho Penitenciário, poderá modificar as condições ou normas de conduta especificadas na sentença, devendo a respectiva decisão ser lida ao liberado por uma das autoridades ou por um dos funcionários indicados no inciso I do art. 723, observado o disposto nos incisos II e III, e §§ 1º e 2º do mesmo artigo.

Artigo com redação dada pela Lei n. 6.416, de 24.05.1977.

Veja arts. 698, § 6º, e 725, parágrafo único, CPP.

Art. 732. Praticada pelo liberado nova infração, o juiz ou o tribunal poderá ordenar a sua prisão, ouvido o Conselho Penitenciário, suspendendo o curso do livramento condicional, cuja revogação ficará, entretanto, dependendo da decisão final no novo processo.

Art. 733. O juiz, de ofício, ou a requerimento do interessado, do Ministério Público, ou do Conselho Penitenciário, julgará extinta a pena privativa de liberdade, se expirar o prazo do livramento sem revogação, ou na hipótese do artigo anterior, for o liberado absolvido por sentença irrecorrível.

TÍTULO IV
DA GRAÇA, DO INDULTO, DA ANISTIA E DA REABILITAÇÃO

CAPÍTULO I
DA GRAÇA, DO INDULTO E DA ANISTIA

Veja art. 84, XII, CF.

Veja arts. 187 a 193, LEP.

Art. 734. A graça poderá ser provocada por petição do condenado, de qualquer pessoa do povo, do Conselho Penitenciário, ou do Ministério Público, ressalvada, entretanto, ao Presidente da República, a faculdade de concedê-la espontaneamente.

Art. 735. A petição de graça, acompanhada dos documentos com que o impetrante a instruir, será remetida ao Ministro da Justiça por intermédio do Conselho Penitenciário.

Art. 736. O Conselho Penitenciário, à vista dos autos do processo, e depois de ouvir o diretor do estabelecimento penal a que estiver recolhido o condenado, fará, em relatório, a narração do fato criminoso, examinará as provas, mencionará qualquer formalidade ou circunstância omitida na petição e exporá os antecedentes do condenado e seu procedimento depois de preso, opinando sobre o mérito do pedido.

Art. 737. Processada no Ministério da Justiça, com os documentos e o relatório do Conselho Penitenciário, a petição subirá a despacho do Presidente da República, a quem serão presentes os autos do processo ou a certidão de qualquer de suas peças, se ele o determinar.

Art. 738. Concedida a graça e junta aos autos cópia do decreto, o juiz declarará extinta a pena ou penas, ou ajustará a execução aos termos do decreto, no caso de redução ou comutação de pena.

Veja art. 741, CPP.

Art. 739. O condenado poderá recusar a comutação da pena.

Art. 740. Os autos da petição de graça serão arquivados no Ministério da Justiça.

Art. 741. Se o réu for beneficiado por indulto, o juiz, de ofício ou a requerimento do interessado, do Ministério Público ou por iniciativa do Conselho Penitenciário, providenciará de acordo com o disposto no art. 738.

Art. 742. Concedida a anistia após transitar em julgado a sentença condenatória, o juiz, de ofício ou a requerimento do interessado, do Ministério Público ou por iniciativa do Conselho Penitenciário, declarará extinta a pena.

CAPÍTULO II
DA REABILITAÇÃO

Veja arts. 93 a 95, CP.

Art. 743. A reabilitação será requerida ao juiz da condenação, após o decurso de 4 (quatro) ou 8 (oito) anos, pelo menos, conforme se trate de condenado ou reincidente, contados do dia em que houver terminado a execução da pena principal ou da medida de segurança detentiva, devendo o requerente indicar as comarcas em que haja residido durante aquele tempo.

O correto parece ser "condenado primário ou reincidente" em vez de "condenado ou reincidente".

Art. 744. O requerimento será instruído com:

I – certidões comprobatórias de não ter o requerente respondido, nem estar respondendo a processo penal, em qualquer das comarcas em que houver residido durante o prazo a que se refere o artigo anterior;

II – atestados de autoridades policiais ou outros documentos que comprovem ter residido nas comarcas indicadas e mantido, efetivamente, bom comportamento;

III – atestados de bom comportamento fornecidos por pessoas a cujo serviço tenha estado;

IV – quaisquer outros documentos que sirvam como prova de sua regeneração;

V – prova de haver ressarcido o dano causado pelo crime ou persistir a impossibilidade de fazê-lo.

Art. 745. O juiz poderá ordenar as diligências necessárias para apreciação do pedido, cercando-as do sigilo possível e, antes da decisão final, ouvirá o Ministério Público.

Art. 746. Da decisão que conceder a reabilitação haverá recurso de ofício.

Veja Súmula n. 423, STF.

Art. 747. A reabilitação, depois de sentença irrecorrível, será comunicada ao Instituto de Identificação e Estatística ou repartição congênere.

Art. 748. A condenação ou condenações anteriores não serão mencionadas na folha de antecedentes do reabilitado, nem em certidão extraída dos livros do juízo, salvo quando requisitadas por juiz criminal.

Art. 749. Indeferida a reabilitação, o condenado não poderá renovar o pedido senão após o decurso de 2 (dois) anos, salvo se o indeferimento tiver resultado de falta ou insuficiência de documentos.

Art. 750. A revogação de reabilitação (Código Penal, art. 120) será decretada pelo juiz, de ofício ou a requerimento do Ministério Público.

A referência atual do antigo art. 120 é o art. 95, CP.

TÍTULO V
DA EXECUÇÃO DAS MEDIDAS DE SEGURANÇA

Veja arts. 171 a 179, LEP.

Art. 751. Durante a execução da pena ou durante o tempo em que a ela se furtar o condenado, poderá ser imposta medida de segurança, se:

Veja arts. 754 e 755, CPP.

I – o juiz ou o tribunal, na sentença:

a) omitir sua decretação, nos casos de periculosidade presumida;

Veja art. 756, CPP.

b) deixar de aplicá-la ou de excluí-la expressamente;

Veja art. 756, CPP.

c) declarar os elementos constantes do processo insuficientes para a imposição ou exclusão da medida e ordenar indagações para a verificação da periculosidade do condenado;

Veja art. 757, CPP.

II – tendo sido, expressamente, excluída na sentença a periculosidade do condenado, novos fatos demonstrarem ser ele perigoso.

Veja art. 757, CPP.

Art. 752. Poderá ser imposta medida de segurança, depois de transitar em julgado a sentença, ainda quando não iniciada a execução da pena, por motivo diverso de fuga ou ocultação do condenado:

Veja arts. 754, 755 e 757, CPP.

I – no caso da letra *a* do n. I do artigo anterior, bem como no da letra *b*, se tiver sido alegada a periculosidade;

Veja art. 756, CPP.

II – no caso da letra *c* do n. I do mesmo artigo.

Art. 753. Ainda depois de transitar em julgado a sentença absolutória, poderá ser imposta a medida de segurança, enquanto não decorrido tempo equivalente ao da sua duração mínima, a indivíduo que a lei presuma perigoso.

Veja arts. 754, 755 e 759, CPP.

Art. 754. A aplicação da medida de segurança, nos casos previstos nos arts. 751 e 752, competirá ao juiz da execução da pena, e, no caso do art. 753, ao juiz da sentença.

Art. 755. A imposição da medida de segurança, nos casos dos arts. 751 a 753, poderá ser decretada de ofício ou a requerimento do Ministério Público.

Parágrafo único. O diretor do estabelecimento penal, que tiver conhecimento de fatos indicativos da periculosidade do condenado a quem não tenha sido imposta medida de segurança, deverá logo comunicá-los ao juiz.

Art. 756. Nos casos do n. I, *a* e *b*, do art. 751, e n. I do art. 752, poderá ser dispensada nova audiência do condenado.

Art. 757. Nos casos do n. I, *c*, e n. II do art. 751 e n. II do art. 752, o juiz, depois de proceder às diligências que julgar convenientes, ouvirá o Ministério Público e concederá ao condenado o prazo de 3 (três) dias para alegações, devendo a prova requerida ou reputada necessária pelo juiz ser produzida dentro em 10 (dez) dias.

Veja arts. 760 e 774, CPP.

§ 1º O juiz nomeará defensor ao condenado que o requerer.

§ 2º Se o réu estiver foragido, o juiz procederá às diligências que julgar convenientes, concedendo o prazo de provas, quando requerido pelo Ministério Público.

§ 3º Findo o prazo de provas, o juiz proferirá a sentença dentro de 3 (três) dias.

Art. 758. A execução da medida de segurança incumbirá ao juiz da execução da sentença.

Art. 759. No caso do art. 753, o juiz ouvirá o curador já nomeado ou que então nomear, podendo mandar submeter o condenado a exame mental, internando-o, desde logo, em estabelecimento adequado.

Art. 760. Para a verificação da periculosidade, no caso do § 3º do art. 78 do Código Penal, observar-se-á o disposto no art. 757, no que for aplicável.

Não há dispositivo na redação atual da Parte Geral que corresponda ao antigo art. 78, § 3º, CP.

Art. 761. Para a providência determinada no art. 84, § 2º, do Código Penal, se as sentenças forem proferidas por juízes diferentes, será competente o juiz que tiver sentenciado por último ou a autoridade de jurisdição prevalente no caso do art. 82.

Não há dispositivo na redação atual da Parte Geral que corresponda aos antigos arts. 82 e 84, § 2º, CP.

Art. 762. A ordem de internação, expedida para executar-se medida de segurança detentiva, conterá:

Veja art. 685, parágrafo único, CPP.

I – a qualificação do internando;

II – o teor da decisão que tiver imposto a medida de segurança;

III – a data em que terminará o prazo mínimo da internação.

Art. 763. Se estiver solto o internando, expedir-se-á mandado de captura, que será cumprido por oficial de justiça ou por autoridade policial.

Art. 764. O trabalho nos estabelecimentos referidos no art. 88, § 1º, III, do Código Penal, será educativo e remunerado, de modo que assegure ao internado meios de subsistência, quando cessar a internação.

Não há dispositivo na redação atual da Parte Geral que corresponda ao antigo art. 88, § 1º, III, CP.

§ 1º O trabalho poderá ser praticado ao ar livre.

§ 2º Nos outros estabelecimentos, o trabalho dependerá das condições pessoais do internado.

Art. 765. A quarta parte do salário caberá ao Estado ou, no Distrito Federal e nos Territórios, à União, e o restante será depositado em nome do internado ou, se este preferir, entregue à sua família.

Art. 766. A internação das mulheres será feita em estabelecimento próprio ou em seção especial.

Art. 767. O juiz fixará as normas de conduta que serão observadas durante a liberdade vigiada.

Veja art. 698, § 2º, CPP.

§ 1º Serão normas obrigatórias, impostas ao indivíduo sujeito à liberdade vigiada:

a) tomar ocupação, dentro de prazo razoável, se for apto para o trabalho;

b) não mudar do território da jurisdição do juiz, sem prévia autorização deste.

§ 2º Poderão ser impostas ao indivíduo sujeito à liberdade vigiada, entre outras obrigações, as seguintes:

a) não mudar de habitação sem aviso prévio ao juiz, ou à autoridade incumbida da vigilância;

b) recolher-se cedo à habitação;

c) não trazer consigo armas ofensivas ou instrumentos capazes de ofender;

d) não frequentar casas de bebidas ou de tavolagem, nem certas reuniões, espetáculos ou diversões públicas.

§ 3º Será entregue ao indivíduo sujeito à liberdade vigiada uma caderneta, de que constarão as obrigações impostas.

Art. 768. As obrigações estabelecidas na sentença serão comunicadas à autoridade policial.

Veja art. 771, § 2º, CPP.

Art. 769. A vigilância será exercida discretamente, de modo que não prejudique o indivíduo a ela sujeito.

Art. 770. Mediante representação da autoridade incumbida da vigilância, a requerimento do Ministério Público ou de ofício, poderá o juiz modificar as normas fixadas ou estabelecer outras.

Art. 771. Para execução do exílio local, o juiz comunicará sua decisão à autoridade policial do lugar ou dos lugares onde o exilado está proibido de permanecer ou de residir.

§ 1º O infrator da medida será conduzido à presença do juiz que poderá mantê-lo detido até proferir decisão.

§ 2º Se for reconhecida a transgressão e imposta, consequentemente, a liberdade vigiada, determinará o juiz que a autoridade policial providencie a fim de que o infrator siga imediatamente para o lugar de residência por ele escolhido, e oficiará à autoridade policial desse lugar, observando-se o disposto no art. 768.

Art. 772. A proibição de frequentar determinados lugares será comunicada pelo juiz à autoridade policial, que lhe dará conhecimento de qualquer transgressão.

Art. 773. A medida de fechamento de estabelecimento ou de interdição de associação será comunicada pelo juiz à autoridade policial, para que a execute.

Art. 774. Nos casos do parágrafo único do art. 83 do Código Penal, ou quando a transgressão de uma medida de segurança importar a imposição de outra, observar-se-á o disposto no art. 757, no que for aplicável.

Veja art. 581, XXI, CPP.

Não há dispositivo na redação atual da Parte Geral que corresponda ao antigo art. 83, CP.

Art. 775. A cessação ou não da periculosidade se verificará ao fim do prazo mínimo de duração da medida de segurança pelo exame das condições da pessoa a que tiver sido imposta, observando-se o seguinte:

I – o diretor do estabelecimento de internação ou a autoridade policial incumbida da vigilância, até 1 (um) mês antes de expirado o prazo de duração mínima da medida, se não for inferior a 1 (um) ano, ou até 15 (quinze) dias nos outros casos, remeterá ao juiz da execução minucioso relatório, que o habilite a resolver sobre a cessação ou permanência da medida;

Veja art. 777, § 2º, CPP.

II – se o indivíduo estiver internado em manicômio judiciário ou em casa de custódia e tratamento, o relatório será acompanhado do laudo de exame pericial feito por 2 (dois) médicos designados pelo diretor do estabelecimento;

Veja art. 777, § 2º, CPP.

III – o diretor do estabelecimento de internação ou a autoridade policial deverá, no relatório, concluir pela conveniência da revogação, ou não, da medida de segurança;

IV – se a medida de segurança for o exílio local ou a proibição de frequentar determinados lugares, o juiz, até 1 (um) mês ou 15 (quinze) dias antes de expirado o prazo mínimo de duração, ordenará as diligências necessárias, para verificar se desapareceram as causas da aplicação da medida;

V – junto aos autos o relatório, ou realizadas as diligências, serão ouvidos sucessivamente o Ministério Público e o curador ou o defensor, no prazo de 3 (três) dias para cada um;

VI – o juiz nomeará curador ou defensor ao interessado que o não tiver;

VII – o juiz, de ofício, ou a requerimento de qualquer das partes, poderá determinar novas diligências, ainda que já expirado o prazo de duração mínima da medida de segurança;

VIII – ouvidas as partes ou realizadas as diligências a que se refere o número anterior o juiz proferirá a sua decisão, no prazo de 3 (três) dias.

Art. 776. Nos exames sucessivos a que se referem o § 1º, II, e § 2º do art. 81 do Código Penal, observar-se-á, no que lhes for aplicável, o disposto no artigo anterior.

A referência atual do antigo art. 81, § 1º, II, e § 2º, é o art. 97, § 2º, CP.

Art. 777. Em qualquer tempo, ainda durante o prazo mínimo de duração da medida de segurança, poderá o tribunal, câmara ou turma, a requerimento do Ministério Público ou do interessado, seu defensor ou curador, ordenar o exame, para a verificação da cessação da periculosidade.

§ 1º Designado o relator e ouvido o procurador-geral, se a medida não tiver sido por ele requerida, o pedido será julgado na primeira sessão.

§ 2º Deferido o pedido, a decisão será imediatamente comunicada ao juiz, que requisitará, marcando prazo, o relatório e o exame a que se referem os ns. I e II do art. 775 ou ordenará as diligências mencionadas no n. IV do mesmo artigo, prosseguindo de acordo com o disposto nos outros incisos do citado artigo.

Art. 778. Transitando em julgado a sentença de revogação, o juiz expedirá ordem para a desinternação, quando se tratar de medida detentiva, ou para que cesse a vigilância ou a proibição, nos outros casos.

Art. 779. O confisco dos instrumentos e produtos do crime, no caso previsto no art. 100 do Código Penal, será decretado no despacho de arquivamento do inquérito, na sentença de impronúncia ou na sentença absolutória.

Não há dispositivo na redação atual da Parte Geral que corresponda ao antigo art. 100, CP.
Veja art. 8º, DL n. 3.240, de 08.05.1941 (sequestro de bens).

LIVRO V
DAS RELAÇÕES JURISDICIONAIS COM AUTORIDADE ESTRANGEIRA

TÍTULO ÚNICO

Veja art. 9º, CP.

CAPÍTULO I
DISPOSIÇÕES GERAIS

Art. 780. Sem prejuízo de convenções ou tratados, aplicar-se-á o disposto neste Título à homologação de sentenças penais estrangeiras e à expedição e ao cumprimento de cartas rogatórias para citações, inquirições e outras diligências necessárias à instrução de processo penal.

Art. 781. As sentenças estrangeiras não serão homologadas, nem as cartas rogatórias cumpridas, se contrárias à ordem pública e aos bons costumes.

Veja art. 789, § 4º, CPP.

Art. 782. O trânsito, por via diplomática, dos documentos apresentados constituirá prova bastante de sua autenticidade.

CAPÍTULO II
DAS CARTAS ROGATÓRIAS

Veja art. 105, I, *i*, CF.

Art. 783. As cartas rogatórias serão, pelo respectivo juiz, remetidas ao Ministro da Justiça, a fim de ser pedido o seu cumprimento, por via diplomática, às autoridades estrangeiras competentes.

Art. 784. As cartas rogatórias emanadas de autoridades estrangeiras competentes não dependem de homologação e serão atendidas se encaminhadas por via diplomática e desde que o crime, segundo a lei brasileira, não exclua a extradição.

§ 1º As rogatórias, acompanhadas de tradução em língua nacional, feita por tradutor oficial ou juramentado, serão, após *exequatur* do presidente do Supremo Tribunal Federal, cumpridas pelo juiz criminal do lugar onde as diligências tenham de efetuar-se, observadas as formalidades prescritas neste Código.

§ 2º A carta rogatória será pelo presidente do Supremo Tribunal Federal remetida ao presidente do Tribunal de Apelação do Estado, do Distrito Federal, ou do Território, a fim de ser encaminhada ao juiz competente.

A expressão "Tribunais de Apelação" foi atualizada para "Tribunais de Justiça".

§ 3º Versando sobre crime de ação privada, segundo a lei brasileira, o andamento, após o *exequatur*, dependerá do interessado, a quem incumbirá o pagamento das despesas.

§ 4º Ficará sempre na secretaria do Supremo Tribunal Federal cópia da carta rogatória.

Art. 785. Concluídas as diligências, a carta rogatória será devolvida ao presidente do Supremo Tribunal Federal, por intermédio do presidente do Tribunal de Apelação, o qual, antes de devolvê-la, mandará completar qualquer diligência ou sanar qualquer nulidade.

A expressão "Tribunais de Apelação" foi atualizada para "Tribunais de Justiça".

Art. 786. O despacho que conceder o *exequatur* marcará, para o cumprimento da diligência, prazo razoável, que poderá ser excedido, havendo justa causa, ficando esta consignada em ofício dirigido ao presidente do Supremo Tribunal Federal, juntamente com a carta rogatória.

CAPÍTULO III
DA HOMOLOGAÇÃO DAS SENTENÇAS ESTRANGEIRAS

Veja arts. 105, I, *i*, e 109, X, CF.

Veja art. 8º, CP.

Art. 787. As sentenças estrangeiras deverão ser previamente homologadas pelo Supremo Tribunal Federal para que produzam os efeitos do art. 7º do Código Penal.

A referência atual do antigo art. 7º é o art. 9º, CP.

Veja art. 105, I, *i*, CF, que dispõe que a competência para homologar sentenças estrangeiras passou a ser do STJ.

Art. 788. A sentença penal estrangeira será homologada, quando a aplicação da lei brasileira produzir na espécie as mesmas consequências e concorrerem os seguintes requisitos:

Veja art. 789, § 4º, CPP.

I – estar revestida das formalidades externas necessárias, segundo a legislação do país de origem;

II – haver sido proferida por juiz competente, mediante citação regular, segundo a mesma legislação;

III – ter passado em julgado;

IV – estar devidamente autenticada por cônsul brasileiro;

V – estar acompanhada de tradução, feita por tradutor público.

Art. 789. O procurador-geral da República, sempre que tiver conhecimento da existência de sentença penal estrangeira, emanada de Estado que tenha com o Brasil tratado de extradição e que haja imposto medida de segurança pessoal ou pena acessória que deva ser cumprida no Brasil, pedirá ao Ministro da Justiça providências para a obtenção de elementos que o habilitem a requerer a homologação da sentença.

§ 1º A homologação de sentença emanada de autoridade judiciária de Estado, que não tiver tratado de extradição com o Brasil, dependerá de requisição do Ministro da Justiça.

§ 2º Distribuído o requerimento de homologação, o relator mandará citar o interessado para deduzir embargos, dentro de 10 (dez) dias, se residir no Distrito Federal, ou 30 (trinta) dias, no caso contrário.

§ 3º Se nesse prazo o interessado não deduzir os embargos, ser-lhe-á pelo relator nomeado defensor, o qual dentro de 10 (dez) dias produzirá a defesa.

§ 4º Os embargos somente poderão fundar-se em dúvida sobre a autenticidade do documento, sobre a inteligência da sentença, ou sobre a falta de qualquer dos requisitos enumerados nos arts. 781 e 788.

§ 5º Contestados os embargos dentro de 10 (dez) dias, pelo procurador-geral, irá o processo ao relator e ao revisor, observando-se no seu julgamento o Regimento Interno do Supremo Tribunal Federal.

§ 6º Homologada a sentença, a respectiva carta será remetida ao presidente do Tribunal de Apelação do Distrito Federal, do Estado, ou do Território.

§ 7º Recebida a carta de sentença, o presidente do Tribunal de Apelação a remeterá ao juiz do lugar de residência do condenado, para a aplicação da medida de segurança ou da pena acessória, observadas as disposições do Título II, Capítulo III, e Título V do Livro IV deste Código.

Veja art. 109, X, CF.

Art. 790. O interessado na execução de sentença penal estrangeira, para a reparação do dano, restituição e outros efeitos civis, poderá requerer ao Supremo Tribunal Federal a sua homologação, observando-se o que a respeito prescreve o Código de Processo Civil.

LIVRO VI
DISPOSIÇÕES GERAIS

Art. 791. Em todos os juízos e tribunais do crime, além das audiências e sessões ordinárias, haverá as extraordinárias, de acordo com as necessidades do rápido andamento dos feitos.

Art. 792. As audiências, sessões e os atos processuais serão, em regra, públicos e se realizarão nas sedes dos juízos e tribunais, com assistência dos escrivães, do secretário, do oficial de justiça que servir de porteiro, em dia e hora certos, ou previamente designados.

§ 1º Se da publicidade da audiência, da sessão ou do ato processual, puder resultar escândalo, inconveniente grave ou perigo de perturbação da ordem, o juiz, ou o tribunal, câmara, ou turma, poderá, de ofício ou a requerimento da parte ou do Ministério Público, determinar que o ato seja realizado a portas fechadas, limitando o número de pessoas que possam estar presentes.

§ 2º As audiências, as sessões e os atos processuais, em caso de necessidade, poderão realizar-se na residência do juiz, ou em outra casa por ele especialmente designada.

Art. 793. Nas audiências e nas sessões, os advogados, as partes, os escrivães e os espectadores poderão estar sentados. Todos, porém, se levantarão quando se dirigirem aos juízes ou quando estes se levantarem para qualquer ato do processo.

Parágrafo único. Nos atos da instrução criminal, perante os juízes singulares, os advogados poderão requerer sentados.

Art. 794. A polícia das audiências e das sessões compete aos respectivos juízes ou ao presidente do tribunal, câmara, ou turma, que poderão determinar o que for conveniente à manutenção da ordem. Para tal fim, requisitarão força pública, que ficará exclusivamente à sua disposição.

Art. 795. Os espectadores das audiências ou das sessões não poderão manifestar-se.

Veja art. 329, CP.

Parágrafo único. O juiz ou o presidente fará retirar da sala os desobedientes, que, em caso de resistência, serão presos e autuados.

Art. 796. Os atos de instrução ou julgamento prosseguirão com a assistência do defensor, se o réu se portar inconvenientemente.

Veja Súmula n. 523, STF.

Art. 797. Excetuadas as sessões de julgamento, que não serão marcadas para domingo ou dia feriado, os demais atos do processo poderão ser praticados em período de férias, em domingos e dias feriados. Todavia, os julgamentos iniciados em dia útil não se interromperão pela superveniência de feriado ou domingo.

Art. 798. Todos os prazos correrão em cartório e serão contínuos e peremptórios, não se interrompendo por férias, domingo ou dia feriado.

Veja Lei n. 1.408, de 09.08.1951.

Veja Súmula n. 310, STF.

§ 1º Não se computará no prazo o dia do começo, incluindo-se, porém, o do vencimento.

Veja art. 10, CP.

§ 2º A terminação dos prazos será certificada nos autos pelo escrivão; será, porém, considerado findo o prazo, ainda que omitida aquela formalidade, se feita a prova do dia em que começou a correr.

§ 3º O prazo que terminar em domingo ou dia feriado considerar-se-á prorrogado até o dia útil imediato.

§ 4º Não correrão os prazos, se houver impedimento do juiz, força maior, ou obstáculo judicial oposto pela parte contrária.

§ 5º Salvo os casos expressos, os prazos correrão:

Veja art. 800, § 2º, CPP.

a) da intimação;

Veja Súmulas ns. 310 e 710, STF.

b) da audiência ou sessão em que for proferida a decisão, se a ela estiver presente a parte;

c) do dia em que a parte manifestar nos autos ciência inequívoca da sentença ou despacho.

Art. 799. O escrivão, sob pena de multa de cinquenta a quinhentos mil-réis e, na reincidência, suspensão até 30 (trinta) dias, executará dentro do prazo de 2 (dois) dias os atos determinados em lei ou ordenados pelo juiz.

Veja art. 800, § 4º, CPP.

Art. 800. Os juízes singulares darão seus despachos e decisões dentro dos prazos seguintes, quando outros não estiverem estabelecidos:

I – de 10 (dez) dias, se a decisão for definitiva, ou interlocutória mista;

II – de 5 (cinco) dias, se for interlocutória simples;

III – de 1 (um) dia, se se tratar de despacho de expediente.

§ 1º Os prazos para o juiz contar-se-ão do termo de conclusão.

§ 2º Os prazos do Ministério Público contar-se-ão do termo de vista, salvo para a interposição do recurso (art. 798, § 5º).

§ 3º Em qualquer instância, declarando motivo justo, poderá o juiz exceder por igual tempo os prazos a ele fixados neste Código.

§ 4º O escrivão que não enviar os autos ao juiz ou ao órgão do Ministério Público no dia em que assinar termo de conclusão ou de vista estará sujeito à sanção estabelecida no art. 799.

Art. 801. Findos os respectivos prazos, os juízes e os órgãos do Ministério Público, responsáveis pelo retardamento, perderão tantos dias de vencimentos quantos forem os excedidos.

Na contagem do tempo de serviço, para o efeito de promoção e aposentadoria, a perda será do dobro dos dias excedidos.

Art. 802. O desconto referido no artigo antecedente far-se-á à vista da certidão do escrivão do processo ou do secretário do tribunal, que deverão, de ofício, ou a requerimento de qualquer interessado, remetê-la às repartições encarregadas do pagamento e da contagem do tempo de serviço, sob pena de incorrerem, de pleno direito, na multa de quinhentos mil-réis, imposta por autoridade fiscal.

Art. 803. Salvo nos casos expressos em lei, é proibida a retirada de autos do cartório, ainda que em confiança, sob pena de responsabilidade do escrivão.

Art. 804. A sentença ou o acórdão, que julgar a ação, qualquer incidente ou recurso, condenará nas custas o vencido.

Art. 805. As custas serão contadas e cobradas de acordo com os regulamentos expedidos pela União e pelos Estados.

Art. 806. Salvo o caso do art. 32, nas ações intentadas mediante queixa, nenhum ato ou diligência se realizará, sem que seja depositada em cartório a importância das custas.

§ 1º Igualmente, nenhum ato requerido no interesse da defesa será realizado, sem o prévio pagamento das custas, salvo se o acusado for pobre.

§ 2º A falta do pagamento das custas, nos prazos fixados em lei, ou marcados pelo juiz, importará renúncia à diligência requerida ou deserção do recurso interposto.

§ 3º A falta de qualquer prova ou diligência que deixe de realizar-se em virtude do não pagamento de custas não implicará a nulidade do processo, se a prova de pobreza do acusado só posteriormente foi feita.

Art. 807. O disposto no artigo anterior não obstará à faculdade atribuída ao juiz de determinar de ofício inquirição de testemunhas ou outras diligências.

Art. 808. Na falta ou impedimento do escrivão e seu substituto, servirá pessoa idônea, nomeada pela autoridade, perante quem prestará compromisso, lavrando o respectivo termo.

Art. 809. A estatística judiciária criminal, a cargo do Instituto de Identificação e Estatística ou repartições congêneres, terá por base o *boletim individual*, que é parte integrante dos processos e versará sobre:

I – os crimes e as contravenções praticados durante o trimestre, com especificação da natureza de cada um, meios utilizados e circunstâncias de tempo e lugar;

II – as armas proibidas que tenham sido apreendidas;

III – o número de delinquentes, mencionadas as infrações que praticaram, sua nacionalidade, sexo, idade, filiação, estado civil, prole, residência, meios de vida e condições econômicas, grau de instrução, religião, e condições de saúde física e psíquica;

IV – o número dos casos de codelinquência;

V – a reincidência e os antecedentes judiciários;

VI – as sentenças condenatórias ou absolutórias, bem como as de pronúncia ou de impronúncia;

VII – a natureza das penas impostas;

VIII – a natureza das medidas de segurança aplicadas;

IX – a suspensão condicional da execução da pena, quando concedida;

X – as concessões ou denegações de *habeas corpus*.

§ 1º Os dados acima enumerados constituem o mínimo exigível, podendo ser acrescidos de outros elementos úteis ao serviço da estatística criminal.

§ 2º Esses dados serão lançados semestralmente em mapa e remetidos ao Serviço de Estatística Demográfica Moral e Política do Ministério da Justiça.

Parágrafo com redação dada pela Lei n. 9.061, de 14.06.1995.

§ 3º O *boletim individual* a que se refere este artigo é dividido em três partes destacáveis, conforme modelo anexo a este Código, e será adotado nos Estados, no Distrito Federal e nos Territórios. A primeira parte ficará arquivada no cartório policial; a segunda será remetida ao Instituto de Identificação e Estatística, ou repartição congênere; e a terceira acompanhará o processo, e, depois de passar em julgado a sentença definitiva, lançados os dados finais, será enviada ao referido Instituto ou repartição congênere.

Art. 810. Este Código entrará em vigor no dia 1º de janeiro de 1942.

Art. 811. Revogam-se as disposições em contrário.

Rio de Janeiro, 03 de outubro de 1941;
120º da Independência e 53º da República.

GETÚLIO VARGAS

ÍNDICE ALFABÉTICO-REMISSIVO DO CÓDIGO DE PROCESSO PENAL

LEI N. 7.210,
DE 11 DE JULHO DE 1984

Institui a Lei de Execução Penal.

O PRESIDENTE DA REPÚBLICA:

Faço saber que o CONGRESSO NACIONAL decreta e eu sanciono a seguinte Lei:

TÍTULO I
DO OBJETO E DA APLICAÇÃO DA LEI DE EXECUÇÃO PENAL

Art. 1º A execução penal tem por objetivo efetivar as disposições de sentença ou decisão criminal e proporcionar condições para a harmônica integração social do condenado e do internado.

Art. 2º A jurisdição penal dos juízes ou tribunais da justiça ordinária, em todo o território nacional, será exercida, no processo de execução, na conformidade desta Lei e do Código de Processo Penal.

Parágrafo único. Esta Lei aplicar-se-á igualmente ao preso provisório e ao condenado pela Justiça Eleitoral ou Militar, quando recolhido a estabelecimento sujeito à jurisdição ordinária.

Art. 3º Ao condenado e ao internado serão assegurados todos os direitos não atingidos pela sentença ou pela lei.

Parágrafo único. Não haverá qualquer distinção de natureza racial, social, religiosa ou política.

Art. 4º O Estado deverá recorrer à cooperação da comunidade nas atividades de execução da pena e da medida de segurança.

TÍTULO II
DO CONDENADO E DO INTERNADO

CAPÍTULO I
DA CLASSIFICAÇÃO

Art. 5º Os condenados serão classificados, segundo os seus antecedentes e personalidade, para orientar a individualização da execução penal.

Art. 6º A classificação será feita por Comissão Técnica de Classificação que elaborará o programa individualizador da pena privativa de liberdade adequada ao condenado ou preso provisório.

Artigo com redação dada pela Lei n. 10.792, de 01.12.2003.

Art. 7º A Comissão Técnica de Classificação, existente em cada estabelecimento, será presidida pelo diretor e composta, no mínimo, por dois chefes de serviço, um psiquiatra, um psicólogo e um assistente social, quando se tratar de condenado à pena privativa da liberdade.

Parágrafo único. Nos demais casos a Comissão atuará junto ao Juízo da Execução e será integrada por fiscais do Serviço Social.

Art. 8º O condenado ao cumprimento de pena privativa de liberdade, em regime fechado, será submetido a exame criminológico para a obtenção dos elementos necessários a uma adequada classificação e com vistas à individualização da execução.

Veja Súmula vinculante n. 26, STF.

Veja Súmula n. 439, STJ.

Parágrafo único. Ao exame de que trata este artigo poderá ser submetido o condenado ao cumprimento da pena privativa de liberdade em regime semiaberto.

Art. 9º A Comissão, no exame para a obtenção de dados reveladores da personalidade, observando a ética profissional e tendo sempre presentes peças ou informações do processo, poderá:

I – entrevistar pessoas;

II – requisitar, de repartições ou estabelecimentos privados, dados e informações a respeito do condenado;

III – realizar outras diligências e exames necessários.

Art. 9º-A. Os condenados por crime praticado, dolosamente, com violência de natureza grave contra pessoa, ou por qualquer dos crimes previstos no art. 1º da Lei n. 8.072, de 25 de julho de 1990, serão submetidos, obrigatoriamente, à identificação do perfil genético, mediante extração de DNA – ácido desoxirribonucleico, por técnica adequada e indolor.

Caput acrescentado pela Lei n. 12.654, de 28.05.2012.

§ 1º A identificação do perfil genético será armazenada em banco de dados sigiloso, conforme regulamento a ser expedido pelo Poder Executivo.

Parágrafo acrescentado pela Lei n. 12.654, de 28.05.2012.

§ 1º-A. A regulamentação deverá fazer constar garantias mínimas de proteção de dados genéticos, observando as melhores práticas da genética forense.

Parágrafo acrescentado pela Lei n. 13.964, de 24.12.2019.

§ 2º A autoridade policial, federal ou estadual, poderá requerer ao juiz competente, no caso de inquérito instaurado, o acesso ao banco de dados de identificação de perfil genético.

Parágrafo acrescentado pela Lei n. 12.654, de 28.05.2012.

§ 3º Deve ser viabilizado ao titular de dados genéticos o acesso aos seus dados constantes nos bancos de perfis genéticos, bem como a todos os documentos da cadeia de custódia que gerou esse dado, de maneira que possa ser contraditado pela defesa.

Parágrafo acrescentado pela Lei n. 13.964, de 24.12.2019.

§ 4º O condenado pelos crimes previstos no *caput* deste artigo que não tiver sido submetido à identificação do perfil genético por ocasião do ingresso no estabelecimento prisional deverá ser submetido ao procedimento durante o cumprimento da pena.

Parágrafo acrescentado pela Lei n. 13.964, de 24.12.2019.

§ 5º A amostra biológica coletada só poderá ser utilizada para o único e exclusivo fim de permitir a identificação pelo perfil genético, não estando autorizadas as práticas de fenotipagem genética ou de busca familiar.

Parágrafo acrescentado pela Lei n. 13.964, de 24.12.2019.

§ 6º Uma vez identificado o perfil genético, a amostra biológica recolhida nos termos do caput deste artigo deverá ser correta e imediatamente descartada, de maneira a impedir a sua utilização para qualquer outro fim.

Parágrafo acrescentado pela Lei n. 13.964, de 24.12.2019.

§ 7º A coleta da amostra biológica e a elaboração do respectivo laudo serão realizadas por perito oficial.

Parágrafo acrescentado pela Lei n. 13.964, de 24.12.2019.

§ 8º Constitui falta grave a recusa do condenado em submeter-se ao procedimento de identificação do perfil genético.

Parágrafo acrescentado pela Lei n. 13.964, de 24.12.2019.

CAPÍTULO II
DA ASSISTÊNCIA

Seção I
Disposições Gerais

Art. 10. A assistência ao preso e ao internado é dever do Estado, objetivando prevenir o crime e orientar o retorno à convivência em sociedade.

Parágrafo único. A assistência estende-se ao egresso.

Art. 11. A assistência será:

I – material;

II – à saúde;

III – jurídica;

IV – educacional;

V – social;

VI – religiosa.

Seção II
Da Assistência Material

Art. 12. A assistência material ao preso e ao internado consistirá no fornecimento de alimentação, vestuário e instalações higiênicas.

Art. 13. O estabelecimento disporá de instalações e serviços que atendam aos presos nas suas necessidades pessoais, além de locais destinados à venda de produtos e objetos permitidos e não fornecidos pela Administração.

Seção III
Da Assistência à Saúde

Art. 14. A assistência à saúde do preso e do internado, de caráter preventivo e curativo, compreenderá atendimento médico, farmacêutico e odontológico.

§ 1º *(Vetado.)*

§ 2º Quando o estabelecimento penal não estiver aparelhado para prover a assistência médica necessária, esta será prestada em outro local, mediante autorização da direção do estabelecimento.

§ 3º Será assegurado acompanhamento médico à mulher, principalmente no pré-natal e no pós-parto, extensivo ao recém-nascido.

Parágrafo acrescentado pela Lei n. 11.942, de 28.05.2009.

Seção IV
Da Assistência Jurídica

Art. 15. A assistência jurídica é destinada aos presos e aos internados sem recursos financeiros para constituir advogado.

Art. 16. As Unidades da Federação deverão ter serviços de assistência jurídica, integral e gratuita, pela Defensoria Pública, dentro e fora dos estabelecimentos penais.

Caput com redação dada e parágrafos acrescentados pela Lei n. 12.313, de 19.08.2010.

§ 1º As Unidades da Federação deverão prestar auxílio estrutural, pessoal e material à Defensoria Pública, no exercício de suas funções, dentro e fora dos estabelecimentos penais.

§ 2º Em todos os estabelecimentos penais, haverá local apropriado destinado ao atendimento pelo Defensor Público.

§ 3º Fora dos estabelecimentos penais, serão implementados Núcleos Especializados da Defensoria Pública para a prestação de assistência jurídica integral e gratuita aos réus, sentenciados em liberdade, egressos e seus familiares, sem recursos financeiros para constituir advogado.

Seção V
Da Assistência Educacional

Art. 17. A assistência educacional compreenderá a instrução escolar e a formação profissional do preso e do internado.

Art. 18. O ensino de primeiro grau será obrigatório, integrando-se no sistema escolar da unidade federativa.

Art. 18-A. O ensino médio, regular ou supletivo, com formação geral ou educação profissional de nível médio, será implantado nos presídios, em obediência ao preceito constitucional de sua universalização.

Artigo acrescentado pela Lei n. 13.163, de 09.09.2015.

§ 1º O ensino ministrado aos presos e presas integrar-se-á ao sistema estadual e municipal de ensino e será mantido, administrativa e financeiramente, com o apoio da União, não só com os recursos destinados à educação, mas pelo sistema estadual de justiça ou administração penitenciária.

§ 2º Os sistemas de ensino oferecerão aos presos e às presas cursos supletivos de educação de jovens e adultos.

§ 3º A União, os Estados, os Municípios e o Distrito Federal incluirão em seus programas de educação à distância e de utilização de novas tecnologias de ensino, o atendimento aos presos e às presas.

Art. 19. O ensino profissional será ministrado em nível de iniciação ou de aperfeiçoamento técnico.

Parágrafo único. A mulher condenada terá ensino profissional adequado à sua condição.

Art. 20. As atividades educacionais podem ser objeto de convênio com entidades públicas ou particulares, que instalem escolas ou ofereçam cursos especializados.

Art. 21. Em atendimento às condições locais, dotar-se-á cada estabelecimento de uma biblioteca, para uso de todas as categorias de reclusos, provida de livros instrutivos, recreativos e didáticos.

Art. 21-A. O censo penitenciário deverá apurar:

Artigo acrescentado pela Lei n. 13.163, de 09.09.2015.

I – o nível de escolaridade dos presos e das presas;

II – a existência de cursos nos níveis fundamental e médio e o número de presos e presas atendidos;

III – a implementação de cursos profissionais em nível de iniciação ou aperfeiçoamento técnico e o número de presos e presas atendidos;

IV – a existência de bibliotecas e as condições de seu acervo;

V – outros dados relevantes para o aprimoramento educacional de presos e presas.

Seção VI
Da Assistência Social

Art. 22. A assistência social tem por finalidade amparar o preso e o internado e prepará-los para o retorno à liberdade.

Art. 23. Incumbe ao serviço de assistência social:

I – conhecer os resultados dos diagnósticos e exames;

II – relatar, por escrito, ao diretor do estabelecimento, os problemas e as dificuldades enfrentadas pelo assistido;

III – acompanhar o resultado das permissões de saídas e das saídas temporárias;

IV – promover, no estabelecimento, pelos meios disponíveis, a recreação;

V – promover a orientação do assistido, na fase final do cumprimento da pena, e do liberando, de modo a facilitar o seu retorno à liberdade;

VI – providenciar a obtenção de documentos, dos benefícios da previdência social e do seguro por acidente no trabalho;

VII – orientar e amparar, quando necessário, a família do preso, do internado e da vítima.

Seção VII
Da Assistência Religiosa

Art. 24. A assistência religiosa, com liberdade de culto, será prestada aos presos e aos internados, permitindo-se-lhes a participação nos serviços organizados no estabelecimento penal, bem como a posse de livros de instrução religiosa.

§ 1º No estabelecimento haverá local apropriado para os cultos religiosos.

§ 2º Nenhum preso ou internado poderá ser obrigado a participar de atividade religiosa.

Seção VIII
Da Assistência ao Egresso

Art. 25. A assistência ao egresso consiste:

I – na orientação e apoio para reintegrá-lo à vida em liberdade;

II – na concessão, se necessário, de alojamento e alimentação, em estabelecimento adequado, pelo prazo de 2 (dois) meses.

Parágrafo único. O prazo estabelecido no inciso II poderá ser prorrogado uma única vez, comprovado, por declaração do assistente social, o empenho na obtenção de emprego.

Art. 26. Considera-se egresso para os efeitos desta Lei:

Veja art. 78 desta Lei.

I – o liberado definitivo, pelo prazo de 1 (um) ano a contar da saída do estabelecimento;

II – o liberado condicional, durante o período de prova.

Art. 27. O serviço de assistência social colaborará com o egresso para a obtenção de trabalho.

CAPÍTULO III
DO TRABALHO

Seção I
Disposições Gerais

Art. 28. O trabalho do condenado, como dever social e condição de dignidade humana, terá finalidade educativa e produtiva.

§ 1º Aplicam-se à organização e aos métodos de trabalho as precauções relativas à segurança e à higiene.

§ 2º O trabalho do preso não está sujeito ao regime da Consolidação das Leis do Trabalho.

Art. 29. O trabalho do preso será remunerado, mediante prévia tabela, não podendo ser inferior a três quartos do salário mínimo.

§ 1º O produto da remuneração pelo trabalho deverá atender:

a) à indenização dos danos causados pelo crime, desde que determinados judicialmente e não reparados por outros meios;

b) à assistência à família;

c) a pequenas despesas pessoais;

d) ao ressarcimento ao Estado das despesas realizadas com a manutenção do condenado, em proporção a ser fixada e sem prejuízo da destinação prevista nas letras anteriores.

§ 2º Ressalvadas outras aplicações legais, será depositada a parte restante para constituição do pecúlio, em cadernetas de poupança, que será entregue ao condenado quando posto em liberdade.

Art. 30. As tarefas executadas como prestação de serviço à comunidade não serão remuneradas.

Seção II
Do Trabalho Interno

Art. 31. O condenado à pena privativa de liberdade está obrigado ao trabalho na medida de suas aptidões e capacidade.

Parágrafo único. Para o preso provisório, o trabalho não é obrigatório e só poderá ser executado no interior do estabelecimento.

Art. 32. Na atribuição do trabalho deverão ser levadas em conta a habilitação, a condição pessoal e as necessidades futuras do preso, bem como as oportunidades oferecidas pelo mercado.

§ 1º Deverá ser limitado, tanto quanto possível, o artesanato sem expressão econômica, salvo nas regiões de turismo.

§ 2º Os maiores de 60 (sessenta) anos poderão solicitar ocupação adequada à sua idade.

§ 3º Os doentes ou deficientes físicos somente exercerão atividades apropriadas ao seu estado.

Art. 33. A jornada normal de trabalho não será inferior a 6 (seis), nem superior a 8 (oito) horas, com descanso nos domingos e feriados.

Parágrafo único. Poderá ser atribuído horário especial de trabalho aos presos designados para os serviços de conservação e manutenção do estabelecimento penal.

Art. 34. O trabalho poderá ser gerenciado por fundação, ou empresa pública, com autonomia administrativa, e terá por objetivo a formação profissional do condenado.

§ 1º Nessa hipótese, incumbirá à entidade gerenciadora promover e supervisionar a produção, com critérios e métodos empresariais, encarregar-se de sua comercialização, bem como suportar despesas, inclusive pagamento de remuneração adequada.

Antigo parágrafo único renumerado pela Lei n. 10.792, de 01.12.2003.

§ 2º Os governos federal, estadual e municipal poderão celebrar convênio com a iniciativa privada, para implantação de oficinas de trabalho referentes a setores de apoio dos presídios.

Parágrafo acrescentado pela Lei n. 10.792, de 01.12.2003.

Art. 35. Os órgãos da administração direta ou indireta da União, Estados, Territórios, Distrito Federal e dos Municípios adquirirão, com dispensa de concorrência pública, os bens ou produtos do trabalho prisional, sempre que não for possível ou recomendável realizar-se a venda a particulares.

Parágrafo único. Todas as importâncias arrecadadas com as vendas reverterão em favor da fundação ou empresa pública a que alude o artigo anterior ou, na sua falta, do estabelecimento penal.

Seção III
Do Trabalho Externo

Art. 36. O trabalho externo será admissível para os presos em regime fechado somente em serviço ou obras públicas realizadas por órgãos da administração direta ou indireta, ou entidades privadas, desde que tomadas as cautelas contra a fuga e em favor da disciplina.

§ 1º O limite máximo do número de presos será de 10% (dez por cento) do total de empregados na obra.

§ 2º Caberá ao órgão da administração, à entidade ou à empresa empreiteira a remuneração desse trabalho.

§ 3º A prestação de trabalho a entidade privada depende do consentimento expresso do preso.

Art. 37. A prestação de trabalho externo, a ser autorizada pela direção do estabelecimento, dependerá de aptidão, disciplina e responsabilidade, além do cumprimento mínimo de 1/6 (um sexto) da pena.

Parágrafo único. Revogar-se-á a autorização de trabalho externo ao preso que vier a praticar fato definido como crime, for punido por falta grave, ou tiver comportamento contrário aos requisitos estabelecidos neste artigo.

CAPÍTULO IV
DOS DEVERES, DOS DIREITOS E DA DISCIPLINA

Seção I
Dos Deveres

Art. 38. Cumpre ao condenado, além das obrigações legais inerentes ao seu estado, submeter-se às normas de execução da pena.

Art. 39. Constituem deveres do condenado:

I – comportamento disciplinado e cumprimento fiel da sentença;

II – obediência ao servidor e respeito a qualquer pessoa com quem deva relacionar-se;

III – urbanidade e respeito no trato com os demais condenados;

IV – conduta oposta aos movimentos individuais ou coletivos de fuga ou de subversão à ordem ou à disciplina;

V – execução do trabalho, das tarefas e das ordens recebidas;

VI – submissão à sanção disciplinar imposta;

VII – indenização à vitima ou aos seus sucessores;

VIII – indenização ao Estado, quando possível, das despesas realizadas com a sua manutenção, mediante desconto proporcional da remuneração do trabalho;

IX – higiene pessoal e asseio da cela ou alojamento;

X – conservação dos objetos de uso pessoal.

Parágrafo único. Aplica-se ao preso provisório, no que couber, o disposto neste artigo.

Seção II
Dos Direitos

Art. 40. Impõe-se a todas as autoridades o respeito à integridade física e moral dos condenados e dos presos provisórios.

Art. 41. Constituem direitos do preso:

I – alimentação suficiente e vestuário;

II – atribuição de trabalho e sua remuneração;

III – previdência social;

IV – constituição de pecúlio;

V – proporcionalidade na distribuição do tempo para o trabalho, o descanso e a recreação;

VI – exercício das atividades profissionais, intelectuais, artísticas e desportivas anteriores, desde que compatíveis com a execução da pena;

VII – assistência material, à saúde, jurídica, educacional, social e religiosa;

VIII – proteção contra qualquer forma de sensacionalismo;

IX – entrevista pessoal e reservada com o advogado;

X – visita do cônjuge, da companheira, de parentes e amigos em dias determinados;

XI – chamamento nominal;

XII – igualdade de tratamento salvo quanto às exigências da individualização da pena;

XIII – audiência especial com o diretor do estabelecimento;

XIV – representação e petição a qualquer autoridade, em defesa de direito;

XV – contato com o mundo exterior por meio de correspondência escrita, da leitura e de outros meios de informação que não comprometam a moral e os bons costumes;

XVI – atestado de pena a cumprir, emitido anualmente, sob pena da responsabilidade da autoridade judiciária competente.

Inciso acrescentado pela Lei n. 10.713, de 13.08.2003.

Parágrafo único. Os direitos previstos nos incisos V, X e XV poderão ser suspensos ou restringidos mediante ato motivado do diretor do estabelecimento.

Art. 42. Aplica-se ao preso provisório e ao submetido à medida de segurança, no que couber, o disposto nesta Seção.

Art. 43. É garantida a liberdade de contratar médico de confiança pessoal do internado ou do submetido a tratamento ambulatorial, por seus familiares ou dependentes, a fim de orientar e acompanhar o tratamento.

Parágrafo único. As divergências entre o médico oficial e o particular serão resolvidas pelo juiz de execução.

Seção III
Da Disciplina

Subseção I
Disposições Gerais

Art. 44. A disciplina consiste na colaboração com a ordem, na obediência às determinações das autoridades e seus agentes e no desempenho do trabalho.

Parágrafo único. Estão sujeitos à disciplina o condenado à pena privativa de liberdade ou restritiva de direitos e o preso provisório.

Art. 45. Não haverá falta nem sanção disciplinar sem expressa e anterior previsão legal ou regulamentar.

§ 1º As sanções não poderão colocar em perigo a integridade física e moral do condenado.

§ 2º É vedado o emprego de cela escura.

§ 3º São vedadas as sanções coletivas.

Art. 46. O condenado ou denunciado, no início da execução da pena ou da prisão, será cientificado das normas disciplinares.

Art. 47. O poder disciplinar, na execução da pena privativa de liberdade, será exercido pela autoridade administrativa conforme as disposições regulamentares.

Art. 48. Na execução das penas restritivas de direitos, o poder disciplinar será exercido pela autoridade administrativa a que estiver sujeito o condenado.

Parágrafo único. Nas faltas graves, a autoridade representará ao juiz da execução para os fins dos arts. 118, I, 125, 127, 181, §§ 1º, *d*, e 2º desta Lei.

Subseção II
Das Faltas Disciplinares

Art. 49. As faltas disciplinares classificam-se em leves, médias e graves. A legislação local especificará as leves e médias, bem assim as respectivas sanções.

Parágrafo único. Pune-se a tentativa com a sanção correspondente à falta consumada.

Art. 50. Comete falta grave o condenado à pena privativa de liberdade que:

Veja Súmula n. 441, STJ.

I – incitar ou participar de movimento para subverter a ordem ou a disciplina;

II – fugir;

III – possuir, indevidamente, instrumento capaz de ofender a integridade física de outrem;

IV – provocar acidente de trabalho;

V – descumprir, no regime aberto, as condições impostas;

VI – inobservar os deveres previstos nos incisos II e V do art. 39 desta Lei;

VII – tiver em sua posse, utilizar ou fornecer aparelho telefônico, de rádio ou similar, que permita a comunicação com outros presos ou com o ambiente externo;

Inciso acrescentado pela Lei n. 11.466, de 28.03.2007.

Veja arts. 319-A e 349-A, CP.

VIII – recusar submeter-se ao procedimento de identificação do perfil genético.

Inciso acrescentado pela Lei n. 13.964, de 24.12.2019.

Parágrafo único. O disposto neste artigo aplica-se, no que couber, ao preso provisório.

Art. 51. Comete falta grave o condenado à pena restritiva de direitos que:

I – descumprir, injustificadamente, a restrição imposta;

II – retardar, injustificadamente, o cumprimento da obrigação imposta;

III – inobservar os deveres previstos nos incisos II e V do art. 39 desta Lei.

Art. 52. A prática de fato previsto como crime doloso constitui falta grave e, quando ocasionar subversão da ordem ou disciplina internas, sujeitará o preso provisório, ou condenado, nacional ou estrangeiro, sem prejuízo da sanção penal, ao regime disciplinar diferenciado, com as seguintes características:

Caput com redação dada pela Lei n. 13.964, de 24.12.2019.

I – duração máxima de até 2 (dois) anos, sem prejuízo de repetição da sanção por nova falta grave de mesma espécie;

Inciso com redação dada pela Lei n. 13.964, de 24.12.2019.

II – recolhimento em cela individual;

Inciso com redação dada pela Lei n. 13.964, de 24.12.2019.

III – visitas quinzenais, de 2 (duas) pessoas por vez, a serem realizadas em instalações equipadas para impedir o contato físico e a passagem de objetos, por pessoa da família ou, no caso de terceiro, autorizado judicialmente, com duração de 2 (duas) horas;

Inciso com redação dada pela Lei n. 13.964, de 24.12.2019.

IV – direito do preso à saída da cela por 2 (duas) horas diárias para banho de sol, em grupos de até 4 (quatro) presos, desde que não haja contato com presos do mesmo grupo criminoso;

Inciso com redação dada pela Lei n. 13.964, de 24.12.2019.

V – entrevistas sempre monitoradas, exceto aquelas com seu defensor, em instalações equipadas para impedir o contato físico e a passagem de objetos, salvo expressa autorização judicial em contrário;

Inciso acrescentado pela Lei n. 13.964, de 24.12.2019.

VI – fiscalização do conteúdo da correspondência;

Inciso acrescentado pela Lei n. 13.964, de 24.12.2019.

VII – participação em audiências judiciais preferencialmente por videoconferência, garantindo-se a participação do defensor no mesmo ambiente do preso.

Inciso acrescentado pela Lei n. 13.964, de 24.12.2019.

§ 1º O regime disciplinar diferenciado também será aplicado aos presos provisórios ou condenados, nacionais ou estrangeiros:

Parágrafo com redação dada pela Lei n. 13.964, de 24.12.2019.

I – que apresentem alto risco para a ordem e a segurança do estabelecimento penal ou da sociedade;

Inciso acrescentado pela Lei n. 13.964, de 24.12.2019.

II – sob os quais recaiam fundadas suspeitas de envolvimento ou participação, a qualquer título, em organização criminosa, associação criminosa ou milícia privada, independentemente da prática de falta grave.

Inciso acrescentado pela Lei n. 13.964, de 24.12.2019.

§ 2º (*Revogado pela Lei n. 13.964, de 24.12.2019.*)

§ 3º Existindo indícios de que o preso exerce liderança em organização criminosa, associação criminosa ou milícia privada, ou que tenha atuação criminosa em 2 (dois) ou mais Estados da Federação, o regime disciplinar diferenciado será obrigatoriamente cumprido em estabelecimento prisional federal.

Parágrafo acrescentado pela Lei n. 13.964, de 24.12.2019.

§ 4º Na hipótese dos parágrafos anteriores, o regime disciplinar diferenciado poderá ser prorrogado sucessivamente, por períodos de 1 (um) ano, existindo indícios de que o preso:

Parágrafo e incisos acrescentados pela Lei n. 13.964, de 24.12.2019.

I – continua apresentando alto risco para a ordem e a segurança do estabelecimento penal de origem ou da sociedade;

II – mantém os vínculos com organização criminosa, associação criminosa ou milícia privada, considerados também o perfil criminal e a função desempenhada por ele no grupo criminoso, a operação duradoura do grupo, a superveniência de novos processos criminais e os resultados do tratamento penitenciário.

§ 5º Na hipótese prevista no § 3º deste artigo, o regime disciplinar diferenciado deverá contar com alta segurança interna e externa, principalmente no que diz respeito à necessidade de se evitar contato do preso com membros de sua organização criminosa, associação criminosa ou milícia privada, ou de grupos rivais.

Parágrafo acrescentado pela Lei n. 13.964, de 24.12.2019.

§ 6º A visita de que trata o inciso III do *caput* deste artigo será gravada em sistema de áudio ou de áudio e vídeo e, com autorização judicial, fiscalizada por agente penitenciário.

Parágrafo acrescentado pela Lei n. 13.964, de 24.12.2019.

§ 7º Após os primeiros 6 (seis) meses de regime disciplinar diferenciado, o preso que não receber a visita de que trata o inciso III do *caput* deste artigo poderá, após prévio agendamento, ter contato telefônico, que será gravado, com uma pessoa da família, 2 (duas) vezes por mês e por 10 (dez) minutos.

Parágrafo acrescentado pela Lei n. 13.964, de 24.12.2019.

Subseção III
Das Sanções e das Recompensas

Art. 53. Constituem sanções disciplinares:

I – advertência verbal;

II – repreensão;

III – suspensão ou restrição de direitos (art. 41, parágrafo único);

Veja art. 57, parágrafo único, desta Lei.

IV – isolamento na própria cela, ou em local adequado, nos estabelecimentos que possuam alojamento coletivo, observado o disposto no art. 88 desta Lei;

Veja art. 57, parágrafo único, desta Lei.

V – inclusão no regime disciplinar diferenciado.

Inciso acrescentado pela Lei n. 10.792, de 01.12.2003.

Veja art. 57, parágrafo único, desta Lei.

Art. 54. As sanções dos incisos I a IV do art. 53 serão aplicadas por ato motivado do diretor do estabelecimento e a do inciso V, por prévio e fundamentado despacho do juiz competente.

Caput com redação dada pela Lei n. 10.792, de 01.12.2003.

§ 1º A autorização para a inclusão do preso em regime disciplinar dependerá de requerimento circunstanciado elaborado pelo diretor do estabelecimento ou outra autoridade administrativa.

Parágrafo acrescentado pela Lei n. 10.792, de 01.12.2003.

§ 2º A decisão judicial sobre inclusão de preso em regime disciplinar será precedida de manifestação do Ministério Público e da defesa e prolatada no prazo máximo de 15 (quinze) dias.

Parágrafo acrescentado pela Lei n. 10.792, de 01.12.2003.

Art. 55. As recompensas têm em vista o bom comportamento reconhecido em favor do condenado, de sua colaboração com a disciplina e de sua dedicação ao trabalho.

Art. 56. São recompensas:

I – o elogio;

II – a concessão de regalias.

Parágrafo único. A legislação local e os regulamentos estabelecerão a natureza e a forma de concessão de regalias.

Subseção IV
Da Aplicação das Sanções

Art. 57. Na aplicação das sanções disciplinares, levar-se-ão em conta a natureza, os motivos, as circunstâncias e as consequências do fato, bem como a pessoa do faltoso e seu tempo de prisão.

Caput com redação dada pela Lei n. 10.792, de 01.12.2003.

Parágrafo único. Nas faltas graves, aplicam-se as sanções previstas nos incisos III a V do art. 53 desta Lei.

Parágrafo com redação dada pela Lei n. 10.792, de 01.12.2003.

Art. 58. O isolamento, a suspensão e a restrição de direitos não poderão exceder a trinta dias, ressalvada a hipótese do regime disciplinar diferenciado.

Caput com redação dada pela Lei n. 10.792, de 01.12.2003.

Parágrafo único. O isolamento será sempre comunicado ao juiz da execução.

Subseção V
Do Procedimento Disciplinar

Art. 59. Praticada a falta disciplinar, deverá ser instaurado o procedimento para sua apuração, conforme regulamento, assegurado o direito de defesa.

Parágrafo único. A decisão será motivada.

Art. 60. A autoridade administrativa poderá decretar o isolamento preventivo do faltoso pelo prazo de até dez dias. A inclusão do preso no regime disciplinar diferenciado, no interesse da disciplina e da averiguação do fato, dependerá de despacho do juiz competente.

Caput com redação dada pela Lei n. 10.792, de 01.12.2003.

Parágrafo único. O tempo de isolamento ou inclusão preventiva no regime disciplinar diferenciado será computado no período de cumprimento da sanção disciplinar.

Parágrafo com redação dada pela Lei n. 10.792, de 01.12.2003.

TÍTULO III
DOS ÓRGÃOS DA EXECUÇÃO PENAL

CAPÍTULO I
DISPOSIÇÕES GERAIS

Art. 61. São órgãos da execução penal:

I – o Conselho Nacional de Política Criminal e Penitenciária;

II – o Juízo da Execução;

III – o Ministério Público;

IV – o Conselho Penitenciário;

V – os Departamentos Penitenciários;

VI – o Patronato;

VII – o Conselho da Comunidade;

VIII – a Defensoria Pública.

Inciso acrescentado pela Lei n. 12.313, de 19.08.2010.

CAPÍTULO II
DO CONSELHO NACIONAL DE POLÍTICA CRIMINAL E PENITENCIÁRIA

Art. 62. O Conselho Nacional de Política Criminal e Penitenciária, com sede na Capital da República, é subordinado ao Ministério da Justiça.

Art. 63. O Conselho Nacional de Política Criminal e Penitenciária será integrado por 13 (treze) membros designados através de ato do Ministério da Justiça, dentre professores e profissionais da área do Direito Penal, Processual Penal, Penitenciário e ciências correlatas, bem como por representantes da comunidade e dos Ministérios da área social.

Parágrafo único. O mandato dos membros do Conselho terá duração de 2 (dois) anos, renovado um terço em cada ano.

Art. 64. Ao Conselho Nacional de Política Criminal e Penitenciária, no exercício de suas atividades, em âmbito federal ou estadual, incumbe:

I – propor diretrizes da política criminal quanto a prevenção do delito, administração da justiça criminal e execução das penas e das medidas de segurança;

II – contribuir na elaboração de planos nacionais de desenvolvimento, sugerindo as metas e prioridades da política criminal e penitenciária;

III – promover a avaliação periódica do sistema criminal para a sua adequação às necessidades do País;

IV – estimular e promover a pesquisa criminológica;

V – elaborar programa nacional penitenciário de formação e aperfeiçoamento do servidor;

VI – estabelecer regras sobre a arquitetura e construção de estabelecimentos penais e casas de albergados;

VII – estabelecer os critérios para a elaboração da estatística criminal;

VIII – inspecionar e fiscalizar os estabelecimentos penais, bem assim informar-se, mediante relatórios do Conselho Penitenciário, requisições, visitas ou outros meios, acerca do desenvolvimento da execução penal nos Estados, Territórios e Distrito Federal, propondo às autoridades dela incumbidas as medidas necessárias ao seu aprimoramento;

IX – representar ao juiz da execução ou à autoridade administrativa para instauração de sindicância ou procedimento administrativo, em caso de violação das normas referentes à execução penal;

X – representar à autoridade competente para a interdição, no todo ou em parte, de estabelecimento penal.

CAPÍTULO III
DO JUÍZO DA EXECUÇÃO

Art. 65. A execução penal competirá ao juiz indicado na lei local de organização judiciária e, na sua ausência, ao da sentença.

Art. 66. Compete ao juiz da execução:

Veja art. 8º, Lei n. 11.671, de 08.05.2008.

I – aplicar aos casos julgados lei posterior que de qualquer modo favorecer o condenado;

II – declarar extinta a punibilidade;

III – decidir sobre:

a) soma ou unificação de penas;

b) progressão ou regressão nos regimes;

Veja Súmula vinculante n. 26, STF.

c) detração e remição da pena;

d) suspensão condicional da pena;

e) livramento condicional;

f) incidentes da execução;

IV – autorizar saídas temporárias;

V – determinar:

a) a forma de cumprimento da pena restritiva de direitos e fiscalizar sua execução;

b) a conversão da pena restritiva de direitos e de multa em privativa de liberdade;

A Lei n. 9.268, de 01.04.1996, altera o art. 51, CP, extinguindo a conversão da pena de multa em pena privativa de liberdade.

c) a conversão da pena privativa de liberdade em restritiva de direitos;

d) a aplicação da medida de segurança, bem como a substituição da pena por medida de segurança;

e) a revogação da medida de segurança;

f) a desinternação e o restabelecimento da situação anterior;

g) o cumprimento de pena ou medida de segurança em outra comarca;

h) a remoção do condenado na hipótese prevista no § 1º do art. 86 desta Lei;

VI – zelar pelo correto cumprimento da pena e da medida de segurança;

VII – inspecionar, mensalmente, os estabelecimentos penais, tomando providências para o adequado funcionamento e promovendo, quando for o caso, a apuração de responsabilidade;

VIII – interditar, no todo ou em parte, estabelecimento penal que estiver funcionando em condições inadequadas ou com infringência aos dispositivos desta Lei;

IX – compor e instalar o Conselho da Comunidade;

X – emitir anualmente atestado de pena a cumprir.

Inciso acrescentado pela Lei n. 10.713, de 13.08.2003.

CAPÍTULO IV
DO MINISTÉRIO PÚBLICO

Art. 67. O Ministério Público fiscalizará a execução da pena e da medida de segurança, oficiando no processo executivo e nos incidentes da execução.

Art. 68. Incumbe, ainda, ao Ministério Público:

Veja art. 8º, Lei n. 11.671, de 08.05.2008.

I – fiscalizar a regularidade formal das guias de recolhimento e de internamento;

II – requerer:

a) todas as providências necessárias ao desenvolvimento do processo executivo;

b) a instauração dos incidentes de excesso ou desvio de execução;

c) a aplicação de medida de segurança, bem como a substituição da pena por medida de segurança;

d) a revogação da medida de segurança;

e) a conversão de penas, a progressão ou regressão nos regimes e a revogação da suspensão condicional da pena e do livramento condicional;

f) a internação, a desinternação e o restabelecimento da situação anterior;

III – interpor recursos de decisões proferidas pela autoridade judiciária, durante a execução.

Parágrafo único. O órgão do Ministério Público visitará mensalmente os estabelecimentos penais, registrando a sua presença em livro próprio.

CAPÍTULO V
DO CONSELHO PENITENCIÁRIO

Art. 69. O Conselho Penitenciário é órgão consultivo e fiscalizador da execução da pena.

§ 1º O Conselho será integrado por membros nomeados pelo governador do Estado, do Distrito Federal e dos Territórios, dentre professores e profissionais da área de Direito Penal, Processual Penal, Penitenciário e ciências correlatas, bem como por representantes da comunidade. A legislação federal e estadual regulará o seu funcionamento.

§ 2º O mandato dos membros do Conselho Penitenciário terá a duração de 4 (quatro) anos.

Art. 70. Incumbe ao Conselho Penitenciário:

I – emitir parecer sobre indulto e comutação de pena, excetuada a hipótese de pedido de indulto com base no estado de saúde do preso;

Inciso com redação dada pela Lei n. 10.792, de 01.12.2003.

II – inspecionar os estabelecimentos e serviços penais;

III – apresentar, no primeiro trimestre de cada ano, ao Conselho Nacional de Política Criminal e Penitenciária, relatório dos trabalhos efetuados no exercício anterior;

IV – supervisionar os patronatos, bem como a assistência aos egressos.

CAPÍTULO VI
DOS DEPARTAMENTOS PENITENCIÁRIOS

Seção I
Do Departamento Penitenciário Nacional

Art. 71. O Departamento Penitenciário Nacional, subordinado ao Ministério da Justiça, é órgão executivo da Política Penitenciária Nacional e de apoio administrativo e financeiro do Conselho Nacional de Política Criminal e Penitenciária.

Art. 72. São atribuições do Departamento Penitenciário Nacional:

I – acompanhar a fiel aplicação das normas de execução penal em todo o território nacional;

II – inspecionar e fiscalizar periodicamente os estabelecimentos e serviços penais;

III – assistir tecnicamente as unidades federativas na implementação dos princípios e regras estabelecidos nesta Lei;

IV – colaborar com as unidades federativas, mediante convênios, na implantação de estabelecimentos e serviços penais;

V – colaborar com as unidades federativas para a realização de cursos de formação de pessoal penitenciário e de ensino profissionalizante do condenado e do internado;

VI – estabelecer, mediante convênios com as unidades federativas, o cadastro nacional das vagas existentes em estabelecimentos locais destinadas ao cumprimento de penas privativas de liberdade aplicadas pela justiça de outra unidade federativa, em especial para presos sujeitos a regime disciplinar;

Inciso acrescentado pela Lei n. 10.792, de 01.12.2003.

VII – acompanhar a execução da pena das mulheres beneficiadas pela progressão especial de que trata o § 3º do art. 112 desta Lei, monitorando sua integração social e a ocorrência de reincidência, específica ou não, mediante a realização de avaliações periódicas e de estatísticas criminais.

Inciso acrescentado pela Lei n. 13.769, de 19.12.2018.

Veja art. 74, parágrafo único, desta Lei.

§ 1º Incumbem também ao Departamento a coordenação e supervisão dos estabelecimentos penais e de internamento federais.

Antigo parágrafo único renumerado pela Lei n. 13.769, de 19.12.2018.

§ 2º Os resultados obtidos por meio do monitoramento e das avaliações periódicas previstas no inciso VII do *caput* deste artigo serão utilizados para, em função da efetividade da progressão especial para a ressocialização das mulheres de que trata o § 3º do art. 112 desta Lei, avaliar eventual desnecessidade do regime fechado de cumprimento de pena para essas mulheres nos casos de crimes cometidos sem violência ou grave ameaça.

Parágrafo acrescentado pela Lei n. 13.769, de 19.12.2018.

Seção II
Do Departamento Penitenciário Local

Art. 73. A legislação local poderá criar Departamento Penitenciário ou órgão similar, com as atribuições que estabelecer.

Art. 74. O Departamento Penitenciário local, ou órgão similar, tem por finalidade supervisionar e coordenar os estabelecimentos penais da unidade da Federação a que pertencer.

Parágrafo único. Os órgãos referidos no *caput* deste artigo realizarão o acompanhamento de que trata o inciso VII do *caput* do art. 72 desta Lei e encaminharão ao Departamento Penitenciário Nacional os resultados obtidos.

Parágrafo acrescentado pela Lei n. 13.769, de 19.12.2018.

Seção III
Da Direção e do Pessoal dos Estabelecimentos Penais

Art. 75. O ocupante do cargo de diretor de estabelecimento deverá satisfazer os seguintes requisitos:

I – ser portador de diploma de nível superior de Direito, ou Psicologia, ou Ciências Sociais, ou Pedagogia, ou Serviços Sociais;

II – possuir experiência administrativa na área;

III – ter idoneidade moral e reconhecida aptidão para o desempenho da função.

Parágrafo único. O diretor deverá residir no estabelecimento, ou nas proximidades, e dedicará tempo integral à sua função.

Art. 76. O Quadro do Pessoal Penitenciário será organizado em diferentes categorias funcionais, segundo as necessidades do serviço, com especificação de atribuições relativas às funções de direção, chefia e assessoramento do estabelecimento e às demais funções.

Art. 77. A escolha do pessoal administrativo, especializado, de instrução técnica e de vigilância atenderá a vocação, preparação profissional e antecedentes pessoais do candidato.

§ 1º O ingresso do pessoal penitenciário, bem como a progressão ou a ascensão funcional dependerão de cursos específicos de formação, procedendo-se à reciclagem periódica dos servidores em exercício.

§ 2º No estabelecimento para mulheres somente se permitirá o trabalho de pessoal do sexo feminino, salvo quando se tratar de pessoal técnico especializado.

CAPÍTULO VII
DO PATRONATO

Art. 78. O Patronato público ou particular destina-se a prestar assistência aos albergados e aos egressos (art. 26).

Art. 79. Incumbe também ao Patronato:

I – orientar os condenados à pena restritiva de direitos;

II – fiscalizar o cumprimento das penas de prestação de serviço à comunidade e de limitação de fim de semana;

III – colaborar na fiscalização do cumprimento das condições da suspensão e do livramento condicional.

CAPÍTULO VIII
DO CONSELHO DA COMUNIDADE

Art. 80. Haverá, em cada comarca, um Conselho da Comunidade composto, no mínimo, por 1 (um) representante de associação comercial ou industrial, 1 (um) advogado indicado pela Seção da Ordem dos Advogados do Brasil, 1 (um) Defensor Público indicado pelo Defensor Público Geral e 1 (um) assistente social escolhido pela Delegacia Seccional do Conselho Nacional de Assistentes Sociais.

Caput com redação dada pela Lei n. 12.313, de 19.08.2010.

Parágrafo único. Na falta da representação prevista neste artigo, ficará a critério do juiz da execução a escolha dos integrantes do Conselho.

Art. 81. Incumbe ao Conselho da Comunidade:

I – visitar, pelo menos mensalmente, os estabelecimentos penais existentes na comarca;

II – entrevistar presos;

III – apresentar relatórios mensais ao juiz da execução e ao Conselho Penitenciário;

IV – diligenciar a obtenção de recursos materiais e humanos para melhor assistência ao preso ou internado, em harmonia com a direção do estabelecimento.

CAPÍTULO IX
DA DEFENSORIA PÚBLICA

Capítulo acrescentado pela Lei n. 12.313, de 19.08.2010.

Art. 81-A. A Defensoria Pública velará pela regular execução da pena e da medida de segurança, oficiando, no processo executivo e nos incidentes da execução, para a defesa dos necessitados em todos os graus e instâncias, de forma individual e coletiva.

Artigo acrescentado pela Lei n. 12.313, de 19.08.2010.

Art. 81-B. Incumbe, ainda, à Defensoria Pública:

Artigo acrescentado pela Lei n. 12.313, de 19.08.2010.

I – requerer:

a) todas as providências necessárias ao desenvolvimento do processo executivo;

b) a aplicação aos casos julgados de lei posterior que de qualquer modo favorecer o condenado;

c) a declaração de extinção da punibilidade;

d) a unificação de penas;

e) a detração e remição da pena;

f) a instauração dos incidentes de excesso ou desvio de execução;

g) a aplicação de medida de segurança e sua revogação, bem como a substituição da pena por medida de segurança;

h) a conversão de penas, a progressão nos regimes, a suspensão condicional da pena, o livramento condicional, a comutação de pena e o indulto;

i) a autorização de saídas temporárias;

j) a internação, a desinternação e o restabelecimento da situação anterior;

k) o cumprimento de pena ou medida de segurança em outra comarca;

I) a remoção do condenado na hipótese prevista no § 1º do art. 86 desta Lei;

II – requerer a emissão anual do atestado de pena a cumprir;

III – interpor recursos de decisões proferidas pela autoridade judiciária ou administrativa durante a execução;

IV – representar ao Juiz da execução ou à autoridade administrativa para instauração de sindicância ou procedimento administrativo em caso de violação das normas referentes à execução penal;

V – visitar os estabelecimentos penais, tomando providências para o adequado funcionamento, e requerer, quando for o caso, a apuração de responsabilidade;

VI – requerer à autoridade competente a interdição, no todo ou em parte, de estabelecimento penal.

Parágrafo único. O órgão da Defensoria Pública visitará periodicamente os estabelecimentos penais, registrando a sua presença em livro próprio.

TÍTULO IV
DOS ESTABELECIMENTOS PENAIS

CAPÍTULO I
DISPOSIÇÕES GERAIS

Art. 82. Os estabelecimentos penais destinam-se ao condenado, ao submetido à medida de segurança, ao preso provisório e ao egresso.

§ 1º A mulher e o maior de 60 (sessenta) anos, separadamente, serão recolhidos a estabelecimento próprio e adequado à sua condição pessoal.

Parágrafo com redação dada pela Lei n. 9.460, de 04.06.1997.

§ 2º O mesmo conjunto arquitetônico poderá abrigar estabelecimentos de destinação diversa desde que devidamente isolados.

Art. 83. O estabelecimento penal, conforme a sua natureza, deverá contar em suas dependências com áreas e serviços destinados a dar assistência, educação, trabalho, recreação e prática esportiva.

§ 1º Haverá instalação destinada a estágio de estudantes universitários.

Parágrafo renumerado pela Lei n. 9.046, de 18.05.1995.

§ 2º Os estabelecimentos penais destinados a mulheres serão dotados de berçário, onde as condenadas possam cuidar de seus filhos, inclusive amamentá-los, no mínimo, até 6 (seis) meses de idade.

Parágrafo com redação dada pela Lei n. 11.942, de 28.05.2009.

§ 3º Os estabelecimentos de que trata o § 2º deste artigo deverão possuir, exclusivamente, agentes do sexo feminino na segurança de suas dependências internas.

Parágrafo acrescentado pela Lei n. 12.121, de 15.12.2009.

§ 4º Serão instaladas salas de aulas destinadas a cursos do ensino básico e profissionalizante.

Parágrafo acrescentado pela Lei n. 12.245, de 24.05.2010.

§ 5º Haverá instalação destinada à Defensoria Pública.

Parágrafo acrescentado pela Lei n. 12.313, de 19.08.2010.

Art. 83-A. Poderão ser objeto de execução indireta as atividades materiais acessórias, instrumentais ou complementares desenvolvidas em estabelecimentos penais, e notadamente:

Artigo acrescentado pela Lei n. 13.190, de 19.11.2015.

I – serviços de conservação, limpeza, informática, copeiragem, portaria, recepção, reprografia, telecomunicações, lavanderia e manutenção de prédios, instalações e equipamentos internos e externos;

II – serviços relacionados à execução de trabalho pelo preso.

§ 1º A execução indireta será realizada sob supervisão e fiscalização do poder público.

§ 2º Os serviços relacionados neste artigo poderão compreender o fornecimento de materiais, equipamentos, máquinas e profissionais.

Art. 83-B. São indelegáveis as funções de direção, chefia e coordenação no âmbito do sistema penal, bem como todas as atividades que exijam o exercício do poder de polícia, e notadamente:

Artigo acrescentado pela Lei n. 13.190, de 19.11.2015.

I – classificação de condenados;

II – aplicação de sanções disciplinares;

III – controle de rebeliões;

IV – transporte de presos para órgãos do Poder Judiciário, hospitais e outros locais externos aos estabelecimentos penais.

Art. 84. O preso provisório ficará separado do condenado por sentença transitada em julgado.

§ 1º Os presos provisórios ficarão separados de acordo com os seguintes critérios:

Parágrafo com redação dada pela Lei n. 13.167, de 06.10.2015.

I – acusados pela prática de crimes hediondos ou equiparados;

Inciso acrescentado pela Lei n. 13.167, de 06.10.2015.

II – acusados pela prática de crimes cometidos com violência ou grave ameaça à pessoa;

Inciso acrescentado pela Lei n. 13.167, de 06.10.2015.

III – acusados pela prática de outros crimes ou contravenções diversos dos apontados nos incisos I e II.

Inciso acrescentado pela Lei n. 13.167, de 06.10.2015.

§ 2º O preso que, ao tempo do fato, era funcionário da administração da justiça criminal ficará em dependência separada.

§ 3º Os presos condenados ficarão separados de acordo com os seguintes critérios:

Parágrafo acrescentado pela Lei n. 13.167, de 06.10.2015.

I – condenados pela prática de crimes hediondos ou equiparados;

Inciso acrescentado pela Lei n. 13.167, de 06.10.2015.

II – reincidentes condenados pela prática de crimes cometidos com violência ou grave ameaça à pessoa;

Inciso acrescentado pela Lei n. 13.167, de 06.10.2015.

III – primários condenados pela prática de crimes cometidos com violência ou grave ameaça à pessoa;

Inciso acrescentado pela Lei n. 13.167, de 06.10.2015.

IV – demais condenados pela prática de outros crimes ou contravenções em situação diversa das previstas nos incisos I, II e III.

Inciso acrescentado pela Lei n. 13.167, de 06.10.2015.

§ 4º O preso que tiver sua integridade física, moral ou psicológica ameaçada pela convivência com os demais presos ficará segregado em local próprio.

Parágrafo acrescentado pela Lei n. 13.167, de 06.10.2015.

Art. 85. O estabelecimento penal deverá ter lotação compatível com a sua estrutura e finalidade.

Parágrafo único. O Conselho Nacional de Política Criminal e Penitenciária determinará o limite máximo de capacidade do estabelecimento, atendendo a sua natureza e peculiaridades.

Art. 86. As penas privativas de liberdade aplicadas pela justiça de uma unidade federativa podem ser executadas em outra unidade, em estabelecimento local ou da União.

§ 1º A União Federal poderá construir estabelecimento penal em local distante da condenação para recolher os condenados, quando a medida se justifique no interesse da segurança pública ou do próprio condenado.

Parágrafo com redação dada pela Lei n. 10.792, de 01.12.2003.

Veja art. 81-B, *I*, desta Lei.

§ 2º Conforme a natureza do estabelecimento, nele poderão trabalhar os liberados ou egressos que se dediquem a obras públicas ou ao aproveitamento de terras ociosas.

§ 3º Caberá ao juiz competente, a requerimento da autoridade administrativa definir o estabelecimento prisional adequado para abrigar o preso provisório ou condenado, em atenção ao regime e aos requisitos estabelecidos.

Parágrafo acrescentado pela Lei n. 10.792, de 01.12.2003.

CAPÍTULO II
DA PENITENCIÁRIA

Art. 87. A penitenciária destina-se ao condenado à pena de reclusão, em regime fechado.

Parágrafo único. A União Federal, os Estados, o Distrito Federal e os Territórios poderão construir Penitenciárias destinadas, exclusivamente, aos presos provisórios e condenados que estejam em regime fechado, sujeitos ao regime disciplinar diferenciado, nos termos do art. 52 desta Lei.

Parágrafo acrescentado pela Lei n. 10.792, de 01.12.2003.

Art. 88. O condenado será alojado em cela individual que conterá dormitório, aparelho sanitário e lavatório.

Parágrafo único. São requisitos básicos da unidade celular:

a) salubridade do ambiente pela concorrência dos fatores de aeração, insolação e condicionamento térmico adequado à existência humana;

b) área mínima de 6 m^2 (seis metros quadrados).

Art. 89. Além dos requisitos referidos no art. 88, a penitenciária de mulheres será dotada de seção para gestante e parturiente e de creche para abrigar crianças maiores de 6 (seis) meses e menores de 7 (sete) anos, com a finalidade de assistir a criança desamparada cuja responsável estiver presa.

Caput com redação dada pela Lei n. 11.942, de 28.05.2009.

Parágrafo único. São requisitos básicos da seção e da creche referidas neste artigo:

Parágrafo acrescentado pela Lei n. 11.942, de 28.05.2009.

I – atendimento por pessoal qualificado, de acordo com as diretrizes adotadas pela legislação educacional e em unidades autônomas; e

Inciso acrescentado pela Lei n. 11.942, de 28.05.2009.

II – horário de funcionamento que garanta a melhor assistência à criança e à sua responsável.

Inciso acrescentado pela Lei n. 11.942, de 28.05.2009.

Art. 90. A penitenciária de homens será construída em local afastado do centro urbano a distância que não restrinja a visitação.

CAPÍTULO III
DA COLÔNIA AGRÍCOLA, INDUSTRIAL OU SIMILAR

Art. 91. A Colônia Agrícola, Industrial ou similar destina-se ao cumprimento da pena em regime semiaberto.

Art. 92. O condenado poderá ser alojado em compartimento coletivo, observados os requisitos da letra *a* do parágrafo único do art. 88 desta Lei.

Parágrafo único. São também requisitos básicos das dependências coletivas:

a) a seleção adequada dos presos;

b) o limite de capacidade máxima que atenda os objetivos de individualização da pena.

CAPÍTULO IV
DA CASA DO ALBERGADO

Art. 93. A Casa do Albergado destina-se ao cumprimento de pena privativa de liberdade, em regime aberto, e da pena de limitação de fim de semana.

Art. 94. O prédio deverá situar-se em centro urbano, separado dos demais estabelecimentos, e caracterizar-se pela ausência de obstáculos físicos contra a fuga.

Art. 95. Em cada região haverá, pelo menos, uma Casa de Albergado, a qual deverá conter, além dos aposentos para acomodar os presos, local adequado para cursos e palestras.

Parágrafo único. O estabelecimento terá instalações para os serviços de fiscalização e orientação dos condenados.

CAPÍTULO V
DO CENTRO DE OBSERVAÇÃO

Art. 96. No Centro de Observação realizar-se-ão os exames gerais e o criminológico, cujos resultados serão encaminhados à Comissão Técnica de Classificação.

Parágrafo único. No Centro poderão ser realizadas pesquisas criminológicas.

Art. 97. O Centro de Observação será instalado em unidade autônoma ou em anexo a estabelecimento penal.

Veja art. 101 desta Lei.

Art. 98. Os exames poderão ser realizados pela Comissão Técnica de Classificação, na falta do Centro de Observação.

CAPÍTULO VI
DO HOSPITAL DE CUSTÓDIA E TRATAMENTO PSIQUIÁTRICO

Art. 99. O Hospital de Custódia e Tratamento Psiquiátrico destina-se aos inimputáveis e semi-imputáveis referidos no art. 26 e seu parágrafo único do Código Penal.

Parágrafo único. Aplica-se ao Hospital, no que couber, o disposto no parágrafo único do art. 88 desta Lei.

Art. 100. O exame psiquiátrico e os demais exames necessários ao tratamento são obrigatórios para todos os internados.

Art. 101. O tratamento ambulatorial, previsto no art. 97, segunda parte, do Código Penal, será realizado no Hospital de Custódia e Tratamento Psiquiátrico ou em outro local com dependência médica adequada.

CAPÍTULO VII
DA CADEIA PÚBLICA

Art. 102. A Cadeia Pública destina-se ao recolhimento de presos provisórios.

Art. 103. Cada comarca terá, pelo menos, uma Cadeia Pública a fim de resguardar o interesse da administração da justiça criminal e a permanência do preso em local próximo ao seu meio social e familiar.

Art. 104. O estabelecimento de que trata este Capítulo será instalado próximo de centro urbano, observando-se na construção as exigências mínimas referidas no art. 88 e seu parágrafo único desta Lei.

TÍTULO V
DA EXECUÇÃO DAS PENAS EM ESPÉCIE

CAPÍTULO I
DAS PENAS PRIVATIVAS DE LIBERDADE

Seção I
Disposições Gerais

Art. 105. Transitando em julgado a sentença que aplicar pena privativa de liberdade, se o réu estiver ou vier a ser preso, o juiz ordenará a expedição de guia de recolhimento para a execução.

Art. 106. A guia de recolhimento, extraída pelo escrivão, que a rubricará em todas as folhas e a assinará com o juiz, será remetida à autoridade administrativa incumbida da execução e conterá:

I – o nome do condenado;

II – a sua qualificação civil e o número do registro geral no órgão oficial de identificação;

III – o inteiro teor da denúncia e da sentença condenatória, bem como certidão do trânsito em julgado;

IV – a informação sobre os antecedentes e o grau de instrução;

V – a data da terminação da pena;

VI – outras peças do processo reputadas indispensáveis ao adequado tratamento penitenciário.

§ 1º Ao Ministério Público se dará ciência da guia de recolhimento.

§ 2º A guia de recolhimento será retificada sempre que sobrevier modificação quanto ao início da execução, ou ao tempo de duração da pena.

§ 3º Se o condenado, ao tempo do fato, era funcionário da administração da justiça criminal, far-se-á, na guia, menção dessa circunstância, para fins do disposto no § 2º do art. 84 desta Lei.

Art. 107. Ninguém será recolhido, para cumprimento de pena privativa de liberdade, sem a guia expedida pela autoridade judiciária.

§ 1º A autoridade administrativa incumbida da execução passará recibo da guia de recolhimento, para juntá-la aos autos do processo, e dará ciência dos seus termos ao condenado.

§ 2º As guias de recolhimento serão registradas em livro especial, segundo a ordem cronológica do recebimento, e anexadas ao prontuário do condenado, aditando-se, no curso da execução, o cálculo das remições e de outras retificações posteriores.

Art. 108. O condenado a quem sobrevier doença mental será internado em Hospital de Custódia e Tratamento Psiquiátrico.

Art. 109. Cumprida ou extinta a pena, o condenado será posto em liberdade, mediante alvará do juiz, se por outro motivo não estiver preso.

Seção II
Dos Regimes

Art. 110. O juiz, na sentença, estabelecerá o regime no qual o condenado iniciará o cumprimento da pena privativa de liberdade, observado o disposto no art. 33 e seus parágrafos do Código Penal.

Art. 111. Quando houver condenação por mais de um crime, no mesmo processo ou em processos distintos, a determinação do regime de cumprimento será feita pelo resultado da soma ou unificação das penas, observada, quando for o caso, a detração ou remição.

Parágrafo único. Sobrevindo condenação no curso da execução, somar-se-á pena ao restante da que está sendo cumprida, para determinação do regime.

Art. 112. A pena privativa de liberdade será executada em forma progressiva com a transferência para regime menos rigoroso, a ser determinada pelo juiz, quando o preso tiver cumprido ao menos:

Caput com redação dada pela Lei n. 13.964, de 24.12.2019.

I – 16% (dezesseis por cento) da pena, se o apenado for primário e o crime tiver sido cometido sem violência à pessoa ou grave ameaça;

Inciso acrescentado pela Lei n. 13.964, de 24.12.2019.

II – 20% (vinte por cento) da pena, se o apenado for reincidente em crime cometido sem violência à pessoa ou grave ameaça;

Inciso acrescentado pela Lei n. 13.964, de 24.12.2019.

III – 25% (vinte e cinco por cento) da pena, se o apenado for primário e o crime tiver sido cometido com violência à pessoa ou grave ameaça;

Inciso acrescentado pela Lei n. 13.964, de 24.12.2019.

IV – 30% (trinta por cento) da pena, se o apenado for reincidente em crime cometido com violência à pessoa ou grave ameaça;

Inciso acrescentado pela Lei n. 13.964, de 24.12.2019.

V – 40% (quarenta por cento) da pena, se o apenado for condenado pela prática de crime hediondo ou equiparado, se for primário;

Inciso acrescentado pela Lei n. 13.964, de 24.12.2019.

VI – 50% (cinquenta por cento) da pena, se o apenado for:

Inciso e alíneas acrescentados pela Lei n. 13.964, de 24.12.2019.

a) condenado pela prática de crime hediondo ou equiparado, com resultado morte, se for primário, vedado o livramento condicional;

b) condenado por exercer o comando, individual ou coletivo, de organização criminosa estruturada para a prática de crime hediondo ou equiparado; ou

c) condenado pela prática do crime de constituição de milícia privada;

VII – 60% (sessenta por cento) da pena, se o apenado for reincidente na prática de crime hediondo ou equiparado;

Inciso acrescentado pela Lei n. 13.964, de 24.12.2019.

VIII – 70% (setenta por cento) da pena, se o apenado for reincidente em crime hediondo ou equiparado com resultado morte, vedado o livramento condicional.

Inciso acrescentado pela Lei n. 13.964, de 24.12.2019.

§ 1º Em todos os casos, o apenado só terá direito à progressão de regime se ostentar boa conduta carcerária, comprovada pelo diretor do estabelecimento, respeitadas as normas que vedam a progressão.

Parágrafo com redação dada pela Lei n. 13.964, de 24.12.2019.

§ 2º A decisão do juiz que determinar a progressão de regime será sempre motivada e precedida de manifestação do Ministério Público e do defensor, procedimento que também será adotado na concessão de livramento condicional, indulto e comutação de penas, respeitados os prazos previstos nas normas vigentes.

Parágrafo com redação dada pela Lei n. 13.964, de 24.12.2019.

§ 3º No caso de mulher gestante ou que for mãe ou responsável por crianças ou pessoas com deficiência, os requisitos para progressão de regime são, cumulativamente:

Parágrafo e incisos acrescentados pela Lei n. 13.769, de 19.12.2018.

I – não ter cometido crime com violência ou grave ameaça a pessoa;

II – não ter cometido o crime contra seu filho ou dependente;

III – ter cumprido ao menos 1/8 (um oitavo) da pena no regime anterior;

IV – ser primária e ter bom comportamento carcerário, comprovado pelo diretor do estabelecimento;

V – não ter integrado organização criminosa.

§ 4º O cometimento de novo crime doloso ou falta grave implicará a revogação do benefício previsto no § 3º deste artigo.

Parágrafo acrescentado pela Lei n. 13.769, de 19.12.2018.

§ 5º Não se considera hediondo ou equiparado, para os fins deste artigo, o crime de tráfico de drogas previsto no § 4º do art. 33 da Lei n. 11.343, de 23 de agosto de 2006.

Parágrafo acrescentado pela Lei n. 13.964, de 24.12.2019.

§ 6º O cometimento de falta grave durante a execução da pena privativa de liberdade interrompe o prazo para a obtenção da progressão no regime de cumprimento da pena, caso em que o reinício da contagem do requisito objetivo terá como base a pena remanescente.

Parágrafo acrescentado pela Lei n. 13.964, de 24.12.2019.

§ 7º O bom comportamento é readquirido após 1 (um) ano da ocorrência do fato, ou antes, após o cumprimento do requisito temporal exigível para a obtenção do direito.

Parágrafo acrescentado pela Lei n. 13.964, de 24.12.2019.

Art. 113. O ingresso do condenado em regime aberto supõe a aceitação de seu programa e das condições impostas pelo juiz.

Art. 114. Somente poderá ingressar no regime aberto o condenado que:

I – estiver trabalhando ou comprovar a possibilidade de fazê-lo imediatamente;

II – apresentar, pelos seus antecedentes ou pelo resultado dos exames a que foi submetido, fundados indícios de que irá ajustar-se, com autodisciplina e senso de responsabilidade, ao novo regime.

Parágrafo único. Poderão ser dispensadas do trabalho as pessoas referidas no art. 117 desta Lei.

Art. 115. O juiz poderá estabelecer condições especiais para a concessão de regime aberto, sem prejuízo das seguintes condições gerais e obrigatórias:

I – permanecer no local que for designado, durante o repouso e nos dias de folga;

II – sair para o trabalho e retornar, nos horários fixados;

III – não se ausentar da cidade onde reside, sem autorização judicial;

IV – comparecer a juízo, para informar e justificar as suas atividades, quando for determinado.

Art. 116. O juiz poderá modificar as condições estabelecidas, de ofício, a requerimento do Ministério Público, da autoridade administrativa ou do condenado, desde que as circunstâncias assim o recomendem.

Art. 117. Somente se admitirá o recolhimento do beneficiário de regime aberto em residência particular quando se tratar de:

Veja arts. 317 e 318, CPP.

I – condenado maior de 70 (setenta) anos;

II – condenado acometido de doença grave;

III – condenada com filho menor ou deficiente físico ou mental;

IV – condenada gestante.

Art. 118. A execução da pena privativa de liberdade ficará sujeita à forma regressiva, com a transferência para qualquer dos regimes mais rigorosos, quando o condenado:

I – praticar fato definido como crime doloso ou falta grave;

II – sofrer condenação, por crime anterior, cuja pena, somada ao restante da pena em execução, torne incabível o regime (art. 111).

§ 1º O condenado será transferido do regime aberto se, além das hipóteses referidas nos incisos anteriores, frustrar os fins da execução ou não pagar, podendo, a multa cumulativamente imposta.

§ 2º Nas hipóteses do inciso I e do parágrafo anterior, deverá ser ouvido, previamente, o condenado.

Art. 119. A legislação local poderá estabelecer normas complementares para o cumprimento da pena privativa de liberdade em regime aberto (art. 36, § 1º, do Código Penal).

Seção III
Das Autorizações de Saída

Subseção I
Da Permissão de Saída

Art. 120. Os condenados que cumprem pena em regime fechado ou semiaberto e os presos provisórios poderão obter permissão para sair do estabelecimento, mediante escolta, quando ocorrer um dos seguintes fatos:

I – falecimento ou doença grave do cônjuge, companheira, ascendente, descendente ou irmão;

II – necessidade de tratamento médico (parágrafo único do art. 14).

O correto parece ser art. 14, § 2º, em vez de art. 14, parágrafo único.

Parágrafo único. A permissão de saída será concedida pelo diretor do estabelecimento onde se encontra o preso.

Art. 121. A permanência do preso fora do estabelecimento terá duração necessária à finalidade da saída.

Subseção II
Da Saída Temporária

Art. 122. Os condenados que cumprem pena em regime semiaberto poderão obter autorização para saída temporária do estabelecimento, sem vigilância direta, nos seguintes casos:

I – visita à família;

II – frequência a curso supletivo profissionalizante, bem como de instrução do segundo grau ou superior, na comarca do Juízo da Execução;

III – participação em atividades que concorram para o retorno ao convívio social.

§ 1º A ausência de vigilância direta não impede a utilização de equipamento de monitoração eletrônica pelo condenado, quando assim determinar o juiz da execução.

Antigo parágrafo único renumerado pela Lei n. 13.964, de 24.12.2019.

§ 2º Não terá direito à saída temporária a que se refere o *caput* deste artigo o condenado que cumpre pena por praticar crime hediondo com resultado morte.

Parágrafo acrescentado pela Lei n. 13.964, de 24.12.2019.

Art. 123. A autorização será concedida por ato motivado do juiz da execução, ouvidos o Ministério Público e a administração penitenciária, e dependerá da satisfação dos seguintes requisitos:

I – comportamento adequado;

II – cumprimento mínimo de um sexto da pena, se o condenado for primário, e um quarto, se reincidente;

III – compatibilidade do benefício com os objetivos da pena.

Art. 124. A autorização será concedida por prazo não superior a 7 (sete) dias, podendo ser renovada por mais quatro vezes durante o ano.

§ 1º Ao conceder a saída temporária, o juiz imporá ao beneficiário as seguintes condições, entre outras que entender compatíveis com as circunstâncias do caso e a situação pessoal do condenado:

Parágrafo e incisos acrescentados pela Lei n. 12.258, de 15.06.2010.

I – fornecimento do endereço onde reside a família a ser visitada ou onde poderá ser encontrado durante o gozo do benefício;

II – recolhimento à residência visitada, no período noturno;

III – proibição de frequentar bares, casas noturnas e estabelecimentos congêneres.

§ 2º Quando se tratar de frequência a curso profissionalizante, de instrução de ensino médio ou superior, o tempo de saída será o necessário para o cumprimento das atividades discentes.

Antigo parágrafo único renumerado e com redação dada pela Lei n. 12.258, de 15.06.2010.

§ 3º Nos demais casos, as autorizações de saída somente poderão ser concedidas com prazo mínimo de 45 (quarenta e cinco) dias de intervalo entre uma e outra.

Parágrafo acrescentado pela Lei n. 12.258, de 15.06.2010.

Art. 125. O benefício será automaticamente revogado quando o condenado praticar fato definido como crime doloso, for punido por falta grave, desatender as condições impostas na autorização ou revelar baixo grau de aproveitamento do curso.

Veja art. 48, parágrafo único, desta Lei.

Parágrafo único. A recuperação do direito à saída temporária dependerá da absolvição no processo penal, do cancelamento da punição disciplinar ou da demonstração do merecimento do condenado.

Seção IV
Da Remição

Art. 126. O condenado que cumpre a pena em regime fechado ou semiaberto poderá remir, por trabalho ou por estudo, parte do tempo de execução da pena.

Caput com redação dada pela Lei n. 12.433, de 29.06.2011.

Veja Súmula n. 341, STJ.

§ 1º A contagem de tempo referida no *caput* será feita à razão de:

Parágrafo com redação dada e incisos acrescentados pela Lei n. 12.433, de 29.06.2011.

I – 1 (um) dia de pena a cada 12 (doze) horas de frequência escolar – atividade de ensino fundamental, médio, inclusive profissionalizante, ou superior, ou ainda de requalificação profissional – divididas, no mínimo, em 3 (três) dias;

II – 1 (um) dia de pena a cada 3 (três) dias de trabalho.

§ 2º As atividades de estudo a que se refere o § 1º deste artigo poderão ser desenvolvidas de forma presencial ou por metodologia de ensino a distância e deverão ser certificadas pelas autoridades educacionais competentes dos cursos frequentados.

Parágrafo com redação dada pela Lei n. 12.433, de 29.06.2011.

§ 3º Para fins de cumulação dos casos de remição, as horas diárias de trabalho e de estudo serão definidas de forma a se compatibilizarem.

Parágrafo com redação dada pela Lei n. 12.433, de 29.06.2011.

§ 4º O preso impossibilitado, por acidente, de prosseguir no trabalho ou nos estudos continuará a beneficiar-se com a remição.

Parágrafo acrescentado pela Lei n. 12.433, de 29.06.2011.

§ 5º O tempo a remir em função das horas de estudo será acrescido de 1/3 (um terço) no caso de conclusão do ensino fundamental, médio ou superior durante o cumprimento da pena, desde que certificada pelo órgão competente do sistema de educação.

Parágrafo acrescentado pela Lei n. 12.433, de 29.06.2011.

§ 6º O condenado que cumpre pena em regime aberto ou semiaberto e o que usufrui liberdade condicional poderão remir, pela frequência a curso de ensino regular ou de educação profissional, parte do tempo de execução da pena ou do período de prova, observado o disposto no inciso I do § 1º deste artigo.

Parágrafo acrescentado pela Lei n. 12.433, de 29.06.2011.

§ 7º O disposto neste artigo aplica-se às hipóteses de prisão cautelar.

Parágrafo acrescentado pela Lei n. 12.433, de 29.06.2011.

§ 8º A remição será declarada pelo juiz da execução, ouvidos o Ministério Público e a defesa.

Parágrafo acrescentado pela Lei n. 12.433, de 29.06.2011.

Art. 127. Em caso de falta grave, o juiz poderá revogar até 1/3 (um terço) do tempo remido, observado o disposto no art. 57, recomeçando a contagem a partir da data da infração disciplinar.

Artigo com redação dada pela Lei n. 12.433, de 29.06.2011.

Veja art. 48, parágrafo único, desta Lei.

Veja Súmula vinculante n. 9, STF.

Art. 128. O tempo remido será computado como pena cumprida, para todos os efeitos.

Artigo com redação dada pela Lei n. 12.433, de 29.06.2011.

Art. 129. A autoridade administrativa encaminhará mensalmente ao juízo da execução cópia do registro de todos os condenados que estejam trabalhando ou estudando, com informação dos dias de trabalho ou das horas de frequência escolar ou de atividades de ensino de cada um deles.

Caput com redação dada pela Lei n. 12.433, de 29.06.2011.

§ 1º O condenado autorizado a estudar fora do estabelecimento penal deverá comprovar mensalmente, por meio de declaração da respectiva unidade de ensino, a frequência e o aproveitamento escolar.

Parágrafo acrescentado pela Lei n. 12.433, de 29.06.2011.

§ 2º Ao condenado dar-se-á a relação de seus dias remidos.

Antigo parágrafo único renumerado e com redação dada pela Lei n. 12.433, de 29.06.2011.

Art. 130. Constitui o crime do art. 299 do Código Penal declarar ou atestar falsamente prestação de serviço para fim de instruir pedido de remição.

Seção V
Do Livramento Condicional

Art. 131. O livramento condicional poderá ser concedido pelo juiz da execução, presentes os requisitos do art. 83, incisos e parágrafo único, do Código Penal, ouvidos o Ministério Público e o Conselho Penitenciário.

Veja Súmula n. 715, STF.
Veja Súmula n. 441, STJ.

Art. 132. Deferido o pedido, o juiz especificará as condições a que fica subordinado o livramento.

§ 1º Serão sempre impostas ao liberado condicional as obrigações seguintes:

a) obter ocupação lícita, dentro de prazo razoável se for apto para o trabalho;

b) comunicar periodicamente ao juiz sua ocupação;

c) não mudar do território da comarca do Juízo da Execução, sem prévia autorização deste.

§ 2º Poderão ainda ser impostas ao liberado condicional, entre outras obrigações, as seguintes:

a) não mudar de residência sem comunicação ao juiz e à autoridade incumbida da observação cautelar e de proteção;

b) recolher-se à habitação em hora fixada;

c) não frequentar determinados lugares.

Art. 133. Se for permitido ao liberado residir fora da comarca do Juízo da Execução, remeter-se-á cópia da sentença do livramento ao juízo do lugar para onde ele se houver transferido e à autoridade incumbida da observação cautelar e de proteção.

Art. 134. O liberado será advertido da obrigação de apresentar-se imediatamente às autoridades referidas no artigo anterior.

Art. 135. Reformada a sentença denegatória do livramento, os autos baixarão ao Juízo da Execução, para as providências cabíveis.

Art. 136. Concedido o benefício, será expedida a carta de livramento com a cópia integral da sentença em duas vias, remetendo-se uma à autoridade administrativa incumbida da execução e outra ao Conselho Penitenciário.

Art. 137. A cerimônia do livramento condicional será realizada solenemente no dia marcado pelo presidente do Conselho Penitenciário, no estabelecimento onde está sendo cumprida a pena, observando-se o seguinte:

I – a sentença será lida ao liberando, na presença dos demais condenados, pelo presidente do Conselho Penitenciário ou membro por ele designado, ou, na falta, pelo juiz;

II – a autoridade administrativa chamará a atenção do liberando para as condições impostas na sentença de livramento;

III – o liberando declarará se aceita as condições.

§ 1º De tudo, em livro próprio, será lavrado termo subscrito por quem presidir a cerimônia e pelo liberando, ou alguém a seu rogo, se não souber ou não puder escrever.

§ 2º Cópia desse termo deverá ser remetida ao juiz da execução.

Art. 138. Ao sair o liberado do estabelecimento penal, ser-lhe-á entregue, além do saldo de seu pecúlio e do que lhe pertencer, uma caderneta, que exibirá à autoridade judiciária ou administrativa, sempre que lhe for exigida.

§ 1º A caderneta conterá:

a) a identificação do liberado;

b) o texto impresso do presente Capítulo;

c) as condições impostas.

§ 2º Na falta de caderneta, será entregue ao liberado um salvo-conduto, em que constem as condições do livramento, podendo substituir-se a ficha de identificação ou o seu retrato pela descrição dos sinais que possam identificá-lo.

§ 3º Na caderneta e no salvo-conduto deverá haver espaço para consignar-se o cumprimento das condições referidas no art. 132 desta Lei.

Art. 139. A observação cautelar e a proteção realizadas por serviço social penitenciário, Patronato ou Conselho da Comunidade terão a finalidade de:

I – fazer observar o cumprimento das condições especificadas na sentença concessiva do benefício;

II – proteger o beneficiário, orientando-o na execução de suas obrigações e auxiliando-o na obtenção de atividade laborativa.

Parágrafo único. A entidade encarregada da observação cautelar e da proteção do liberado apresentará relatório ao Conselho Penitenciário, para efeito da representação prevista nos arts. 143 e 144 desta Lei.

Art. 140. A revogação do livramento condicional dar-se-á nas hipóteses previstas nos arts. 86 e 87 do Código Penal.

Parágrafo único. Mantido o livramento condicional, na hipótese da revogação facultativa, o juiz deverá advertir o liberado ou agravar as condições.

Art. 141. Se a revogação for motivada por infração penal anterior à vigência do livramento, computar-se-á como tempo de cumprimento da pena o período de prova, sendo permitida, para a concessão de novo livramento, a soma do tempo das duas penas.

Art. 142. No caso de revogação por outro motivo, não se computará na pena o tempo em que esteve solto o liberado, e tampouco se concederá, em relação à mesma pena, novo livramento.

Art. 143. A revogação será decretada a requerimento do Ministério Público, mediante representação do Conselho Penitenciário, ou de ofício, pelo juiz, ouvido o liberado.

Art. 144. O Juiz, de ofício, a requerimento do Ministério Público, da Defensoria Pública ou mediante representação do Conselho Penitenciário, e ouvido o liberado, poderá modificar as condições especificadas na sentença, devendo o respectivo ato decisório ser lido ao liberado por uma das autoridades ou funcionários indicados no inciso I do *caput* do art. 137 desta Lei, observado o disposto nos incisos II e III e §§ 1º e 2º do mesmo artigo.

Artigo com redação dada pela Lei n. 12.313, de 19.08.2010.

Art. 145. Praticada pelo liberado outra infração penal, o juiz poderá ordenar a sua prisão, ouvidos o Conselho Penitenciário e o Ministério Público, suspendendo o curso do livramento condicional, cuja revogação, entretanto, ficará dependendo da decisão final.

Art. 146. O juiz, de ofício, a requerimento do interessado, do Ministério Público ou mediante representação do Conselho Penitenciário, julgará extinta a pena privativa de liberdade, se expirar o prazo do livramento sem revogação.

Seção VI
Da Monitoração Eletrônica

Seção acrescentada pela Lei n. 12.258, de 15.06.2010.

Veja Decreto n. 7.627, de 24.11.2011 (regulamentação).

Art. 146-A. *(Vetado.)*

Artigo acrescentado pela Lei n. 12.258, de 15.06.2010.

Art. 146-B. O juiz poderá definir a fiscalização por meio da monitoração eletrônica quando:

Artigo acrescentado pela Lei n. 12.258, de 15.06.2010.

I – *(vetado)*

II – autorizar a saída temporária no regime semiaberto;

III – *(vetado)*

IV – determinar a prisão domiciliar;

V – *(vetado)*

Parágrafo único. *(Vetado.)*

Art. 146-C. O condenado será instruído acerca dos cuidados que deverá adotar com o equipamento eletrônico e dos seguintes deveres:

Artigo acrescentado pela Lei n. 12.258, de 15.06.2010.

I – receber visitas do servidor responsável pela monitoração eletrônica, responder aos seus contatos e cumprir suas orientações;

II – abster-se de remover, de violar, de modificar, de danificar de qualquer forma o dispositivo de monitoração eletrônica ou de permitir que outrem o faça;

III – *(vetado)*

Parágrafo único. A violação comprovada dos deveres previstos neste artigo poderá acarretar, a critério do juiz da execução, ouvidos o Ministério Público e a defesa:

I – a regressão do regime;

II – a revogação da autorização de saída temporária;

III a V – *(vetados)*

VI – a revogação da prisão domiciliar;

VII – advertência, por escrito, para todos os casos em que o juiz da execução decida não aplicar alguma das medidas previstas nos incisos de I a VI deste parágrafo.

Art. 146-D. A monitoração eletrônica poderá ser revogada:

Artigo acrescentado pela Lei n. 12.258, de 15.06.2010.

I – quando se tornar desnecessária ou inadequada;

II – se o acusado ou condenado violar os deveres a que estiver sujeito durante a sua vigência ou cometer falta grave.

CAPÍTULO II
DAS PENAS RESTRITIVAS DE DIREITOS

Veja art. 43, CP.
Veja Lei n. 9.714, de 25.11.1998.

Seção I
Disposições Gerais

Art. 147. Transitada em julgado a sentença que aplicou a pena restritiva de direitos, o juiz de execução, de ofício ou a requerimento do Ministério Público, promoverá a execução, podendo, para tanto, requisitar, quando necessário, a colaboração de entidades públicas ou solicitá-la a particulares.

Art. 148. Em qualquer fase da execução, poderá o juiz, motivadamente, alterar a forma de cumprimento das penas de prestação de serviços à comunidade e de limitação de fim de semana, ajustando-as às condições pessoais do condenado e às características do estabelecimento, da entidade ou do programa comunitário ou estatal.

Seção II
Da Prestação de Serviços à Comunidade

Art. 149. Caberá ao juiz da execução:

I – designar a entidade ou programa comunitário ou estatal, devidamente credenciado ou convencionado, junto ao qual o condenado deverá trabalhar gratuitamente, de acordo com as suas aptidões;

II – determinar a intimação do condenado, cientificando-o da entidade, dias e horário em que deverá cumprir a pena;

III – alterar a forma de execução, a fim de ajustá-la às modificações ocorridas na jornada de trabalho.

§ 1º O trabalho terá a duração de 8 (oito) horas semanais e será realizado aos sábados, domingos e feriados, ou em dias úteis, de modo a não prejudicar a jornada normal de trabalho, nos horários estabelecidos pelo juiz.

§ 2º A execução terá início a partir da data do primeiro comparecimento.

Art. 150. A entidade beneficiada com a prestação de serviços encaminhará mensalmente, ao juiz da execução, relatório circunstanciado das atividades do condenado, bem como, a qualquer tempo, comunicação sobre ausência ou falta disciplinar.

Seção III
Da Limitação de Fim de Semana

Art. 151. Caberá ao juiz da execução determinar a intimação do condenado, cientificando-o do local, dias e horário em que deverá cumprir a pena.

Parágrafo único. A execução terá início a partir da data do primeiro comparecimento.

Art. 152. Poderão ser ministrados ao condenado, durante o tempo de permanência, cursos e palestras, ou atribuídas atividades educativas.

Parágrafo único. Nos casos de violência doméstica contra a mulher, o juiz poderá determinar o comparecimento obrigatório do agressor a programas de recuperação e reeducação.

Parágrafo acrescentado pela Lei n. 11.340, de 07.08.2006.

Art. 153. O estabelecimento designado encaminhará, mensalmente, ao juiz da execução, relatório, bem assim comunicará, a qualquer tempo, a ausência ou falta disciplinar do condenado.

Seção IV
Da Interdição Temporária de Direitos

Art. 154. Caberá ao juiz da execução comunicar à autoridade competente a pena aplicada, determinada a intimação do condenado.

§ 1º Na hipótese de pena de interdição do art. 47, I, do Código Penal, a autoridade deverá, em 24 (vinte e quatro) horas, contadas do recebimento do ofício, baixar ato, a partir do qual a execução terá seu início.

§ 2º Nas hipóteses do art. 47, II e III, do Código Penal, o Juízo da Execução determinará a apreensão dos documentos, que autorizam o exercício do direito interditado.

Art. 155. A autoridade deverá comunicar imediatamente ao juiz da execução o descumprimento da pena.

Parágrafo único. A comunicação prevista neste artigo poderá ser feita por qualquer prejudicado.

CAPÍTULO III
DA SUSPENSÃO CONDICIONAL

Art. 156. O juiz poderá suspender, pelo período de 2 (dois) a 4 (quatro) anos, a execução da pena privativa de liberdade, não superior a 2 (dois) anos, na forma prevista nos arts. 77 a 82 do Código Penal.

Art. 157. O juiz ou tribunal, na sentença que aplicar pena privativa de liberdade, na situação determinada no artigo anterior, deverá pronunciar-se, motivadamente, sobre a suspensão condicional, quer a conceda, quer a denegue.

Art. 158. Concedida a suspensão, o juiz especificará as condições a que fica sujeito o condenado, pelo prazo fixado, começando este a correr da audiência prevista no art. 160 desta Lei.

§ 1º As condições serão adequadas ao fato e à situação pessoal do condenado, devendo ser incluída entre as mesmas a de prestar serviços à comunidade, ou limitação de fim de semana, salvo hipótese do art. 78, § 2º, do Código Penal.

§ 2º O juiz poderá, a qualquer tempo, de ofício, a requerimento do Ministério Público ou mediante proposta do Conselho Penitenciário, modificar as condições e regras estabelecidas na sentença, ouvido o condenado.

§ 3º A fiscalização do cumprimento das condições, regulada nos Estados, Territórios e Distrito Federal por normas supletivas, será atribuída a serviço social penitenciário, Patronato, Conselho da Comunidade ou instituição beneficiada com a prestação de serviços, inspecionados pelo Conselho Penitenciário, pelo Ministério Público, ou ambos, devendo o juiz da execução suprir, por ato, a falta das normas supletivas.

§ 4º O beneficiário, ao comparecer periodicamente à entidade fiscalizadora, para comprovar a observância das condições a que está sujeito, comunicará, também, a sua ocupação e os salários ou proventos de que vive.

§ 5º A entidade fiscalizadora deverá comunicar imediatamente ao órgão de inspeção, para os fins legais, qualquer fato capaz de acarretar a revogação do benefício, a prorrogação do prazo ou a modificação das condições.

§ 6º Se for permitido ao beneficiário mudar-se, será feita comunicação ao juiz e à entidade fiscalizadora do local da nova residência, aos quais o primeiro deverá apresentar-se imediatamente.

Art. 159. Quando a suspensão condicional da pena for concedida por tribunal, a este caberá estabelecer as condições do benefício.

§ 1º De igual modo proceder-se-á quando o tribunal modificar as condições estabelecidas na sentença recorrida.

§ 2º O tribunal, ao conceder a suspensão condicional da pena, poderá, todavia, conferir ao Juízo da Execução a incumbência de estabelecer as condições do benefício, e, em qualquer caso, a de realizar a audiência admonitória.

Art. 160. Transitada em julgado a sentença condenatória, o juiz a lerá ao condenado, em audiência, advertindo-o das consequências de nova infração penal e do descumprimento das condições impostas.

Art. 161. Se, intimado pessoalmente ou por edital com prazo de 20 (vinte) dias, o réu não comparecer injustificadamente à audiência admonitória, a suspensão ficará sem efeito e será executada imediatamente a pena.

Art. 162. A revogação da suspensão condicional da pena e a prorrogação do período de prova dar-se-ão na forma do art. 81 e respectivos parágrafos do Código Penal.

Art. 163. A sentença condenatória será registrada, com a nota de suspensão, em livro especial do juízo a que couber a execução da pena.

§ 1º Revogada a suspensão ou extinta a pena, será o fato averbado à margem do registro.

§ 2º O registro e a averbação serão sigilosos, salvo para efeito de informações requisitadas por órgão judiciário ou pelo Ministério Público, para instruir processo penal.

CAPÍTULO IV
DA PENA DE MULTA

Art. 164. Extraída certidão da sentença condenatória com trânsito em julgado, que valerá como título executivo judicial, o Ministério Público requererá, em autos apartados, a citação do condenado para, no prazo de 10 (dez) dias, pagar o valor da multa ou nomear bens à penhora.

§ 1º Decorrido o prazo sem o pagamento da multa, ou o depósito da respectiva importância, proceder-se-á à penhora de tantos bens quantos bastem para garantir a execução.

§ 2º A nomeação de bens à penhora e a posterior execução seguirão o que dispuser a lei processual civil.

Veja art. 51, CP.

Art. 165. Se a penhora recair em bem imóvel, os autos apartados serão remetidos ao juízo cível para prosseguimento.

Art. 166. Recaindo a penhora em outros bens, dar-se-á prosseguimento nos termos do § 2º do art. 164 desta Lei.

Art. 167. A execução da pena de multa será suspensa quando sobrevier ao condenado doença mental (art. 52 do Código Penal).

Art. 168. O juiz poderá determinar que a cobrança da multa se efetue mediante desconto no vencimento ou salário do condenado, nas hipóteses do art. 50, § 1º, do Código Penal, observando-se o seguinte:

Veja art. 170 desta Lei.

I – o limite máximo do desconto mensal será o da quarta parte da remuneração e o mínimo o de um décimo;

II – o desconto será feito mediante ordem do juiz a quem de direito;

III – o responsável pelo desconto será intimado a recolher mensalmente, até o dia fixado pelo juiz, a importância determinada.

Art. 169. Até o término do prazo a que se refere o art. 164 desta Lei, poderá o condenado requerer ao juiz o pagamento da multa em prestações mensais, iguais e sucessivas.

§ 1º O juiz, antes de decidir, poderá determinar diligências para verificar a real situação econômica do condenado e, ouvido o Ministério Público, fixará o número de prestações.

§ 2º Se o condenado for impontual ou se melhorar de situação econômica, o juiz, de ofício ou a requerimento do Ministério Público, revogará o benefício executando-se a multa, na forma prevista neste Capítulo, ou prosseguindo-se na execução já iniciada.

Art. 170. Quando a pena de multa for aplicada cumulativamente com pena privativa da liberdade, enquanto esta estiver sendo executada, poderá aquela ser cobrada mediante desconto na remuneração do condenado (art. 168).

§ 1º Se o condenado cumprir a pena privativa de liberdade ou obtiver livramento condicional, sem haver resgatado a multa, far-se-á a cobrança nos termos deste Capítulo.

§ 2º Aplicar-se-á o disposto no parágrafo anterior aos casos em que for concedida a suspensão condicional da pena.

TÍTULO VI
DA EXECUÇÃO DAS MEDIDAS DE SEGURANÇA

CAPÍTULO I
DISPOSIÇÕES GERAIS

Art. 171. Transitada em julgado a sentença que aplicar medida de segurança, será ordenada a expedição de guia para a execução.

Art. 172. Ninguém será internado em Hospital de Custódia e Tratamento Psiquiátrico, ou submetido a tratamento ambulatorial, para cumprimento de medida de segurança, sem a guia expedida pela autoridade judiciária.

Art. 173. A guia de internamento ou de tratamento ambulatorial, extraída pelo escrivão, que a rubricará em todas as folhas e a subscreverá com o juiz, será remetida à autoridade administrativa incumbida da execução e conterá:

I – a qualificação do agente e o número do registro geral do órgão oficial de identificação;

II – o inteiro teor da denúncia e da sentença que tiver aplicado a medida de segurança, bem como a certidão do trânsito em julgado;

III – a data em que terminará o prazo mínimo de internação, ou do tratamento ambulatorial;

IV – outras peças do processo reputadas indispensáveis ao adequado tratamento ou internamento.

§ 1º Ao Ministério Público será dada ciência da guia de recolhimento e de sujeição a tratamento.

§ 2º A guia será retificada sempre que sobrevier modificação quanto ao prazo de execução.

Art. 174. Aplicar-se-á, na execução da medida de segurança, naquilo que couber, o disposto nos arts. 8º e 9º desta Lei.

CAPÍTULO II
DA CESSAÇÃO DA PERICULOSIDADE

Art. 175. A cessação da periculosidade será averiguada no fim do prazo mínimo de duração da medida de segurança, pelo exame das condições pessoais do agente, observando-se o seguinte:

I – a autoridade administrativa, até 1 (um) mês antes de expirar o prazo de duração mínima da medida, remeterá ao juiz minucioso relatório que o habilite a resolver sobre a revogação ou permanência da medida;

II – o relatório será instruído com o laudo psiquiátrico;

III – juntado aos autos o relatório ou realizadas as diligências, serão ouvidos, sucessivamente, o Ministério Público e o curador ou defensor, no prazo de 3 (três) dias para cada um;

IV – o juiz nomeará curador ou defensor para o agente que não o tiver;

V – o juiz, de ofício ou a requerimento de qualquer das partes, poderá determinar novas diligências, ainda que expirado o prazo de duração mínima da medida de segurança;

VI – ouvidas as partes ou realizadas as diligências a que se refere o inciso anterior, o juiz proferirá a sua decisão, no prazo de 5 (cinco) dias.

Art. 176. Em qualquer tempo, ainda no decorrer do prazo mínimo de duração da medida de segurança, poderá o juiz da execução, diante de requerimento fundamentado do Ministério Público ou do interessado, seu procurador ou defensor, ordenar o exame para que se verifique a cessação da periculosidade, procedendo-se nos termos do artigo anterior.

Art. 177. Nos exames sucessivos para verificar-se a cessação da periculosidade, observar-se-á, no que lhes for aplicável, o disposto no artigo anterior.

Art. 178. Nas hipóteses de desinternação ou de liberação (art. 97, § 3º, do Código Penal), aplicar-se-á o disposto nos arts. 132 e 133 desta Lei.

Art. 179. Transitada em julgado a sentença, o juiz expedirá ordem para a desinternação ou a liberação.

TÍTULO VII
DOS INCIDENTES DE EXECUÇÃO

CAPÍTULO I
DAS CONVERSÕES

Art. 180. A pena privativa de liberdade, não superior a 2 (dois) anos, poderá ser convertida em restritiva de direitos, desde que:

I – o condenado a esteja cumprindo em regime aberto;

II – tenha sido cumprido pelo menos um quarto da pena;

III – os antecedentes e a personalidade do condenado indiquem ser a conversão recomendável.

Art. 181. A pena restritiva de direitos será convertida em privativa de liberdade nas hipóteses e na forma do art. 45 e seus incisos do Código Penal.

A referência atual do art. 45 e incisos, CP, é o art. 44, § 4º, CP.

§ 1º A pena de prestação de serviços à comunidade será convertida quando o condenado:

a) não for encontrado por estar em lugar incerto e não sabido, ou desatender a intimação por edital;

b) não comparecer, injustificadamente, à entidade ou programa em que deva prestar serviço;

c) recusar-se, injustificadamente, a prestar o serviço que lhe foi imposto;

d) praticar falta grave;

e) sofrer condenação por outro crime à pena privativa de liberdade, cuja execução não tenha sido suspensa.

§ 2º A pena de limitação de fim de semana será convertida quando o condenado não comparecer ao estabelecimento designado para o cumprimento da pena, recusar-se a exercer a atividade determinada pelo juiz ou se ocorrer qualquer das hipóteses das letras *a*, *d* e *e* do parágrafo anterior.

§ 3º A pena de interdição temporária de direitos será convertida quando o condenado exercer, injustificadamente, o direito interditado ou se ocorrer qualquer das hipóteses das letras *a* e *e* do § 1º deste artigo.

Art. 182. *(Revogado pela Lei n. 9.268, de 01.04.1996.)*

Art. 183. Quando, no curso da execução da pena privativa de liberdade, sobrevier doença mental ou perturbação da saúde mental, o Juiz, de ofício, a requerimento do Ministério Público, da Defensoria Pública ou da autoridade administrativa, poderá determinar a substituição da pena por medida de segurança.

Artigo com redação dada pela Lei n. 12.313, de 19.08.2010.

Veja art. 41, CP.

Art. 184. O tratamento ambulatorial poderá ser convertido em internação se o agente revelar incompatibilidade com a medida.

Parágrafo único. Nesta hipótese, o prazo mínimo de internação será de 1 (um) ano.

CAPÍTULO II
DO EXCESSO OU DESVIO

Art. 185. Haverá excesso ou desvio de execução sempre que algum ato for praticado além dos limites fixados na sentença, em normas legais ou regulamentares.

Art. 186. Podem suscitar o incidente de excesso ou desvio de execução:

I – o Ministério Público;

II – o Conselho Penitenciário;

III – o sentenciado;

IV – qualquer dos demais órgãos da execução penal.

CAPÍTULO III
DA ANISTIA E DO INDULTO

Art. 187. Concedida a anistia, o juiz, de ofício, a requerimento do interessado ou do Ministério Público, por proposta da autoridade administrativa ou do Conselho Penitenciário, declarará extinta a punibilidade.

Art. 188. O indulto individual poderá ser provocado por petição do condenado, por iniciativa do Ministério Público, do Conselho Penitenciário, ou da autoridade administrativa.

Art. 189. A petição do indulto, acompanhada dos documentos que a instruírem, será entregue ao Conselho Penitenciário, para a elaboração de parecer e posterior encaminhamento ao Ministério da Justiça.

Art. 190. O Conselho Penitenciário, à vista dos autos do processo e do prontuário, promoverá as diligências que entender necessárias e fará, em relatório, a narração do ilícito penal e dos fundamentos da sentença condenatória, a exposição dos antecedentes do condenado e do procedimento deste depois da prisão, emitindo seu parecer sobre o mérito do pedido e esclarecendo qualquer formalidade ou circunstâncias omitidas na petição.

Art. 191. Processada no Ministério da Justiça com documentos e o relatório do Conselho Penitenciário, a petição será submetida a despacho do Presidente da República, a quem serão presentes os autos do processo ou a certidão de qualquer de suas peças, se ele o determinar.

Art. 192. Concedido o indulto e anexada aos autos cópia do decreto, o juiz declarará extinta a pena ou ajustará a execução aos termos do decreto, no caso de comutação.

Art. 193. Se o sentenciado for beneficiado por indulto coletivo, o juiz, de ofício, a requerimento do interessado, do Ministério Público, ou por iniciativa do Conselho Penitenciário ou da autoridade administrativa, providenciará de acordo com o disposto no artigo anterior.

TÍTULO VIII
DO PROCEDIMENTO JUDICIAL

Art. 194. O procedimento correspondente às situações previstas nesta Lei será judicial, desenvolvendo-se perante o Juízo da Execução.

Art. 195. O procedimento judicial iniciar-se-á de ofício, a requerimento do Ministério Público, do interessado, de quem o represente, de seu cônjuge, parente ou descendente, mediante proposta do Conselho Penitenciário, ou, ainda, da autoridade administrativa.

Art. 196. A portaria ou petição será autuada ouvindo-se, em 3 (três) dias, o condenado e o Ministério Público, quando não figurem como requerentes da medida.

§ 1º Sendo desnecessária a produção de prova, o juiz decidirá de plano, em igual prazo.

§ 2º Entendendo indispensável a realização de prova pericial ou oral, o juiz a ordenará, decidindo após a produção daquela ou na audiência designada.

Art. 197. Das decisões proferidas pelo juiz caberá recurso de agravo, sem efeito suspensivo.

TÍTULO IX
DAS DISPOSIÇÕES FINAIS E TRANSITÓRIAS

Art. 198. É defesa ao integrante dos órgãos da execução penal, e ao servidor, a divulgação de ocorrência que perturbe a segurança e a disciplina dos estabelecimentos, bem como exponha o preso a inconveniente notoriedade, durante o cumprimento da pena.

Art. 199. O emprego de algemas será disciplinado por decreto federal.

Art. 200. O condenado por crime político não está obrigado ao trabalho.

Art. 201. Na falta de estabelecimento adequado, o cumprimento da prisão civil e da prisão administrativa se efetivará em seção especial da Cadeia Pública.

Art. 202. Cumprida ou extinta a pena, não constarão da folha corrida, atestados ou certidões fornecidas por autoridade policial ou por auxiliares da Justiça, qualquer notícia ou referência à condenação, salvo para instruir processo pela prática de nova infração penal ou outros casos expressos em lei.

Art. 203. No prazo de 6 (seis) meses, a contar da publicação desta Lei, serão editadas as normas complementares ou regulamentares, necessárias à eficácia dos dispositivos não autoaplicáveis.

§ 1º Dentro do mesmo prazo deverão as unidades federativas, em convênio com o Ministério da Justiça, projetar a adaptação, construção e equipamento de estabelecimentos e serviços penais previstos nesta Lei.

§ 2º Também, no mesmo prazo, deverá ser providenciada a aquisição ou desapropriação de prédios para instalação de casas de albergados.

§ 3º O prazo a que se refere o *caput* deste artigo poderá ser ampliado, por ato do Conselho Nacional de Política Criminal e Penitenciária, mediante justificada solicitação, instruída com os projetos de reforma ou de construção de estabelecimentos.

§ 4º O descumprimento injustificado dos deveres estabelecidos para as unidades federativas implicará na suspensão de qualquer ajuda financeira a elas destinada pela União, para atender às despesas de execução das penas e medidas de segurança.

Art. 204. Esta Lei entra em vigor concomitantemente com a lei de reforma da Parte Geral do Código Penal, revogadas as disposições em contrário, especialmente a Lei n. 3.274, de 02 de outubro de 1957.

Brasília, 11 de julho de 1984;
163º da Independência e 96º da República.

JOÃO FIGUEIREDO